La fonction Achats hors production

Groupe Eyrolles
61, bd Saint-Germain
75240 Paris cedex 05

www.editions-eyrolles.com

© Groupe Eyrolles, 2012
ISBN : 978-2-212-55365-9

Robert Boghos

Avec la participation de
Olivier Menuet et Luc Mora

La fonction Achats
hors production

EYROLLES

Thanks & Remerciements

Some of the components presented in these pages have been extracted from work produced with the management team of Faurecia's Non-Production Purchasing Department, whom I want to thank here for their collaboration and contribution. Thank you to Sandrine CORTES, Antonio BATTISTA and Jean RICHARD who share the management of the various commodities at a global level, as well as to Philippe GNEMMI, Doug MAYNOR and Nick SUN who are in charge of the organization and the management of the European, American and China regions respectively. All of them have developed methodologies, defined strategies, and applied them in the field.

Une partie des éléments présentés dans ces pages est extraite du travail avec l'équipe de direction des Achats hors production de Faurecia, que je tiens à remercier ici pour cette collaboration et leur contribution. Merci à Sandrine CORTES, Antonio BATTISTA et Jean RICHARD, qui se répartissent la gestion des différentes familles d'achats au niveau global, ainsi qu'à Philippe GNEMMI, Doug MAYNOR et Nick SUN qui ont en charge l'organisation et la gestion des régions, l'Europe, l'Amérique et la Chine, respectivement. Ils ont chacun, dans leur domaine de responsabilités, développé les méthodologies, défini les stratégies et appliqué celles-ci sur le terrain.

Je tiens à remercier également deux amis qui ont apporté leur expérience pour compléter cet ouvrage sur deux aspects essentiels :

Olivier MENUET, directeur achats durables et solidaires de la SNCF, qui a mis en pratique les principes du développement durable et des achats responsables dans son entreprise, et a constitué ainsi un laboratoire en la matière.

Luc MORA, directeur associé de Big Fish Executive Search, cabinet en ressources humaines spécialisé dans les achats, qui a suivi l'évolution des achats hors production sur le marché de l'emploi.

Merci enfin à tous ceux, familles et amis, qui m'ont encouragé et accompagné dans cette aventure, sans qui cet ouvrage n'aurait pas été possible, ils se reconnaîtront : Christian, Jean-Pierre, Françoise, Mélanie, Delphine, Daniel et Dominique.

Sommaire

Partie 3

Un pilotage, des outils et des processus au service de l'efficacité de l'organisation

Préface

Enfin un ouvrage complet et pragmatique qui traite spécifiquement des achats indirects ! Maintenant, toutes les entreprises s'intéressent aussi à ce type d'achats. Qu'elles aient une maturité Achat déjà forte ou qu'elles découvrent tout juste le domaine, elles visent les mêmes objectifs, avec en tête et par ordre de priorité : réduire les coûts, maîtriser les risques et assurer la satisfaction des clients internes. Cela est confirmé chaque année par les enquêtes effectuées à l'échelle internationale par de grands cabinets de conseil et de formation. Les pionniers, grosses entreprises industrielles ou de la distribution, leaders depuis à peine plus de trente ans sur les achats directs (dits « de production » ou « marchands »), se tournent depuis peu vers un nouvel eldorado. En effet, bien que représentant à peine 20 % du montant total de leurs achats, des gains à deux chiffres sont immédiatement réalisables. Quant au secteur tertiaire qui professionnalise à son tour sa fonction Achats, il englobe, dès le départ, toutes les catégories d'achats directs et indirects, et ce d'autant plus facilement que, par essence, il sous-traite beaucoup de prestations de services.

La question cruciale qui se pose alors pour chacun est : comment s'y prendre ? Suffit-il d'étendre le processus déjà bien rodé des achats de production ? Doit-on simplement transposer la démarche Achats éprouvée par d'autres secteurs matures ? Si l'analyse globale en termes de processus, grâce notamment au marketing Achats est identique, l'organisation, la mise en place et le management de la fonction « hors production » font apparaître de nombreuses spécificités qui nécessitent des outils ainsi que des compétences *ad hoc*.

Cet ouvrage permet de gagner en temps et en pertinence en visant d'emblée l'efficience. Ainsi, les méthodes similaires aux achats directs sont juste rappelées pour se consacrer, très en détail, aux approches spécifiques que nécessite ce domaine. L'auteur remarque, à juste titre, que les achats hors production couvrent un très large spectre de familles et que, par ailleurs, la fonction Achats hors production déborde le domaine strict des achats. Ses acteurs se situent par exemple très à proximité des ressources humaines, de la finance et des services généraux. En outre, les questions de délégation en interne, voire d'externalisation de tout ou partie de la fonction (« acheter ses achats ») peuvent assez rapidement être soumises à la direction générale. Cette double diversité fait tout l'intérêt de ce métier.

Le but ici n'est pas de chercher à être exhaustif ni à couvrir toute cette diversité. Il s'agit surtout d'un retour d'expérience méticuleux qui, par définition, est limité au vécu des auteurs, et est marqué par les secteurs dans lesquels ils ont œuvré, principalement des grands groupes industriels.

Les idées et principes généraux apparaissent cependant extrapolables et adaptables aux entreprises de taille moyenne, ainsi qu'à d'autres secteurs d'activité.

Illustré d'exemples concrets, cet ouvrage sait rester très pragmatique et opérationnel pour apporter une contribution à l'évolution de cette fonction en développement.

Philippe PETIT

CEGOS
Manager de l'offre Achats

Grenoble École de Management
Codirecteur du mastère spécialisé
Executive Responsable de la fonction Achats

I

Le virage stratégique
des achats hors production

Les achats hors production, ou achats indirects, prennent une place de plus en plus importante dans les grands groupes. Leur définition est assez large. Dans les groupes industriels, ils couvrent tous les achats qui ne sont pas intégrés dans la production du produit final vendu et qui contribuent au fonctionnement des différents départements de l'entreprise :

- construction des bâtiments et gestion immobilière ;
- énergie et autres utilités ;
- maintenance des sites et fournitures industrielles ;
- informatique, services généraux ;
- ressources humaines : travail temporaire, recrutement, formation ;
- prestations intellectuelles : conseil, bureau d'études, marketing ;
- voyages ;
- etc.

Une autre approche pour les cerner consiste d'abord à préciser ce que recouvrent les achats dits de « production », spécifiques à chaque processus de fabrication. C'est au moins tous les achats de produits ou services pris en compte dans les nomenclatures des produits fabriqués, mais ils incluent parfois d'autres domaines du fait de leur caractère stratégique, tels que les équipements de fabrication lorsqu'ils sont très spécifiques. Cela précisé, les achats hors production se définissent simplement comme étant « tout le reste » : du roulement à billes nécessaire au responsable de maintenance au conseil en stratégie du président.

Jusqu'à il y a quelques années, ils étaient traités de manière marginale et partielle par les acheteurs en charge des achats de production. Une partie significative était gérée directement par les directions utilisatrices, de manière décentralisée, sans implication du service Achats.

Cette situation change progressivement. En termes d'organisation, les Achats hors production évoluent vers une fonction dédiée, se structurant au même titre que tous les autres domaines achat et parallèlement à ceux-ci.

DES VOLUMES CROISSANTS D'ACHATS HORS PRODUCTION, LIÉS À LA STRATÉGIE DE L'ENTREPRISE

La motivation initiale des directions générales est la réduction des dépenses. Elles se sont d'abord focalisées sur les achats couvrant les montants les plus importants, liés à la production. Elles ont ensuite pris conscience du volume que les achats hors production représentaient et surtout de leur accroissement rapide consécutif à certains choix stratégiques :

- politiques de sous-traitance pour faire face aux variations d'activité ;
- politiques d'externalisation des fonctions non « cœur de métier » pour concentrer ses ressources et compétences sur l'activité principale.

Deux constats ont aussi alimenté cette réflexion :

- Le manque de gestion de ces achats hors production, suite à leur décentralisation partielle dans les directions utilisatrices ; pas de massification de volumes, pas de gestion par des professionnels des achats, d'où sans doute des gisements d'économies à exploiter.
- La « rentabilité » des actions sur cette catégorie d'achats. En effet, dans les groupes industriels, les économies sur les achats de production sont de plus en plus « partagées » avec le client dans le cadre d'engagements contractuels de productivité. Les structures de coûts sont connues et les clients peuvent aller jusqu'à aider leurs fournisseurs dans l'optimisation de leurs coûts de revient. Les achats hors production ne rentrent pas dans cette démarche. Les économies réalisées sont transparentes pour les clients et impactent totalement sur les résultats de l'entreprise.

Cette situation a conduit à la centralisation progressive des achats, nécessaire à une gestion professionnelle. Par voie de conséquence, cette centralisation a accru la visibilité sur le volume des achats, sur les premiers gains et sur les enjeux. Le mouvement de centralisation s'est donc étendu peu à peu.

Une étude récente, présentée figure 1.1, a montré que 52 % des entreprises interrogées ont mis en place une centralisation de ces achats ; 42 % fonctionnent selon une organisation mixte centralisée-décentralisée, et seulement 6 % sont totalement décentralisées.

ORGANISATION POUR LES ACHATS HORS PRODUCTION

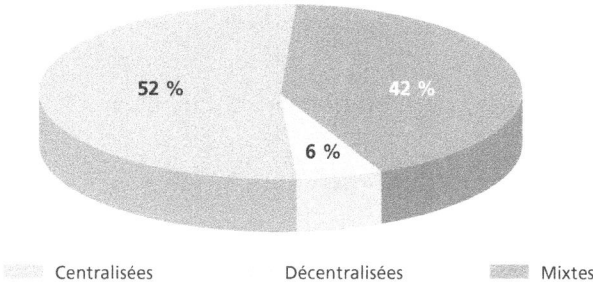

Centralisées   Décentralisées   Mixtes

Panel interrogé
Sociétés internationales – Montant d'achat

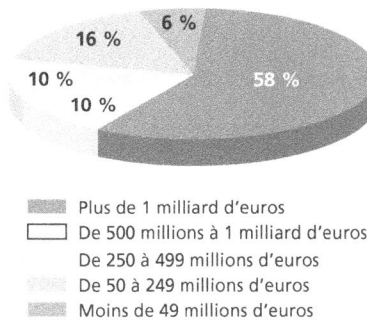

Plus de 1 milliard d'euros
De 500 millions à 1 milliard d'euros
De 250 à 499 millions d'euros
De 50 à 249 millions d'euros
Moins de 49 millions d'euros

Source : Étude Resources Global Professionals, Lettre des Achats, *mars 2010.*

Figure 1 – Enquête sur les organisations Achats hors production

LA FONCTION ACHATS HORS PRODUCTION
FACE À DES ENJEUX NOUVEAUX ET STRATÉGIQUES

Les achats hors production restent majoritairement des achats non stratégiques. Cependant, l'accroissement des politiques de sous-traitance et d'externalisation rend certaines catégories d'achats critiques pour le fonctionnement de l'entreprise, ce qui aboutit à une gestion de ces catégories équivalente à celle d'achats stratégiques.

Mais l'évolution principale est ailleurs. Cette fonction prise dans son ensemble dépasse aujourd'hui les achats proprement dits. Elle intègre des missions et des dimensions nouvelles, nécessaires à l'atteinte des objectifs et au fonctionnement de l'entreprise dans ce domaine :

- la contribution à l'optimisation des coûts qui ne sont pas automatiquement variables ;
- la gestion de contrats plus complexes du fait de la diversité des sujets et des risques ;
- la contribution aux procédures de contrôle interne ;
- le positionnement transversal, ayant un impact sur tous les départements de l'entreprise ;
- le poids important dans les processus administratifs.

L'internationalisation des entreprises accentue le poids de ces diverses dimensions et accélère la mutation :

- les pratiques dans les différents pays sont une source interne d'expérience, de *benchmark*, et donc d'enrichissement et de savoir. C'est une richesse à exploiter ;
- la diversité des contextes légaux et contractuels complexifie la mission des Achats ;
- le besoin de contrôle interne croît avec la diversité des pays et des cultures dans ce domaine traditionnellement peu formalisé, et donc peu transparent et potentiellement à risques ;
- la transversalité de la fonction par rapport aux différentes branches d'activité se double d'une transversalité par rapport aux différentes cultures. Les processus de collaboration avec les directions utilisatrices n'en doivent être que plus rigoureux.

C'est l'ensemble de ces dimensions qui caractérise désormais cette fonction, dépassant les achats proprement dits, et qui la positionne de plus en plus à un niveau tout aussi stratégique que les autres domaines des achats. C'est un « signal faible » qui va en se développant.

LES DIVERSES DIMENSIONS DE LA FONCTION ACHATS HORS PRODUCTION

La première dimension est représentée par les achats proprement dits : marketing achat, étude des besoins, définition d'une stratégie, *sourcing*, négociations… Ici s'appliquent toutes les méthodes et démarches standard. Il n'y a pas de particularités propres aux achats hors production. Cet ouvrage ne se focalisera pas sur cette partie commune à tous les domaines et nous renvoyons pour cela le lecteur à la bibliographie.

L'optimisation des dépenses

Les dépenses ne sont pas, dans ce domaine, proportionnelles à l'activité de l'entreprise, et ne varient pas automatiquement avec celle-ci, comme c'est le cas pour les achats de production. Elles sont souvent considérées comme des coûts fixes ; leur variabilité, pour les adapter à l'activité de l'entreprise, nécessite une démarche spécifique et volontariste. L'objectif de l'entreprise, en ce qui concerne l'optimisation des coûts, dans ce domaine ne peut être pleinement atteint qu'en étendant le champ d'action de la fonction au-delà de l'objectif premier de négociation des prix.

Une vision générale de la démarche préconisée est présentée au chapitre II.

La transversalité

Les achats de production sont spécifiques au processus de fabrication et donc souvent spécialisés par branche, dans les groupes ayant différentes activités. Les achats hors production, au contraire, sont communs à toutes les activités. Ils se positionnent transversalement et doivent interagir avec les divers départements de l'entreprise. Les processus de collaboration subissent cette situation « multiclient ». Les méthodes doivent donc intégrer cette dimension particulière.

La méthodologie pratique, adaptée à cette dimension, est développée au chapitre III.

Les contrats

L'achat de produits, cas relativement simple, est minoritaire en achats hors production. La diversité des domaines couverts est large. Par ailleurs, les fournisseurs interviennent souvent sur les sites. Les types de risques pour l'entreprise sont donc plus variés. Au-delà de l'aspect économique, les contrats doivent se focaliser sur la protection des intérêts de l'entreprise qui constitue une large part dans la négociation.

Un focus particulier sera porté au chapitre IV sur ces risques externes, plus complexes dans ce type d'achats que dans l'achat simple de produits.

Le contrôle interne

Les dépenses dans le domaine des achats hors production sont déclenchées à la demande, en fonction des besoins des utilisateurs, au contraire des achats de production où, une fois la sélection du fournisseur faite, les approvisionnements sont automatiquement déclenchés par les plans de production. Ici, chaque transaction doit être soumise à approbation, au moins au niveau budgétaire, sinon en termes de *sourcing*. Cela se concrétise par des procédures spécifiques, visant à garantir le contrôle du budget, ainsi que le respect des règles d'appel d'offres et de transparence des décisions. La diversité des domaines touchés et des pays concernés multiplie ces risques.

La fonction Achats hors production devient un maillon clé du processus de contrôle interne. Ce point est développé au chapitre V sur les risques internes.

Les ressources humaines et l'organisation

Les profils évoluent et les structures sont variables selon les groupes. On rencontre plusieurs modes d'organisation, allant du modèle décentralisé au modèle centralisé, en passant par des organisations mixtes. Une forte tendance à la centralisation se confirme cependant. L'organisation dépend souvent de la culture de l'entreprise et du niveau de maturité en la matière, et selon les diverses dimensions identifiées ici.

À la lumière de celles-ci, l'ouvrage abordera l'évolution du marché et des profils, dégagera les fondamentaux et présentera les différents modèles d'organisation aux chapitres VI et VII.

La communication interne

Les Achats de production ont « pignon sur rue » de longue date. Ils font partie du processus de production au même titre que les départements techniques. Les Achats hors production sont plus jeunes. Leurs clients internes sont l'ensemble des départements de l'entreprise qui, récemment encore, étaient totalement autonomes dans ce domaine. Cette mise en place se traduit par l'élaboration d'une stratégie achats dans laquelle ils devront s'inscrire, par des procédures d'approbation et de contrôle qu'ils devront suivre. C'est un changement dans la culture d'entreprise qu'ils peuvent ressentir comme une perte de pouvoir.

La mise en place d'un tel changement nécessite donc un acte de vente interne important, une démonstration de la contribution économique, une communication régulière et adaptée à tous les niveaux de l'organisation. Ces points seront abordés au chapitre VIII.

Le développement durable et les achats responsables

Cette tendance s'est généralisée à tous les domaines, qu'elle soit poussée par une évolution des normes et réglementations, tirée par une prise de conscience individuelle ou résultant d'une volonté de communication de l'entreprise. Elle s'intègre progressivement aussi dans la problématique achat et connecte des préoccupations jusque-là indépendantes et considérées parfois incompatibles.

Comment intégrer cette démarche dans le cadre des achats hors production ? Cela sera l'objet du chapitre IX.

Le pilotage

Au-delà de la mesure de la performance économique, première attente des clients internes, la mise en place d'une fonction en développement requiert un pilotage des divers plans d'actions et de l'optimisation des ressources.

Le chapitre X présentera des exemples de tableaux de bord dans quelques volets du déploiement de la fonction.

Les outils et processus

Les dépenses en achats hors production se caractérisent par un grand nombre de fournisseurs et de petites commandes. Cette dimension administrative constitue une préoccupation importante de la fonction. Plusieurs modèles d'organisation se pratiquent. Plusieurs solutions informatiques existent sur le marché, abordant différentes parties des processus. La compréhension de ces possibilités, la collaboration avec la direction informatique ainsi qu'avec les autres directions impliquées dans ce processus d'approvisionnement sont devenus des enjeux de la fonction.

Les principes de base relatifs à ces processus ainsi que les types d'outils disponibles seront développés aux chapitres XI et XII. Le chapitre XIII sera consacré à la gestion des référentiels.

Partie 1

Une démarche adaptée et complète pour répondre aux besoins de l'entreprise

Chapitre II

Une vision générale de la démarche

Les grands principes et méthodes d'une démarche achat s'appliquent également aux achats hors production, et nous renvoyons pour cela le lecteur aux ouvrages de base sur le sujet. Pour mémoire, rappelons en figure 2.1 le schéma de principe, simplifié, des processus achat et approvisionnement.

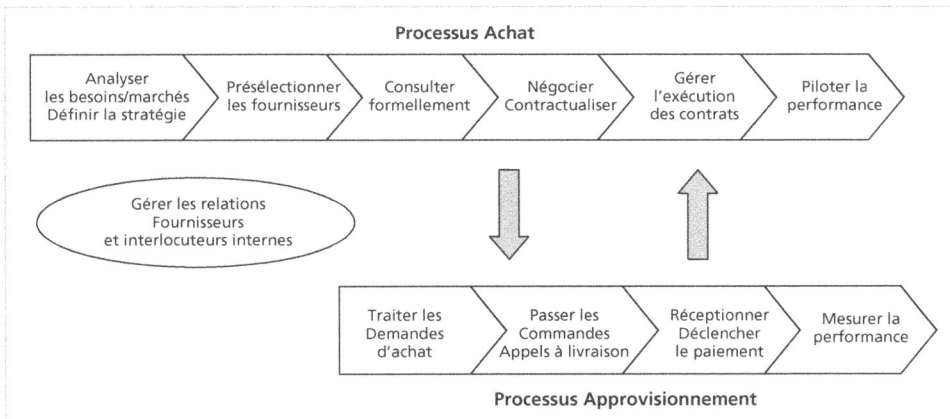

Source : *Toute la fonction Achats*, Philippe PETIT, Dunod, 2008.

Figure 2.1 – Processus achat et approvisionnement

L'objet de ce chapitre n'est pas de reprendre ces bases, mais, en complément de celles-ci, de définir une démarche générale répondant aux caractéristiques de notre domaine.

Nous résumerons tout d'abord les points qui nous sont particuliers, par comparaison au domaine des achats de production, majoritairement fondés sur l'achat de composants nomenclaturés, et qui sert de référence :

- une complexité intrinsèque ;
- des coûts non synchronisés avec l'activité de l'entreprise.

Ces différences majeures explicitées, nous présenterons ensuite la démarche générale selon deux axes de réflexion :

- du meilleur prix aux meilleures pratiques ;
- global *versus* local ;

LA DÉMARCHE ACHAT HORS PRODUCTION, UNE APPROCHE SPÉCIFIQUE

La complexité est présente tout au long du processus

Une première spécificité des achats hors production est le niveau de complexité et donc de difficulté dans l'ensemble des trois étapes de la démarche achat classique.

En amont, dans la collecte d'informations sur les besoins et l'analyse du marché

Informations internes

- La majeure partie des achats hors production est constituée d'achats de services ; ce qui veut dire des spécifications parfois complexes, et souvent peu formalisées, comparativement aux achats de produits.
- En ce qui concerne les achats de produits :
  - une partie seulement fait l'objet d'articles codifiés dans le système de gestion informatique, lorsqu'ils sont gérés en stock par exemple. Mais ceux-ci, au contraire des achats de production, n'ont pas toujours une codification standard entre les différents sites de l'entreprise, ce qui complexifie la consolidation des statistiques achats.
  - L'autre partie peut, dans les meilleurs cas, faire l'objet de catalogues électroniques établis par les fournisseurs qui faciliteront la collecte des statistiques, mais ce n'est pas encore une situation générale.

Cette complexité est à prendre en compte lors de la phase de collecte d'informations ainsi que dans l'organisation de la fonction. Elle en constitue un paramètre structurant, impactant autant la stratégie achat que les critères de choix des fournisseurs.

Informations externes

Le marché des fournisseurs dans ce domaine n'est pas aussi mature que dans les achats de production. À part quelques domaines traditionnels où l'on trouve des sociétés à couverture internationale (informatique par exemple), le marché reste encore fondé sur un tissu national, voire local. Par ailleurs, la structure du marché des fournisseurs peut, dans un même domaine, être différente d'un pays à l'autre. Les modèles qui fonctionnent dans un pays ne sont donc pas systématiquement transposables dans un autre.

En phase d'appel d'offres, dans la définition des besoins

Les achats hors production incluent une composante service forte qui peut se traduire par des besoins particuliers :

* demande de réactivité importante face aux besoins imprévus du client interne (exemple : service de maintenance dans une usine) ;
* besoin de proximité ;
* parfois un *intuitu personae* comme dans le cas de prestations intellectuelles ;
* …

Tout cela est difficile à formaliser complètement et freine souvent le changement de fournisseur. Le processus de formalisation, de validation des cahiers des charges puis de choix d'un fournisseur n'en devra être que plus rigoureux, en particulier s'il s'agit d'aboutir à un choix commun à plusieurs clients internes, dans le cadre d'une consolidation.

En aval, dans le suivi du contrat et des performances fournisseur

Le suivi des performances des fournisseurs demande une gestion appropriée à chaque type de contrat. Ce suivi ne pourra pas s'appuyer « simplement » sur des extractions des systèmes informatiques donnant automatiquement le pourcentage de pièces livrées, de rebut, le respect des délais de livraison… comme c'est le cas dans les achats de production.

La gestion d'un contrat fera l'objet d'un processus spécifique au domaine couvert, s'appuyant sur la définition du service définie au contrat, sur des mesures parfois « qualitatives », ainsi que sur un *reporting* formalisé, afin de permettre d'objectiver l'évaluation des performances.

Des coûts non synchronisés avec l'activité de l'entreprise

L'attente principale de l'entreprise par rapport à son organisation Achats est avant tout la réduction de ses coûts.

Dans les achats de production, cet objectif se traduit principalement par une focalisation sur le traditionnel « qualité-coût-délai ». Le montant total de dépenses sera, quant à lui, mathématiquement lié à la production et variera en fonction de celle-ci, à la baisse comme à la hausse, sans intervention particulière.

Dans le domaine des achats hors production, cette relation automatique est plus rare et les coûts correspondants sont souvent perçus comme des coûts fixes. Leur « variabilisation », pour les adapter à l'évolution de l'activité de l'entreprise, ne peut être que le résultat d'un processus volontariste, structuré et organisé.

Ces coûts non synchronisés caractérisent ce domaine. L'objectif de l'entreprise en termes d'optimisation des coûts ne peut alors être pleinement atteint qu'en étendant le champ d'action de la fonction Achats hors production au-delà du *sourcing* et de la négociation des prix. La manière de consommer devient tout aussi importante que le prix de ce que l'on consomme.

C'est une dimension supplémentaire qui va au-delà même de la notion de coût complet d'acquisition. Elle touche non seulement la spécification, mais également le mode d'utilisation du produit/service acheté. Dans cette vision élargie, de la même manière que des références de prix nous sont utiles lors des négociations, on aura besoin de références *benchmark* sur les autres paramètres de coûts. C'est une approche spécifique à développer.

DÉFINIR UNE STRATÉGIE ACHATS HORS PRODUCTION EN INTÉGRANT DEUX AXES DE RÉFLEXION

Au-delà des analyses classiques, communes à tous les domaines des achats, la définition d'une stratégie achats hors production s'attachera plus particulièrement aux deux points suivants :

• Coûts *versus* prix. Évoluer des actions basiques de réduction des prix par consolidation de volumes, à l'optimisation des coûts *via* un travail sur les spécifications, la manière de consommer et le monitoring des dépenses.

• Global *versus* local. Questions récurrentes souvent mises en avant : que doit-on gérer en central ? Que doit-on gérer en local ?

Au-delà de l'approche classique coûts/prix, évoluer du meilleur prix à la meilleure pratique

Une démarche en 3 étapes

Schématiquement, on peut considérer une démarche en 3 étapes, telle que présentée en figure 2.2.

« Basic Achat »	**CONSOLIDER POUR RÉDUIRE LES PRIX** = **LEVIER VOLUME**	• Consolidation du panel de fournisseurs, en interne ou avec d'autres entreprises • Focus : prix	*Similaire aux Achats de Production*
« Organiser l'information »	**STRUCTURER POUR MIEUX GÉRER** = **REPORTING STANDARD**	• Gestion de contrats et standardisation du reporting sont facilitées par un panel réduit • Focus : capture d'informations & gestion des connaissances	*Plus particulier aux Achats Hors Production*
« Agir au-delà du prix »	**OPTIMISER COÛTS & CONSOMMATIONS** = **BENCHMARKS & MEILLEURES PRATIQUES**	• Processus *benchmark*, 2ᵉ source d'optimisation des coûts • Focus : déploiement des meilleures pratiques	

Figure 2.2 – Démarche en 3 étapes

Étape 1 : basic achat

Focus : prix.

Consolider les volumes des différents sites, bénéficier des effets d'échelle, pour mieux négocier. Nous ne développerons pas cette étape initiale très classique. Elle est similaire aux achats de production. La particularité ici est le caractère non stratégique des familles d'achats qui permet d'envisager également des consolidations de volumes avec d'autres sociétés, éventuellement *via* un groupement d'achats.

Étape 2 : organiser l'information

Focus : capture d'informations et gestion des connaissances.

L'objectif ici est de mettre en place un mode de collaboration avec les fournisseurs permettant de gérer la relation contractuelle tout en alimentant le besoin en information structurée et pertinente, nécessaire aussi bien à l'étape 1 (préparation des prochains appels d'offres) qu'à l'étape 3 (*benchmarks*).

Au-delà de la simple consolidation de volumes pour mieux négocier les prix, il s'agit de créer les conditions pour atteindre les objectifs suivants :

• Mieux connaître, mesurer et suivre nos coûts :
 – standardiser les contrats et leur gestion, les définitions des services/produits ;
 – standardiser le *reporting* des coûts et des indicateurs de performance.

- Mieux gérer les fournisseurs en s'appuyant sur cette standardisation :
  - réduire leur nombre facilitera des suivis réguliers des contrats ;
  - s'orienter vers des fournisseurs ayant des organisations matures par rapport aux exigences de gestion de contrat, et de *reporting* structuré.
- Intégrer de l'expertise :
  - choisir des partenaires apportant une expertise en plus de l'exécution de leur prestation de base, et contribuant ainsi à la recherche d'optimisation des coûts ;
  - mettre en place autant que possible des engagements contractuels de productivité.

Une telle approche est facilitée par la collaboration avec des fournisseurs couvrant une large palette de prestations. Ce sont souvent des sociétés répondant aux critères de management recherchés et dont l'étendue de leur couverture permet une réduction du nombre de fournisseurs. De telles sociétés délivrent la prestation soit *via* leurs propres équipes, soit en sous-traitant certains lots, mais cela est transparent pour le client. Sur le plan juridique, elles sont l'unique responsable contractuel.

Quelques exemples :

- Dans le domaine des fournitures industrielles, aux États-Unis, il existe une catégorie de fournisseurs, dite *integrated suppliers*, qui apportent une prestation de distributeur offrant un très large catalogue de produits, une prestation de gestion et d'optimisation du magasin de leurs clients, et qui peuvent intégrer éventuellement la propriété comptable du stock.
- Dans le domaine des services industriels, on a les fournisseurs dits de *facilities management*. Ils peuvent couvrir une large gamme des services nécessaires au fonctionnement d'une usine : maintenance non critique, installation de chauffage, air conditionné, nettoyage, gardiennage, collecte et traitement des déchets...

L'expérience montre que lorsque l'on part d'une situation encore peu mature, ce type de globalisation s'accompagne très fréquemment de réductions de coûts significatives qui facilitent la « vente » d'une telle stratégie aux clients internes. En réduisant le nombre de fournisseurs, on facilite la mutualisation des ressources, la structuration de la gestion, la standardisation et la formalisation des spécifications services/produits. Associés à des engagements contractuels de productivité, ces éléments permettent de poursuivre l'optimisation des coûts.

Un exemple dans un groupe industriel dans le domaine du *facilities management* est présenté en figure 2.3.

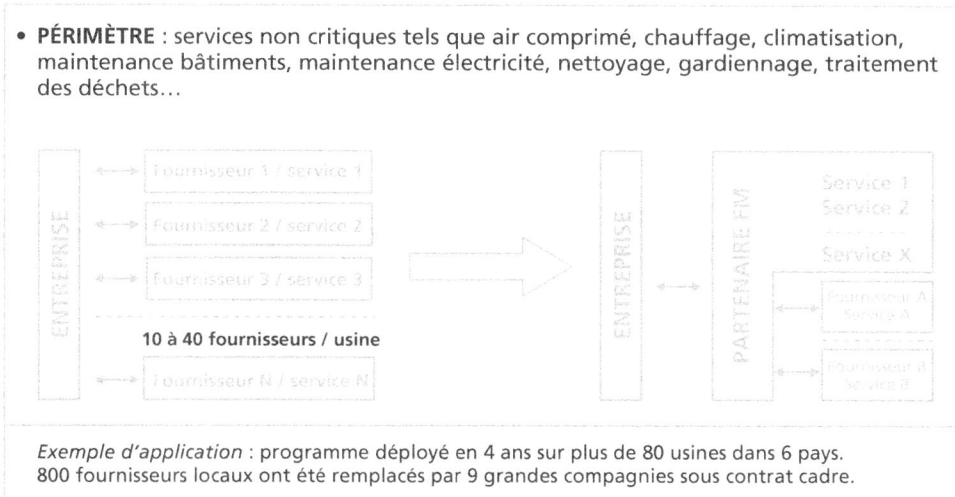

- **PÉRIMÈTRE** : services non critiques tels que air comprimé, chauffage, climatisation, maintenance bâtiments, maintenance électricité, nettoyage, gardiennage, traitement des déchets…

Exemple d'application : programme déployé en 4 ans sur plus de 80 usines dans 6 pays. 800 fournisseurs locaux ont été remplacés par 9 grandes compagnies sous contrat cadre.

Figure 2.3 – Exemple *facilities management*

L'intérêt principal de ce type de partenaires « intégrateurs » est la réduction très significative des fournisseurs qui permet de mettre rapidement sous contrôle une large partie des achats, *via* une standardisation des contrats et du *reporting*. C'est un moyen plus qu'un objectif en soi, surtout utile lorsque l'on part d'une situation peu structurée et peu mature.

Une fois le niveau de contrôle et de connaissance atteint, le travail d'optimisation des coûts peut se faire sur des bases saines, c'est l'objectif de l'étape 3. Le travail plus classique d'appel d'offres à l'expiration des contrats (étape 1) est également facilité par la documentation détaillée et standardisée résultant de cette étape 2. Un éventuel « retour » vers une stratégie avec plusieurs fournisseurs est alors envisageable si cela s'avère être l'optimum économique dans le cadre des nouveaux appels d'offres. La notion de « retour » n'est ici qu'apparente. Il ne s'agit pas d'un retour à la situation précédente avec un nombre important de fournisseurs, et donc difficilement gérable. C'est une évolution « maîtrisée » d'un fournisseur unique à un nombre de fournisseurs limité si l'équation économique le justifie, capables de fonctionner selon le même type de processus standardisé. Un équilibre est à trouver entre l'optimum économique d'une part, et la charge et l'efficacité du management des contrats, d'autre part.

Étape 3 : agir au-delà du prix

Focus : déploiement des meilleures pratiques.

La manière de consommer a un impact sur les coûts. Ainsi, réserver son vol deux semaines à l'avance permet de réduire significativement le prix du billet d'avion, indépendamment de tout tarif négocié. Il est de bon sens de penser que les bonnes idées des uns peuvent inspirer les autres. L'objectif ici n'est pas de redécouvrir ces évidences mais de les transformer en processus régulier et systématique de *benchmark*, enrichi par l'apport d'expertise des partenaires, en vue d'identifier les meilleures pratiques, de les formaliser et de promouvoir leur généralisation.

Illustrons par un exemple le concept général, les gants de sécurité dans un groupe industriel, présenté en figure 2.4 :

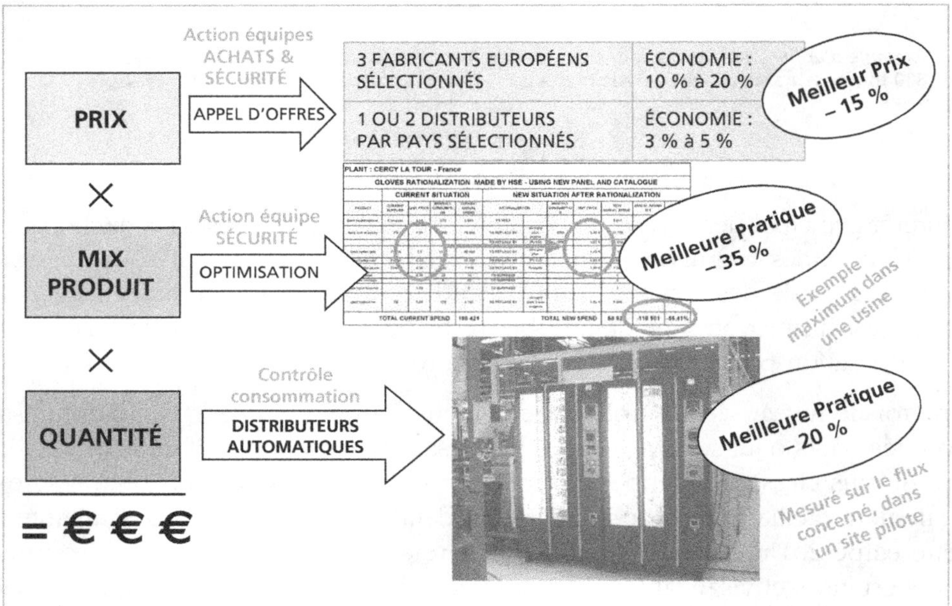

On voit dans cet exemple que la dépense totale, ce qui intéresse *in fine* l'entreprise, n'est que partiellement impactée par l'action achat classique :

- La **CONSOLIDATION DES VOLUMES** a permis une baisse moyenne des prix de 15 % *via* une approche achat classique activant tous les leviers : appel d'offres s'adressant directement aux fabricants internationaux, négociation séparée avec des distributeurs nationaux, contrats tripartites.
- L'**OPTIMISATION DES USAGES** est réalisée par les équipes en charge de la sécurité, travaillant sur une meilleure adéquation poste de travail / produit, répondant aux exigences mais sans faire de la surqualité. L'exemple maximum a été une réduction de 35 % sur un site, bien au-delà de la baisse des prix.
- Le **CONTRÔLE DES CONSOMMATIONS** par la mise en place de distributeurs automatiques de gants près des postes de travail a réduit les consommations du flux concerné. Ces installations répondent aussi à un objectif de sécurité, en rendant les équipements de sécurité disponibles près des postes de travail, 24h/24, 7jours/7.

Figure 2.4 – Exemple « du meilleur prix à la meilleure pratique »

Au-delà des actions achats, on voit, dans cet exemple, l'impact significatif d'une démarche sur les pratiques de consommation et les idées qui peuvent germer pour les optimiser.

Dans la réalité, beaucoup de bonnes pratiques existent déjà dans l'entreprise. Le challenge est de capturer ces idées et de les généraliser de manière systématique et organisée. La valeur ajoutée viendra de la mise en place d'un tel processus.

Un exemple d'animation d'un tel processus est présenté en figure 2.5.

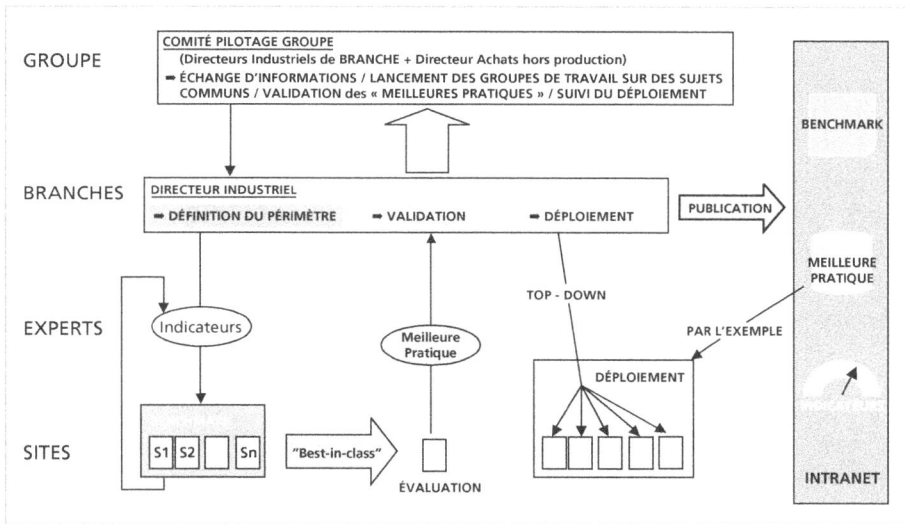

Figure 2.5 – Exemple d'animation du processus

Dans cet exemple, l'animation est structurée de la manière suivante :

* Un comité de pilotage au niveau du groupe est constitué par les directeurs industriels des différentes branches et le directeur Achats hors production : il identifie des sujets, définit des équipes de travail et valide les meilleures pratiques qui en résultent.

* Les groupes de travail ont pour objectifs d'identifier et de formaliser les meilleures pratiques. Celles-ci peuvent être identifiées *via* des *benchmarks* qui mettent en évidence les sites les plus performants (voir exemple figure 2.6 – *Benchmark* sur les gants de sécurité), résulter de l'analyse d'une équipe de travail, ou simplement collectées auprès des utilisateurs suite à un plan systématique de recensement sur un sujet donné.

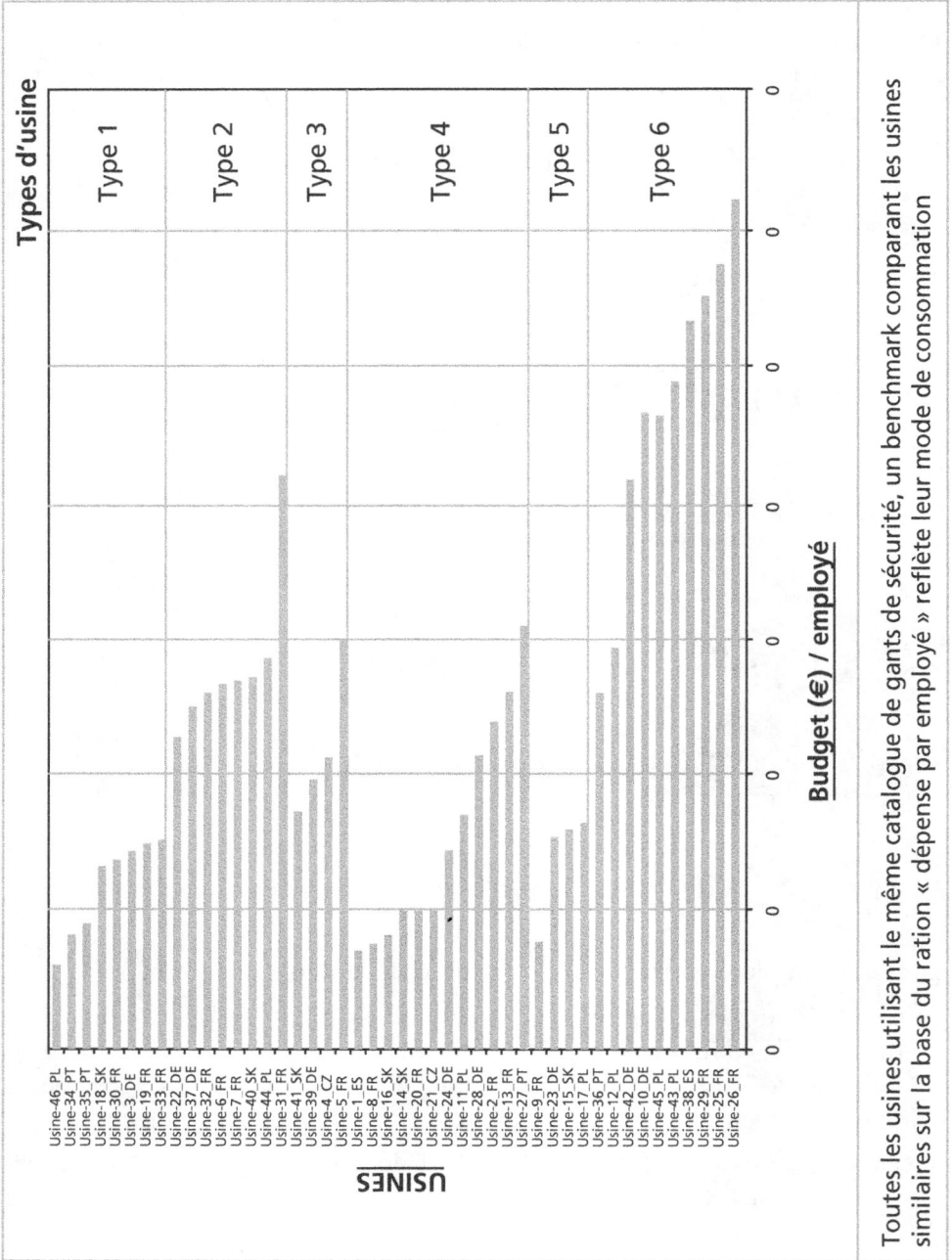

Figure 2.6 – Exemple de *benchmark* par type d'usines
Gants de sécurité : « Montant de dépense annuelle/employé »

- Les meilleures pratiques ainsi identifiées font l'objet d'une formalisation (voir figure 2.7 – Gestion d'un parc de chariots élévateurs).

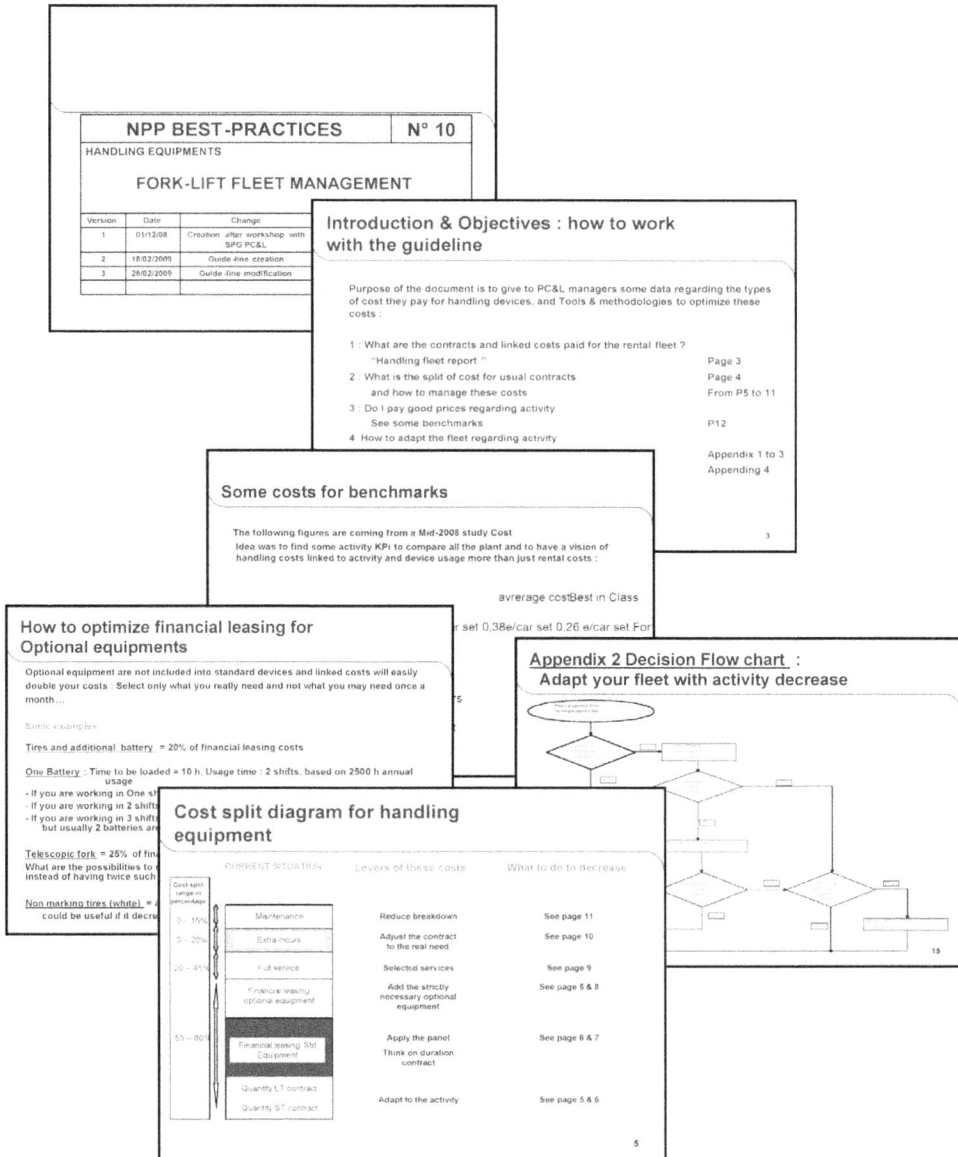

Figure 2.7 – Exemple de document de « meilleures pratiques »

- Après validation par le comité de pilotage le document de meilleure pratique est publié (voir exemple de site Intranet en figure 2.8) et un plan systématique de déploiement est lancé (voir tableau de bord en figure 2.9).

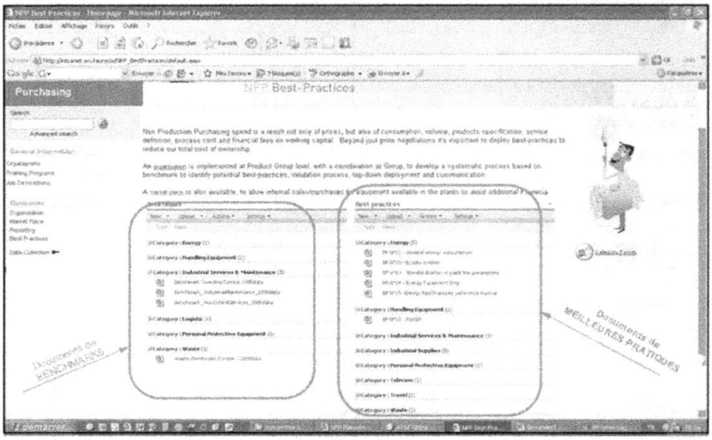

Figure 2.8 – Exemple d'Intranet « Best-Practices »

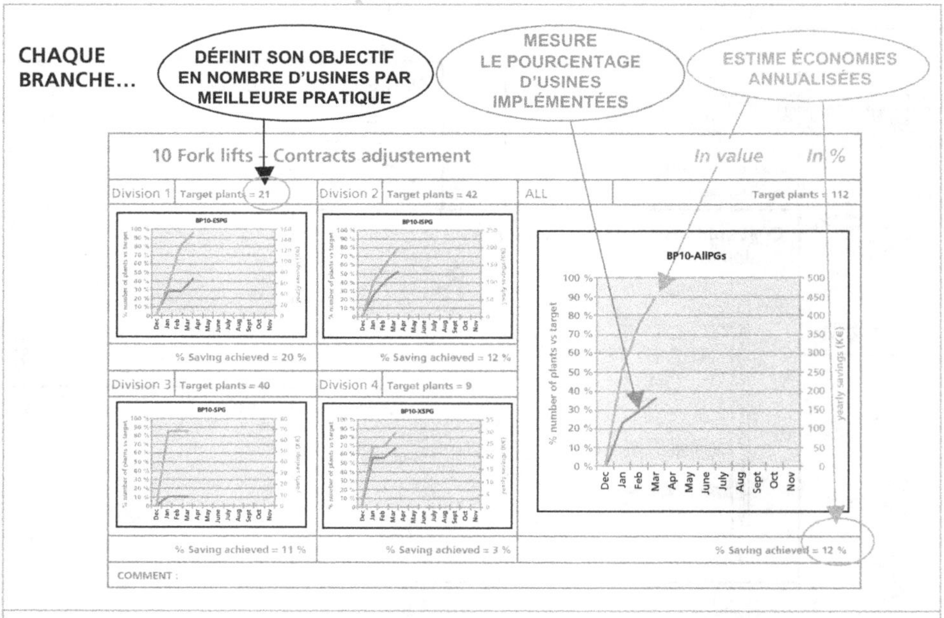

Dans cet exemple, chaque branche a préalablement défini le nombre de sites pour lesquels cette « meilleure pratique » est applicable. Le suivi mesure le pourcentage de sites sur lesquels l'opération a été lancée, ainsi que les estimations d'économies évaluées par le site.

Figure 2.9 – Exemple de suivi de déploiement des meilleures pratiques

- Dans certains cas ces *benchmarks* permettront de définir des ratios et valeurs standard utilisables comme objectifs dans des opérations d'optimisation des coûts ou lors du montage du budget.

Quels impacts de la démarche ?

- Chacune de ces 3 étapes se focalise sur certains des paramètres de l'équation économique globale, ainsi que visualisé dans la figure 2.10 :

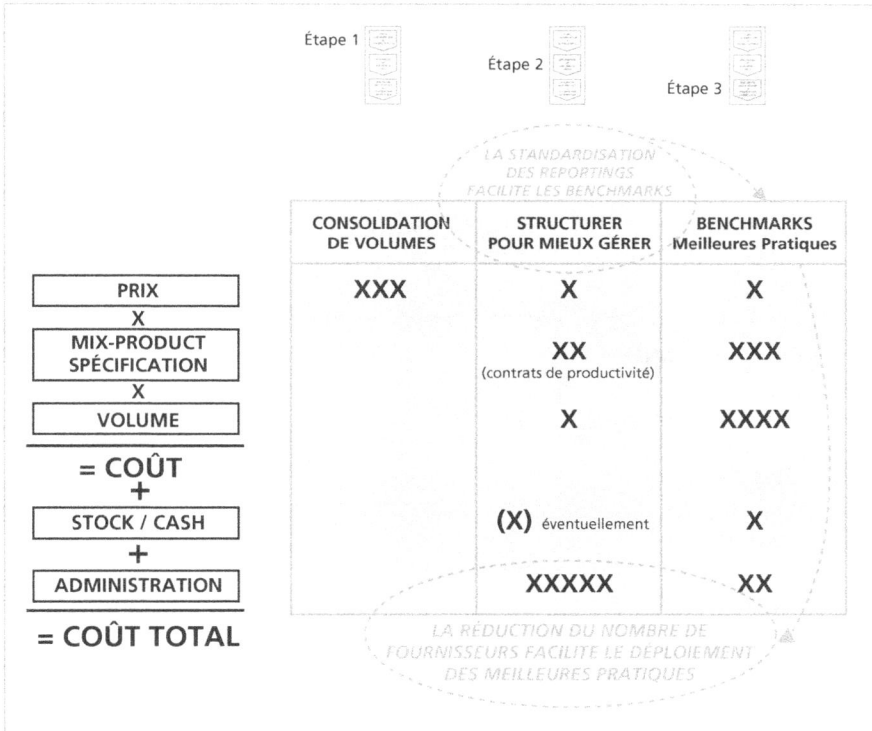

Figure 2.10 – Impacts respectifs des 3 étapes sur l'équation économique

- Le passage par l'étape 2 facilite la réalisation de l'étape 3 par :
  - la standardisation des *reportings* de suivi des contrats et des coûts qui facilite les *benchmarks* ;
  - l'apport d'expertise du fournisseur qui peut se traduire parfois par des engagements contractuels de productivité ;
  - la réduction significative du nombre de fournisseurs qui simplifie leur gestion, ainsi que la généralisation des bonnes pratiques.

Le niveau d'avancement dans les étapes détermine le niveau de maturité de l'organisation Achats

L'avancement par rapport à ces 3 étapes indique le niveau de maturité atteint dans l'organisation Achats. Au sein d'un même groupe, elle aura pu atteindre l'étape 3 dans certains pays, alors qu'elle en sera juste à l'étape 1, dans les nouveaux pays intégrés. Ou au sein d'un même pays, le niveau de maturité pourra être différent selon les familles d'achats.

Au-delà du débat classique global/local, tendre à une stratégie achats générale

Comme support de cette réflexion, nous utiliserons le graphe à deux dimensions présenté en figure 2.11.

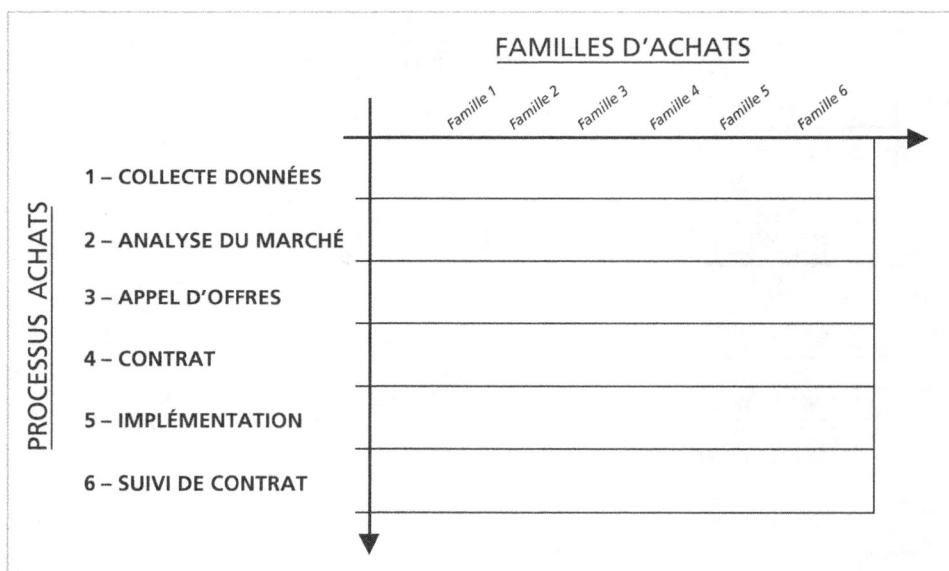

Figure 2.11 – Carte familles × Processus

- Axe familles d'achats : il représente la liste des familles couvertes. Exemples : informatique, voyages, nettoyage, imprimerie…
- Axe processus : il représente les principales étapes d'une démarche achat :
  - collecte des données sur les besoins ;
  - analyse du marché et affinage du cahier des charges ;
  - appel d'offres ;
  - contrat ;

– implémentation du contrat ;
– suivi de contrat.

Global/local est une question récurrente

Cette question « global *versus* local » est récurrente dans le domaine des achats hors production pour trois raisons.

Le marché : fournisseurs globaux *versus* fournisseurs locaux

Par extrapolation du domaine des achats de production, on est familiarisé avec la notion de fournisseurs globaux ayant une présence mondiale, que l'on trouve par exemple en informatique dans notre domaine. À l'opposé, notre portefeuille de fournisseurs est aussi constitué de beaucoup de sociétés locales, comme pour le nettoyage ou la maintenance dans le secteur industriel, du fait d'un besoin de réactivité et donc de proximité.

La culture : on part d'une situation non gérée par les Achats

Cette question « global *versus* local » se pose dans des groupes où la rationalisation des achats hors production se met en place en partant d'une situation où ils étaient gérés par les services utilisateurs eux-mêmes. Ceux-ci ne contestent pas la notion de fournisseurs internationaux qui justifie une gestion en central. En revanche, pour la gestion des fournisseurs traditionnellement locaux, qu'ils ont toujours faite par eux-mêmes, il leur semble plus évident, lors d'un transfert de cette gestion au service Achats, de continuer à la faire en local, avec des acheteurs locaux.

L'organisation : acheteurs « globaux » *versus* acheteurs « locaux »

On trouve souvent de fait, dans la communauté Achats, la cohabitation de deux catégories d'acheteurs qui n'appartiennent pas toujours aux mêmes organisations hiérarchiques :

• des acheteurs dits « locaux » ;
• des acheteurs dits « globaux », ou parfois « centraux » car ils peuvent être basés au siège.

Comment répartir les responsabilités et le travail entre ces deux groupes ?

La tendance naturelle est de rechercher une répartition par familles d'achats, en s'appuyant sur l'idée de fournisseurs globaux, *versus* fournisseurs locaux. Les familles d'achats correspondant aux premiers étant attribuées aux acheteurs globaux ; les autres familles étant laissées sous la gestion des acheteurs locaux. Ce qui donnerait la figure 2.12.

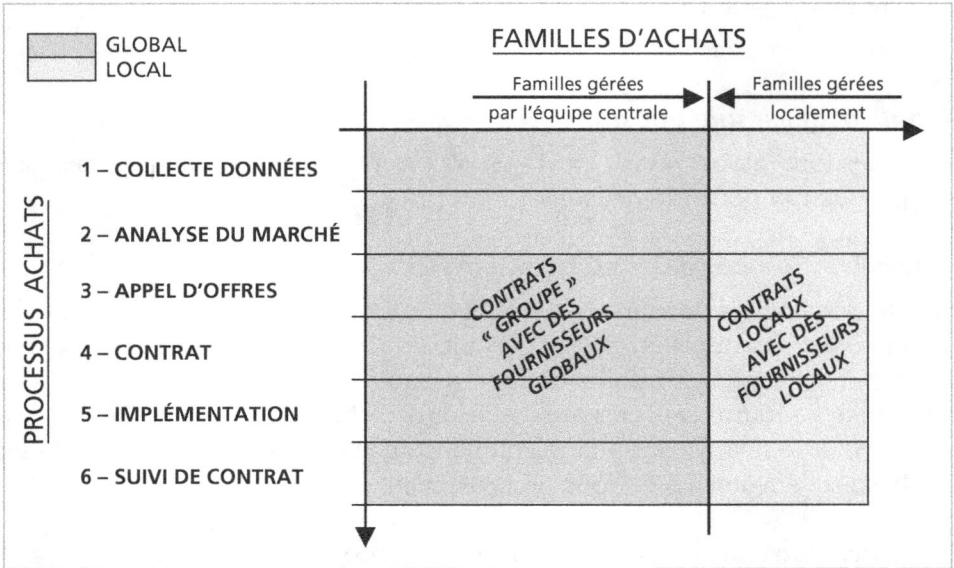

Figure 2.12 – Approche par familles d'achats

D'autres questions s'ajoutent alors à ce débat, en ce qui concerne les contrats groupe négociés par l'équipe centrale :

- comment appliquer un contrat groupe en local ?
- que fait-on si un fournisseur local est plus performant que le contrat groupe ?
- que fait-on si le contrat groupe ne correspond pas aux spécifications souhaitées par le site ?

L'approche pragmatique ne fait pas de différence fondamentale entre les sujets locaux et les sujets globaux

En fait, dans cette répartition global/local, le raisonnement est « parasité » par deux considérations :

- la notion de fournisseur global, extrapolée à partir des achats de production ;
- le souhait d'aligner la stratégie achat à une organisation préexistante.

Fournisseurs globaux ou familles d'achats globales

La notion de fournisseur global n'est pas aussi mature que dans le domaine des achats de production. Par fournisseur global, on entend un partenaire ayant une large présence internationale et une organisation centralisée permettant d'avoir un interlocuteur unique, un *key account manager*, de manière à permettre des négociations consolidées pour l'ensemble des pays.

De telles sociétés sont encore minoritaires dans les achats hors production et, quand elles existent, elles ne possèdent pas toujours les avantages théoriques attendus :

- Elles ne sont pas toujours performantes de manière égale dans tous les pays où elles sont présentes. Leur politique de prix peut varier selon les pays ; le marché étant hétérogène et mouvant.

- Leur volonté stratégique de se développer dans de nouveaux pays, en accompagnant leurs clients par exemple, ne se traduit pas toujours par des positions suffisamment compétitives au regard des acteurs nationaux.

- Elles ne sont parfois qu'un ensemble de centres de profits indépendants, bien que réunis sous une même bannière, avec lesquels il est difficile de négocier et gérer une relation contractuelle globale.

Si l'on aborde le raisonnement à partir de la famille d'achats et non plus du profil de fournisseur, on pourrait être tenté de laisser en local des familles d'achats où la proximité des fournisseurs, leur réactivité et leur disponibilité sont des critères prépondérants. Mais, même dans ce cas-là, une part de ces fournisseurs dits locaux, selon ces critères, est en fait des filiales de groupes nationaux, sinon internationaux. Une approche globale ne serait pas ici incompatible avec l'idée de proximité.

Ni l'approche par typologie de fournisseurs, ni l'approche par typologie d'achats ne sont donc clairement satisfaisantes dans cette réflexion global/local.

Cette réflexion, lorsqu'elle est placée sur un plan stratégique, comme c'est souvent le cas, est en fait déclenchée par l'état de fait d'organisations Achats multiples préexistantes, en central et en local, entre lesquelles il faut répartir des tâches et des responsabilités.

Le bon sens voudrait plutôt que l'on définisse d'abord la stratégie achats et que l'on en déduise ensuite l'organisation adéquate pour la réaliser. Cette organisation pouvant d'ailleurs évoluer en fonction de l'état d'avancement et de la maturité de cette construction.

Revenons donc aux « *basics* ». L'objectif d'optimisation des coûts ne se limite pas aux actions sur les prix. Nous avons vu précédemment la démarche en 3 étapes qui caractérise les achats hors production. Dans notre domaine, les leviers supplémentaires, et tout aussi importants, sont la spécification de ce que l'on consomme et la manière de consommer.

Pour activer efficacement ces leviers, on a besoin d'exploiter des *benchmarks* avec des situations similaires. La mise en place d'une telle démarche comparative est nécessaire et utile même pour les achats effectués avec des fournisseurs locaux. Ceci passe par des méthodologies communes, une capture d'information structurée, standardisée et donc exploitable, un management homogène des contrats, que ce soit avec des fournisseurs dits globaux ou avec des fournisseurs dits locaux. On en vient donc à la notion de management global.

Privilégier l'approche management global

Dans les groupes où l'on est en présence d'une organisation Achats hors production unique, la question n'existe plus à un niveau stratégique puisque l'ensemble des acteurs achats fait partie de la même organisation. La réflexion est cependant toujours nécessaire, mais à un niveau plus modestement tactique et interne à l'organisation Achats.

Elle s'applique lors de :

- la définition des priorités ;
- la planification d'un plan d'action ;
- l'optimisation des ressources affectées aux divers projets.

Ce qui n'est pas prioritaire aujourd'hui peut être laissé en local, et pourra devenir global ultérieurement.

En revanche, le point essentiel, s'il faut parler de stratégie, est la notion de management global qui couvre les deux niveaux et vise les objectifs suivants :

- donner un même cadre méthodologique commun à toutes les actions, quel que soit leur positionnement, en central ou en local ;
- assurer une cohérence permanente de l'ensemble par rapport à la stratégie générale achat ;
- structurer la démarche pour répondre aux besoins d'informations pertinentes, notre point faible, *via* une gestion standardisée des spécifications, des contrats et du management des fournisseurs ;
- maximiser les économies que l'entreprise attend, tout en optimisant l'utilisation des ressources allouées.

Nota : dans la suite, sans anticiper sur le chapitre consacré à l'organisation (chapitre VII), on se référera à deux types de profil d'acheteurs que l'on retrouve dans tous les types d'organisation :

• Acheteurs « famille » ou *category buyer* : ils se focalisent sur une famille d'achats (par exemple les fournitures industrielles), avec une couverture globale sur le plan géographique. Ils ne sont pas spécifiquement dédiés à un client interne. Ils ont en charge la définition de la stratégie achat dans leur famille.

- Acheteurs « locaux » ou acheteurs « sites » : ils sont dédiés à un client interne, par exemple un groupe d'usines, et servent ce client de manière opérationnelle, jusqu'à la gestion des commandes. Ils sont le plus souvent le premier contact achats pour ce client interne. Ils sont multifamilles.

Reprenant notre graphe initial. La notion de management global peut se schématiser selon la figure 2.13 :

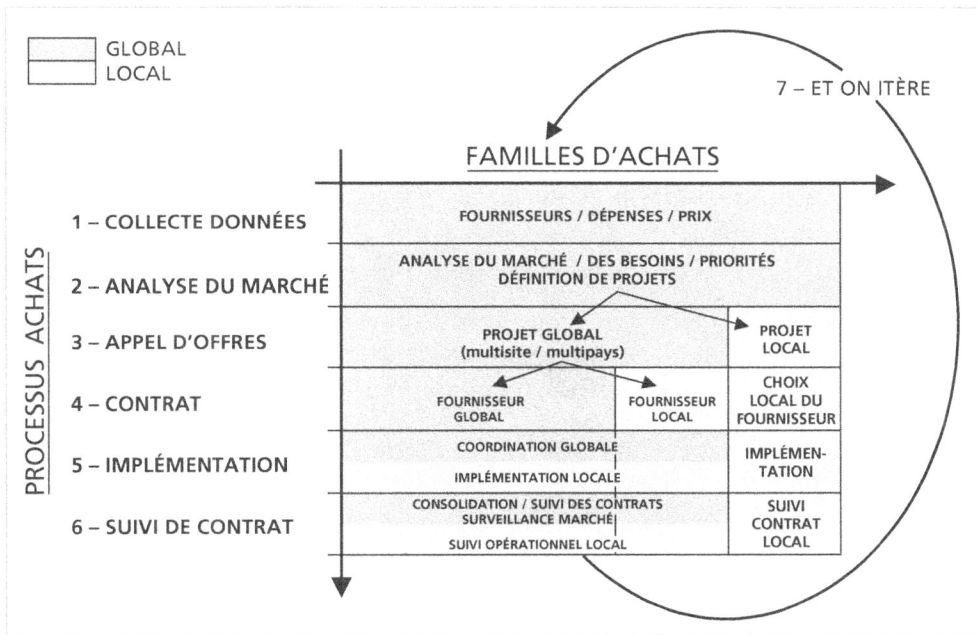

Figure 2.13 – Approche management global

1 – Collecte des données

La collecte d'informations sur l'ensemble des dépenses, le portefeuille de fournisseurs, les prix et le marché, doit être faite au niveau global, par l'acheteur famille, de manière à maintenir une vision et une compréhension globales du domaine.

2 – Analyse du marché

Les analyses des dépenses et de la structure du marché des fournisseurs, la réflexion sur les consolidations potentielles et la prise en compte des enjeux des clients internes sont également réalisées à un niveau global. L'analyse se traduit par la définition d'une stratégie achat, de priorités, d'un plan d'action partagé avec les clients internes et qui se décline en projets potentiels.

3 – Appel d'offres

Dans l'étape d'appel d'offres, la prise en compte de tous ces paramètres, mais aussi des ressources à disposition, aboutit à un affinage des projets entre :

- les projets locaux, visant par exemple la satisfaction d'un besoin mono-client court terme ;
- les actions globales : transversales, multisites, éventuellement multipays, plus lourdes à conduire et à mettre en place.

4 – Contrat

Les appels d'offres globaux ne se limitent pas à inviter uniquement des fournisseurs dits globaux. Le panel est le résultat du marketing achat qui permet d'identifier les fournisseurs potentiels, qu'ils soient globaux ou locaux, pour autant qu'ils répondent aux critères définis.

Management global ne veut pas dire automatiquement fournisseur global.

Suite à un appel d'offres, plusieurs fournisseurs peuvent être sélectionnés, certains globaux, d'autres locaux, selon leur couverture géographique et fonctionnelle, et leur niveau de performance qui peut dépendre de leur zone géographique.

5 – Implémentation

La mise en place de contrats globaux, communs à plusieurs sites (contrat de fournitures industrielles, contrat de maintenance…), nécessite souvent une action importante sur le terrain. Il y a donc conjointement des actions locales pour cette mise en place et des actions centrales pour l'organisation et la coordination.

6 – Suivi de contrat

Le suivi d'un contrat se fait d'abord au niveau de son utilisation, donc en local dans les exemples cités plus haut. Cependant, une consolidation du suivi est assurée par l'acheteur en charge de la famille d'achat qui a initié ce contrat. Son rôle est également de suivre l'évolution du marché pour améliorer les contrats tant par ses propres actions de veille que par une consolidation des informations remontant du terrain, les sites ayant aussi accès à des informations marché *via* des démarchages locaux.

7 – Et on itère

Le marché, les besoins, les priorités évoluent, mais également le taux de couverture des actions globales ainsi que les ressources disponibles. Le processus est itératif, les décisions d'hier ne sont pas forcément celles de demain, un domaine laissé en local peut passer sous gestion globale parce que le sujet le permet et que les ressources sont maintenant disponibles. La frontière entre les domaines traités en central et ceux laissés en gestion locale bouge. La partie locale se réduit en ce qui concerne les actions de *sourcing*, mais augmente en ce qui concerne la gestion locale des contrats.

Synthèse

- L'objectif est de tendre vers un management global, dans le cadre d'une stratégie achats régulièrement mise à jour à un niveau global.

- Les sujets locaux sont définis, pour simplifier, comme étant des sujets mono-client interne, par opposition aux sujets transversaux, multiclients, qui nécessitent une approche globale. Ils sont souvent traités par les acheteurs locaux, alors que les sujets globaux sont traités par des acheteurs famille globaux.

- Les sujets locaux sont néanmoins cohérents avec la stratégie générale. Ils ne résultent pas d'initiatives locales parallèles en contradiction avec la stratégie définie par les acheteurs famille.

- Des projets globaux peuvent aboutir à des choix de fournisseurs locaux, ce n'est pas incompatible. Les effets d'échelle et de massification ont leur limite.

- Un cadre méthodologique commun, applicable à toutes les actions, tant globales que locales, est nécessaire pour standardiser les approches et en tirer tout le bénéfice : application des mêmes bases dans la gestion des contrats et des fournisseurs, capture d'informations structurées de la même manière permettant des comparaisons et *benchmarks*, passage de local à global plus aisé quand un tel transfert est décidé.

Il n'y a donc pas de différence fondamentale entre les sujets locaux et les sujets globaux. Cette distinction reflète seulement le niveau d'avancement dans la rationalisation des achats. Avec le temps, la frontière se déplace réduisant les actions de *sourcing* mono-client gérées localement. Les actions de *sourcing* peuvent être de plus en plus gérées au niveau central. Les actions locales se réorientent vers la mise en place et la gestion de contrats, et sur des actions plus générales sur les coûts et les meilleures pratiques.

Chapitre III

Une méthodologie adaptée
au contexte en évolution

ÉLABORER UN PLAN D'ACTION AU MOYEN D'UN PROCESSUS ITÉRATIF

Quelle est la résultante de ces deux axes de réflexion, sur le plan pratique, en ce qui concerne la définition d'un plan d'action ?

Le cadre de référence du plan d'action est la stratégie achat telle que définie par les acheteurs familles, chacun dans leur domaine de responsabilité.

Cette stratégie est bien sûr « vivante », elle est mise régulièrement à jour en fonction de :

- la structure de l'entreprise ;
- l'évolution des besoins et du marché des fournisseurs ;
- l'évolution du périmètre par l'intégration, par exemple, de nouvelles régions ou de nouveaux domaines ;
- l'évolution de la maturité de l'organisation Achats elle-même.

Un plan d'action court/moyen terme est établi, par exemple un plan pluriannuel glissant. Sa fréquence de mise à jour est alignée sur le processus budgétaire de l'entreprise afin d'intégrer ces actions dans les budgets des clients internes.

Les deux axes de réflexion présentés au chapitre précédent s'intègrent dans l'élaboration de ce plan. Le processus pratique d'élaboration et de mise à jour de ce plan suit la figure 3.1 :

- Des « propositions » de projets sont déclenchées par les différents acteurs : acheteur famille, acheteur local, client interne. Les sources peuvent être très diverses. Elles résultent par exemple d'une analyse de stratégie conduite par

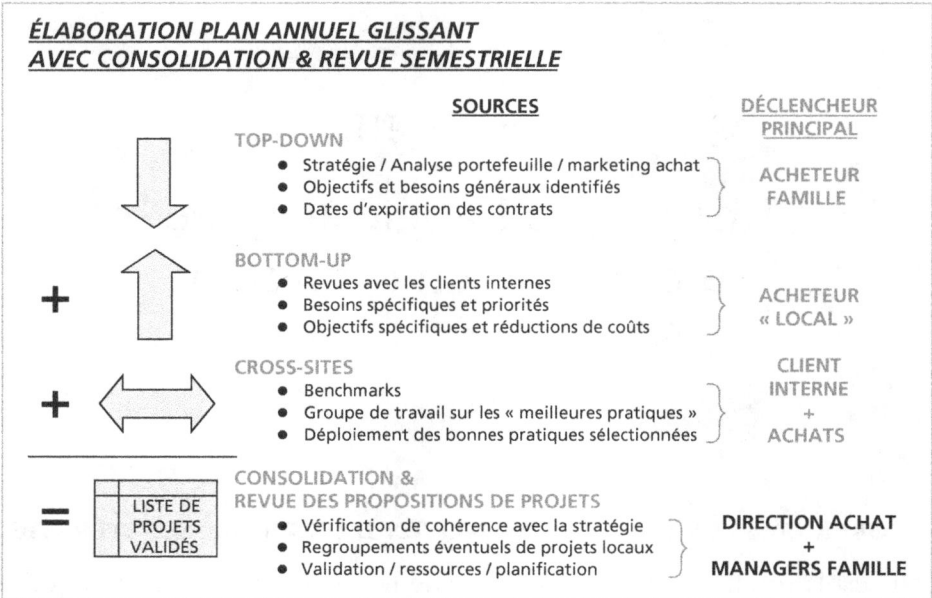

Figure 3.1 – Processus d'élaboration d'un plan d'action

un acheteur famille, d'une collecte de besoins auprès des différents clients internes réalisée par les acheteurs locaux, ou sont déclenchées suite à un *benchmark* qui met en évidence de nouvelles opportunités.

- Une consolidation et une revue régulière et planifiée permettent de s'assurer de la cohérence de l'ensemble avec la stratégie générale achat, de procéder éventuellement à des regroupements de projets (plusieurs propositions de projets locaux similaires pouvant être regroupés en un projet global).

- Après validation des projets, une affectation des ressources et une planification aboutissent à leur intégration dans les budgets. Pour être optimisé et cohérent, le plan d'action glissant doit couvrir l'ensemble des actions, qu'elles soient globales ou locales.

Dans cet exercice de planification, on prend bien sûr en compte l'importance des enjeux, le niveau de difficulté et la charge de travail nécessaire. Mais l'évaluation de l'importance des enjeux ne doit pas se limiter à la partie économique à court terme. Le déroulement de la démarche en 3 étapes spécifique aux achats hors production, (consolidation/structuration/*benchmark*) est un objectif en soi, tout aussi important que les économies immédiates. Dans ce cadre, certaines actions à mener ne généreront pas toujours des économies substantielles à court terme, mais préparent le futur et porteront leurs fruits ultérieurement.

GÉRER UN PROJET D'ACHATS HORS PRODUCTION

Dans le domaine des achats hors production un projet d'achat suit les mêmes phases principales que dans tout autre domaine :

- Définition du panel de fournisseurs :
  - analyse du marché et des besoins ;
  - sélection du panel et accords cadres.
- Appel d'offres :
  - cahier des charges et consultation ;
  - sélection du fournisseur.
- Contrat :
  - mise en place et déploiement du contrat ;
  - gestion du contrat et suivi des performances fournisseurs.

La particularité ici se trouve plutôt dans le type de « client » de ce projet, les divers services de l'entreprise, ainsi que dans le niveau de maturité de la mise en place de l'organisation.

Cette mise en place part encore souvent d'une situation où ce domaine était géré directement par les services utilisateurs de manière décentralisée. Il évolue vers une prise en charge progressive par les Achats qui suivent une logique de professionnalisation et de consolidation. Cette évolution peut être ressentie par les services utilisateurs comme une perte de pouvoir. Le transfert de la gestion de leurs fournisseurs aux Achats est un premier changement important, intervenant dans des relations établies parfois de longue date. Par ailleurs, lorsque l'on est dans un contexte multisite, avec des sites ayant chacun des fournisseurs historiques différents pour le même type de prestations, les Achats procèdent à des consolidations qui aboutissent à des changements de fournisseurs.

Dans un tel contexte, la rigueur de la démarche à mettre en place et l'implication des prescripteurs et utilisateurs internes, tant au niveau opérationnel que hiérarchique, sont des facteurs de succès tout aussi importants que le processus achat lui-même.

La figure 3.2 donne une vue d'ensemble de la démarche de gestion de projet dont nous allons ensuite développer certains points.

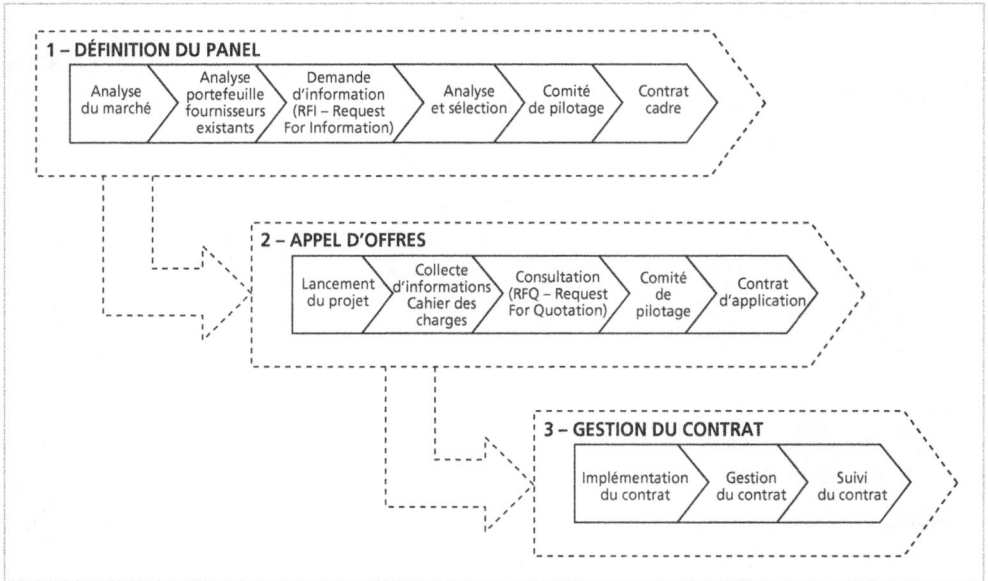

Figure 3.2 – Étapes de la démarche projet

Définir le panel de fournisseurs

Les Achats appliquent les critères classiques de sélection de fournisseurs : solidité financière, taux de pénétration limité… qui s'ajoutent aux critères techniques évalués par les utilisateurs et les prescripteurs. Ce point sera développé au chapitre IV. À cela, dans le domaine des achats hors production, il nous faut ajouter également la capacité du fournisseur à avoir une démarche structurée de suivi de contrat et de *reporting* standard, point important, comme nous l'avons vu, pour permettre d'évoluer vers une meilleure analyse et gestion des coûts.

Au début de la prise en charge du domaine par les Achats, on constate souvent un portefeuille de fournisseurs en place qui ne répond pas toujours à tous ces critères. C'est une liste de fournisseurs mais ce n'est pas un panel. Ceux-ci, sélectionnés par les seuls utilisateurs, ne répondent qu'aux critères techniques et de qualité de service, ou d'*intuitu personae*, ce qui est nécessaire mais pas suffisant.

Une éducation des utilisateurs sur les critères d'homologation des fournisseurs est donc un préalable nécessaire à tout lancement d'appel d'offres. Ces critères peuvent en effet amener à ne pas inviter les fournisseurs en place, mais uniquement ceux qui auront suivi avec succès le processus de sélection du panel.

Un exemple de résumé des critères est présenté figure 3.3 :

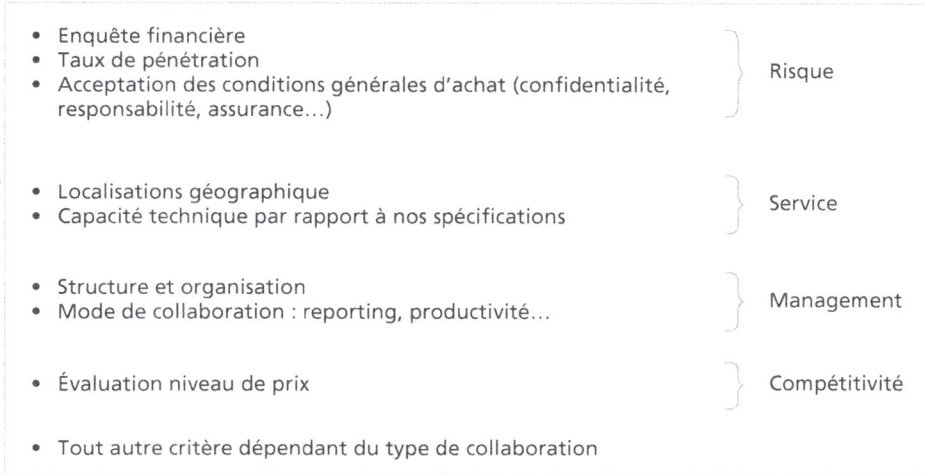

- Enquête financière
- Taux de pénétration
- Acceptation des conditions générales d'achat (confidentialité, responsabilité, assurance…)   } Risque

- Localisations géographique
- Capacité technique par rapport à nos spécifications   } Service

- Structure et organisation
- Mode de collaboration : reporting, productivité…   } Management

- Évaluation niveau de prix   } Compétitivité

- Tout autre critère dépendant du type de collaboration

Figure 3.3 – Critères de définition d'un panel

Si certains fournisseurs en place ne répondent pas à ces critères, du fait par exemple d'un taux de pénétration important, il faudra préparer et expliquer un plan de sortie progressif.

Pour les domaines critiques, la démarche de définition du panel devra impliquer les utilisateurs selon la même démarche de gestion de projet développée pour les appels d'offres et présentée au point suivant.

Effectuer l'appel d'offres

On ne parle pas ici des familles d'achats sans risques comme les fournitures de bureau, mais de domaines plus sensibles au regard de l'activité des utilisateurs, comme la maintenance d'une usine ou la constitution d'un panel d'agences de recrutement.

Une démarche en trois temps

Mise en place d'une structure de gestion de projet

Pour chaque opération, la démarche projet s'appuiera sur deux groupes : un comité de pilotage et une équipe de projet.

- Le comité de pilotage réunit les représentants des services utilisateurs et des Achats, il est l'organe de décision. Ses membres doivent donc être au niveau hiérarchique adéquat pour, d'une part, appréhender la stratégie achat dans son ensemble, et d'autre part avoir le pouvoir de décision qui facilitera ensuite la mise en place des options retenues.

- L'équipe de projet est composée des Achats et des représentants des utilisateurs et prescripteurs, nommés par le comité de pilotage, et apportant leur expertise technique. Dans le fonctionnement de cette équipe le rôle de chef de projet, organisant le travail et gérant le planning, est pris en charge par les Achats. Cette équipe mène l'étude et aboutit à une recommandation soumise à la décision du comité de pilotage.

La mise en place de cette structure de gestion de projet sera définie dans une note de lancement ou *kick-off memo*, rédigée par le chef de projet achats et validée par les membres du comité de pilotage.

Cette phase est capitale, puisqu'elle élabore le « contrat » entre les Achats et la direction utilisatrice. Elle requiert quelques itérations :

- Le chef de projet achats identifie les personnes qui doivent faire partie du comité de pilotage. Cette liste est validée par la direction Achats, pour s'assurer que certains décideurs ne sont pas oubliés, en fonction du caractère éventuellement critique du sujet traité.

- Les membres du comité de pilotage ensuite contactés :
  - valident la définition et les livrables du projet ;
  - valident leur propre participation au comité de pilotage ou délèguent officiellement à un de leurs collaborateurs leur pouvoir de décision ;
  - nomment les utilisateurs qui seront membres de l'équipe de projet.

- Le chef de projet achats résume ces éléments, les informations clés, ainsi que le planning du projet dans la note de lancement qui est soumise pour validation finale au comité de pilotage. Un exemple de note de lancement est donné par la figure 3.4.

- Une fois validée, la note de lancement est diffusée à l'ensemble des membres de l'équipe de projet.

- Le projet démarre par une réunion de lancement les réunissant, pour expliquer et discuter plus en détail le projet, répartir les tâches et affiner le planning.

Viennent ensuite les phases classiques de tout appel d'offres achat. Nous nous limiterons à celles qui, dans le domaine des achats hors production, doivent faire l'objet d'une attention particulière :

- la validation du cahier des charges, et plus particulièrement de l'évaluation des coûts actuels correspondants ;
- la structuration des offres demandée aux fournisseurs.

Achats hors production	**(NOM DU PROJET)** **NOTE DE LANCEMENT**	Version : Date : Auteur :

1 – OBJET :
- Description du projet : objectif et livrable.

PÉRIMÈTRE
- fonctionnel : liste des familles d'achats couvertes,
- géographique : liste des sites ou des pays concernés,
- organisationnel : listes de services concernés…

DONNÉES CLÉS (permettant d'appréhender la dimension du projet)
- montant de dépense du domaine en appel d'offres,
- nombre de fournisseurs actuels,
- nombre de clients internes ou de sites impliqués,
- éventuellement les objectifs d'économie.

2 – FOURNISSEURS
- Fournisseurs actuels : nom des fournisseurs en place avec chiffre d'affaires.
- Liste de fournisseurs invités à l'appel d'offres.

3 – STRUCTURE DE GESTION DU PROJET
- Comité de Pilotage : nom et fonction des membres.
- Équipe de Projet :
  - Chef de Projet Achat.
  - Membres de l'équipe de projet :
    - utilisateurs/prescripteurs experts du sujet qui s'assureront des spécifications et cahier des charges, et participeront à l'évaluation technique des fournisseurs et de leurs offres.
    - Contrôleur financier, dans le cas, par exemple, où la collecte et la validation des coûts est complexe.
- Éventuellement liste d'autres personnes qui peuvent être ponctuellement sollicitées.

4 – PLANNING
- Planning du projet et jalons intermédiaires clés, pour lesquels un point d'avancement avec le Comité de Pilotage sera fait, pour validation ou arbitrages.

5 – LISTE DE DISTRIBUTION COMPLÉMENTAIRE
- Listes de personnes qui doivent être informées, en plus de celles listées dans la structure de projet, pour compléter la liste de distribution des documents importants : noms et fonctions.

Figure 3.4 – Exemple de note de lancement

Validation du cahier des charges et évaluation des coûts actuels

Dans le domaine des achats hors production une partie significative des projets est relative à des prestations de services, souvent peu spécifiées par écrit de manière très précise. Les fournisseurs en place fonctionnent sur la base de leur connaissance historique des besoins du client, avec peu de formalisme et de cahier des charges. La relation régulière et les ajustements au fil de l'eau prévalent dans la réalisation des prestations.

Un travail préalable est donc à faire avec les utilisateurs pour formaliser les spécifications des prestations en visant deux objectifs :

* avoir une description suffisamment précise, ne prêtant pas à interprétation, et permettant aux fournisseurs consultés de faire une cotation sans ambiguïté ;

* permettre de déterminer avec précision les coûts actuels de cette prestation afin de les comparer aux offres.

Dans cet exercice, les utilisateurs ne distinguent pas toujours la description de ce qui est actuellement réalisé par les fournisseurs en place, de ce qu'ils souhaitent pour la prestation future ; d'où des risques d'incompréhension et d'erreurs lors de l'analyse des offres et de leur comparaison avec les coûts actuels.

Il faut donc porter une attention toute particulière à cette phase, en clarifiant la distinction entre :

* D'une part, la spécification de la prestation en cours qui sera la base de la collecte des coûts actuels ; ces coûts pouvant être des coûts externes de sous-traitance, mais aussi des coûts internes si l'on envisage une externalisation.

* D'autre part, les demandes supplémentaires qui s'y ajoutent.

La validation de ces spécifications, mettant en évidence ces deux parties, ainsi que leurs coûts actuels, devra faire l'objet d'un processus formel au niveau du comité de pilotage, avant le lancement de l'appel d'offres. Dans le cas d'un projet incluant une externalisation il ne s'agit pas uniquement d'un exercice purement comptable pour valoriser correctement les coûts internes, mais également d'une validation plus générale sur leur prise en compte dans le calcul d'économie. Il n'y aura en effet de vraies économies sur ce point, que si cette externalisation se traduit par des réductions d'effectif. Si ce n'est pas le cas parce que la partie externalisée est mineure, le client interne peut considérer que cette économie n'est que théorique et donc ne pas vouloir la considérer dans le calcul final et la décision du projet. Une telle réflexion doit être faite en amont, avant l'appel d'offres et l'analyse des propositions, pour que ce point soit abordé sereinement et indépendamment des résultats de l'appel d'offres, car il peut se révéler être un point de divergence entre la logique économique des Achats et celle du client interne.

Structuration des offres demandées aux fournisseurs

La structuration des offres selon un format imposé aux fournisseurs est un *basic* des achats ; nous ne développerons pas ce point. La particularité éventuelle ici est dans la lignée du paragraphe précédent. Si le cahier des charges couvre un périmètre qui va au-delà de la situation actuelle, la distinction décrite plus haut, entre la définition du service actuel et les prestations additionnelles demandées, devra se retrouver dans la présentation des offres. Cela permettra une comparaison à isopérimètre entre les coûts actuels et les offres, mettant en évidence les économies éventuelles, ainsi que l'évaluation du coût des prestations additionnelles demandées.

Comparer les différentes offres est un exercice souvent complexe

Malgré les efforts de formalisation des spécifications, il peut y avoir dans certains cas complexes, dans le domaine des services industriels par exemple, une incertitude sur la bonne compréhension des livrables. Des réunions techniques, des séances de questions/réponses, des visites des sites qui font l'objet de l'appel d'offres sont des compléments indispensables au cahier des charges, en s'assurant que tous les fournisseurs invités reçoivent les mêmes informations.

La comparaison des offres peut, sur certains postes, montrer des écarts non négligeables, par rapport aux coûts actuels par exemple, et/ou entre les fournisseurs. Ces écarts vont soit dans le « bon » sens, c'est-à-dire une offre de prix moins chère que le coût actuel, soit dans le « mauvais » sens. Ces écarts peuvent s'expliquer par une mauvaise expression ou compréhension de la spécification, ou par des composantes de coûts sous-entendues et non clairement exprimées.

Exemple

Un responsable maintenance aura calculé ses coûts actuels à partir de son suivi budgétaire qui inclut la main-d'œuvre externe et les pièces, alors que le fournisseur aura fait une offre ne couvrant que la main-d'œuvre et un « forfait » de pièces « courantes » et de « faible » montant, le reste venant en sus, selon les règles de sa société, ou l'usage de la profession. La comparaison n'est donc pas faisable si l'on ne rentre pas dans le détail.

Personne n'a intérêt à prendre de décisions sur la base de malentendus, même quand l'écart est dans le « bon » sens. La satisfaction immédiate d'avoir fait une économie ne durera pas longtemps après la signature du contrat, et très vite la réalité des coûts pourra créer des difficultés dans la relation contractuelle.

Quand on est dans un tel cas complexe, la méthode pour réduire ce risque est de travailler à « livre ouvert ».

Envisager une démarche à « livre ouvert » pour réduire le risque

Opter pour une démarche à « livre ouvert », signifie communiquer non seulement les spécifications mais aussi les coûts actuels associés, avec documents à l'appui tels que les factures, les contrats… ce qui présente deux avantages importants :

- La communication des coûts actuels est une information complémentaire à la spécification car elle réduit le niveau d'incertitude dans la compréhension de celle-ci. Pour un professionnel, les coûts sont porteurs d'informations sur la prestation réalisée. S'il y a un écart majeur entre ce que s'apprête à coter le fournisseur et le coût actuel, dans un sens comme dans l'autre, c'est qu'il y a une forte probabilité pour que l'on ne parle pas de la même chose. Bien entendu, une fois l'ambiguïté levée, cela doit se traduire concrètement par une mise à jour des documents, détaillant mieux les spécifications et le prix, car ils constitueront les annexes essentielles du contrat.

- Le fournisseur, qui aura signé au préalable un accord de confidentialité, aura eu accès à toutes les informations et eu la possibilité de poser toutes les questions lui permettant de faire une offre en toute connaissance de cause. Il ne pourra pas ensuite, après la signature du contrat, revenir sur cet engagement en arguant d'un malentendu.

Nota : certains fournisseurs, dans le cadre de contrats importants d'externalisation, proposent une démarche fondée sur un appel d'offres « classique », c'est-à-dire à « livre fermé » pour la sélection du fournisseur, puis sur la signature d'un contrat comportant une clause d'audit sur les premiers mois de fonctionnement. Cette clause a pour objectif, après une meilleure connaissance du contexte grâce aux premiers mois de fonctionnement, de permettre au fournisseur de réajuster son prix. Sur le fond cette démarche procède de la même logique, considérant que seule une analyse très détaillée de l'ensemble des informations permet une bonne compréhension réciproque des attendus et une cotation sans ambiguïté. En revanche, elle est ici appliquée dans l'intérêt du fournisseur puisque réalisée après signature du contrat. L'idée d'un appel d'offres à « livre ouvert » est de l'appliquer avant signature du contrat, dans la phase de mise en concurrence.

Cette approche peut s'appliquer selon trois types d'appel d'offres, en fonction du niveau de maturité du sujet et/ou du contexte :

- mise en concurrence à deux tours, « livre fermé » puis « livre ouvert » ;
- mise en concurrence à « livre ouvert » directement ;
- « coût objectif » à « livre ouvert », sans mise en concurrence.

Mise en concurrence à deux tours, « livre fermé » puis « livre ouvert »

On commence ici de manière classique :

- Spécifications, réunions techniques, visites, séances de questions/réponses, éventuellement complément et mises à jour des spécifications/première offre ;
- discussion des offres, affinage des compréhensions respectives et négociation « classique », seconde offre.

À l'issue de cette première étape, on établit une *short-list* de fournisseurs. On passe alors au deuxième tour fait à « livre ouvert », tel que décrit précédemment.

Cette méthode à deux tours est nécessaire dans une situation qui n'est pas encore très mature du côté du client interne ; c'est-à-dire quand l'effort de formalisation des spécifications et de structuration des cahiers des charges est fait pour la première fois. Celles-ci sont alors certainement perfectibles. Un appel d'offres directement à « livre ouvert » est risqué dans ce cas. Le premier tour à « livre fermé » permet, par les questions des fournisseurs et les diverses discussions techniques, de clarifier et compléter ces spécifications, et d'en élaborer une seconde version.

C'est souvent dans de telles situations de départ que l'on constate les niveaux d'économie après appel d'offres les plus importants. Il peut y avoir plusieurs explications à cela : domaine pas encore très travaillé par les Achats, connaissance trop approximative du rapport prestation/prix du fait de la faible formalisation et donc des coûts non optimisés. L'ordre de grandeur des résultats de l'appel d'offres dans un tel contexte n'est pas facilement prévisible.

Mise en concurrence à « livre ouvert »

L'appel d'offres, avec mise en concurrence, se fait directement à « livre ouvert ». Dès le début tous les éléments sont remis et commentés : les spécifications ainsi que les coûts actuels, avec les documents correspondants tels que les factures, les commandes, les contrats. Cela ne dispense pas des réunions techniques, visites de sites et séances de questions/réponses.

Cette méthode, qui vise à être plus rapide, est appropriée à un contexte déjà mature sur le sujet, par exemple à l'expiration d'un contrat qui a résulté de la démarche précédente, et quand on reste dans le même environnement économique. Les spécifications existent du fait du précédent appel d'offres et ont fait l'objet de mises à jour régulières dans le cadre de la gestion du contrat. Le client interne est plus mature et rompu à ce type de relation structurée. Le sujet est très travaillé et les coûts sont bien compris et maîtrisés. On peut prévoir l'ordre de grandeur du résultat de l'appel d'offres. À iso-spécification et iso-environnement économique il sera plus modeste que dans la situation précédente.

« Coût objectif » à « livre ouvert », sans mise en concurrence

Cette méthode est également à « livre ouvert » et doit s'appliquer, comme dans le cas précédent, dans un contexte déjà mature. Il s'agit ici de donner l'exclusivité à un seul fournisseur, à la condition que son offre atteigne un objectif de réduction de coût préalablement défini.

Cela peut être utile par exemple dans les cas suivants :

- rapidité dans la décision à prendre ;
- mutualisation avec d'autres contrats que ce même fournisseur a déjà avec nous, et dont on attend une synergie.

La bonne connaissance et la maîtrise des coûts, résultant d'une situation mature, permettent une bonne estimation des résultats d'un appel d'offres à iso-spécification, comme on l'a évoqué au point précédent.

Si l'on souhaite conserver les mêmes spécifications et travailler avec le fournisseur préalablement choisi, on peut faire l'économie du temps de mise en concurrence et simplement lui donner comme objectif le résultat attendu. Si son offre atteint cet objectif, le contrat lui est acquis ; dans le cas contraire, on ouvre à la concurrence.

Un autre cas d'application peut être la recherche d'une forte réduction des coûts à réaliser dans un délai rapide, en revisitant les spécifications en conséquence. Un travail en profondeur est nécessaire entre le fournisseur qui doit être force de proposition et le client interne qui doit ajuster ses exigences. Une démarche d'exclusivité avec un partenaire déjà évalué sur ce type d'approche peut permettre d'aller très vite.

Assurer la traçabilité du processus de décision

L'appel d'offres a abouti à un contrat. Nous aborderons dans le chapitre V les procédures de signature de contrat. Nous résumons ici les principaux éléments à archiver avec le contrat pour retracer le processus de décision en cas de besoin. Cela répond à deux objectifs : un objectif Achats, d'une part, un objectif d'audit de contrôle interne, d'autre part.

Sur le plan achat ceci est important pour capitaliser les informations en vue de besoins futurs (prix, spécifications…), mais dans notre cas particulier, si l'on est dans un contexte de mise en place des Achats hors production, c'est aussi primordial pour pouvoir démontrer ultérieurement le professionnalisme du processus de décision.

Nous développerons au chapitre V les règles de base du contrôle interne. Le domaine des achats hors production, historiquement dilués dans les directions utilisatrices, et non gérés par un service Achats, est souvent une « zone à risque » en termes de contrôle interne. Une des missions de l'organisation Achats est donc de garantir que les processus de sélection des fournisseurs sont conformes aux règles d'appel d'offres et de contrôle interne.

Les principaux documents à conserver dans ces perspectives sont les suivants :

- la note de lancement du projet qui présente l'organisation de l'opération et les membres des différentes instances, équipe de projet et comité de pilotage ;
- les documents d'appel d'offres et le cahier des charges ;
- la synthèse comparative des offres présentée au comité de pilotage avec les diverses évaluations : économique, technique, etc. ;
- le compte rendu des décisions du comité de pilotage sur la sélection du fournisseur ;
- la validation du document contractuel par les différentes parties prenantes :
  - les Achats pour les aspects commerciaux ;
  - le prescripteur pour les annexes techniques ;
  - le service juridique pour sa partie ;
  - le responsable budgétaire pour l'autorisation de dépense.

Mettre en place et gérer le contrat

Organiser la mise en place et le déploiement du contrat

Dans notre domaine un certain nombre de contrats sont des commandes « fermes » tels qu'un contrat d'énergie, de gardiennage, de maintenance informatique. D'autres sont des accords cadres mis à la disposition des utilisateurs, et qui seront utilisés en fonction des besoins ; par exemple, un contrat cadre de fournitures industrielles, de courrier express, de voitures de fonction.

Le déploiement d'un nouveau contrat, avec changement de fournisseur, dépend du type de situation. Il peut se faire de manière très rapide et transparente pour l'utilisateur, comme dans le cas d'un contrat d'énergie, ou constituer un projet en soi tel un changement de fournisseur de courrier express qui a un impact sur tous les services de l'entreprise.

Dans ce dernier cas, il s'appuie sur divers documents support :

- kit de communication ;
- kit de déploiement ;
- tableau de bord de déploiement.

Le kit de communication est à destination des utilisateurs

Ce document présente toutes les informations pratiques nécessaires à l'utilisation du contrat. C'est une étape critique pour la mise en place d'un contrat cadre, dont l'utilisation sera déclenchée par les utilisateurs eux-mêmes de manière décentralisée. Il vise à la fois un objectif de communication et de mode d'emploi du nouveau contrat. Il doit être court, synthétique et pratique.

Le plan type couvre les chapitres suivants :

- un bref rappel de l'origine du contrat (si nécessaire) : les sociétés invitées à l'appel d'offres, les raisons du choix du fournisseur… ;
- la couverture générale du contrat : la gamme de produits/services, la couverture géographique, la durée du contrat… ;
- la liste des produits/services avec les conditions financières jointes en annexe quand elles ne sont pas gérées dans le système de gestion des commandes de l'entreprise (exemple : courrier express) ;
- les engagements contractuels de service que l'utilisateur a besoin de connaître : les délais de livraison contractuels, les délais d'intervention sur site…
- la liste des contacts tant du côté fournisseur, par exemple en fonction des sites de l'entreprise, que du côté Achats ;
- la procédure de réclamation en cas de problèmes, formalisation et canal d'information vers le fournisseur, la procédure d'escalade si nécessaire ;
- les réponses aux interrogations les plus fréquentes.

Le kit de déploiement est à destination des acheteurs en charge du déploiement

Ce document est surtout nécessaire quand ce sont deux acheteurs différents qui ont en charge l'étape d'appel d'offres et de contractualisation, d'une part, et la mise en place sur le terrain d'autre part. Il est à destination de l'acheteur qui va prendre en charge le déploiement du contrat. Il est élaboré par l'équipe qui a conduit l'appel d'offres, mais en impliquant des acheteurs qui auront en charge le déploiement, de manière à aboutir à un document complet et à un plan de déploiement réaliste.

Il comprend quatre parties principales :

1. Un bref rappel du contexte général à l'origine du contrat

2. Les extraits des points clés du contrat

Outre les conditions financières, quand elles ne peuvent pas être simplement gérées dans les systèmes de gestion informatique, les points clés à extraire sont ceux relatifs à la gestion du contrat, comme :

- le type de contrat, de moyen ou de résultat ;
- la définition des niveaux de service ;
- les indicateurs de performance contractuels, leur mesure et leur suivi ;
- les règles de pénalités correspondantes s'il y a lieu ;
- l'information sur les limites de responsabilité et de couverture d'assurance ;
- la liste des contacts côté fournisseur et côté entreprise.

3. Le plan de déploiement

Pour certains contrats, comme les contrats cadres, le déploiement peut constituer un projet en soi.

Un exemple, dans le cas d'un fournisseur d'équipements de sécurité :

- l'organisation des réunions dans les différents sites pour que le nouveau fournisseur se présente et présente son catalogue ;
- la planification des réunions techniques pour ajuster la sélection des produits aux catalogues avec les besoins des différents postes de travail ;
- la définition des consommations moyennes du site pour évaluer les stocks de consignation ;
- la mise à jour des systèmes de gestion informatique : les nouveaux fournisseurs à entrer, les catalogues électroniques à charger, les commandes ouvertes à enregistrer pour les articles gérés en stock.

4. Les procédures de gestion du contrat

Par exemple :

- la réunion de points périodiques, le standard de compte rendu de réunion ;
- la procédure de gestion des propositions d'amélioration ;

- la procédure de gestion des réclamations qualité ;
- la procédure d'escalade.

Le tableau de bord permet de suivre le déploiement

Dans le cas d'un déploiement sur plusieurs sites, un tableau de bord consolidant le déroulement des opérations de déploiement sur chaque site est nécessaire. Un exemple est présenté en figure 3.5.

Assurer le suivi du contrat et des performances fournisseur

Dans un contexte où la mise en place des Achats hors production est récente, la démarche de gestion de contrat est une phase nouvelle tout aussi importante, sinon plus, que la phase de sélection de fournisseur, surtout quand elle aboutit au remplacement d'un fournisseur historique. Les utilisateurs, dans un tel cas, seront très sensibilisés et vigilants par rapport aux perturbations pouvant résulter de ce changement. La gestion du contrat sera donc un facteur de succès et de crédibilité des Achats.

Dans le cas de fournitures de produits, le suivi de contrat est relativement simple et similaire aux situations fréquentes en achats de production. Il pourra s'appuyer sur les systèmes de gestion informatique, pour traquer par exemple le respect des délais de livraison, des quantités commandées et le contrôle qualité.

Dans le cas de prestation de services, plus fréquent dans notre domaine, il nécessite une approche plus complexe qui doit s'appuyer sur une démarche structurée pour suivre les performances du fournisseur par rapport aux définitions de services contractuelles, et réagir rapidement aux éventuels problèmes. Par ailleurs, si le contrat inclut des clauses d'amélioration continue, avec des engagements de productivité, un suivi adapté doit être mis en place. Enfin, comme on l'a vu au chapitre II, le suivi du contrat doit aussi s'attacher à capturer de l'information standardisée, exploitable dans une optique de *benchmark*, permettant d'identifier des sources nouvelles d'optimisation des coûts.

Ces différents objectifs illustrent l'importance de la gestion de contrat, qui devient tout aussi cruciale, sinon plus du fait de sa durée, que la phase initiale d'appel d'offres. Le métier de l'acheteur évolue de plus en plus d'un « simple » rôle de négociateur de prix vers une fonction plus complexe de gestionnaire de contrats.

Le rapport des revues de contrat

Le suivi de contrat est fondé sur des réunions régulières de revue de contrat dont la fréquence dépend de sa criticité, et sur une formalisation standardisée.

IMPLÉMENTATION CONTRAT
FOURNITURE COMPOSANTS ÉLECTRIQUES
Fournisseur : XXXXXXXXXXXXX

STATUT / MOIS : mm/aaaa

statut/dates ÉTAPES PRINCIPALES

1 **RÉUNION FOURNISSEUR POUR PRÉSENTATION NOUVEAU CONTRAT**
2 **ANALYSE PROFIL ET BESOINS DU SITE**
3 **COMMANDE OUVERTE ÉTABLIE**
4 **FOURNISSEUR PRÉCÉDENT REMPLACÉ**
5 FIN (PREMIERS APPELS DE LIVRAISON)

PAYS	SITE	MONTANT (€ /an)	1	2	3	4	5	COMMENTAIRES
N	**sites**	**Nombre sites**	**n**	**n**	**n**	**n**	**n**	
		% Avancement	**%**	**%**	**%**	**%**	**%**	

Figure 3.5 – Exemple de suivi de déploiement de contrat

Le document support comporte plusieurs chapitres, structurés selon le sujet du contrat, qui s'étoffent d'une réunion à l'autre, afin d'avoir dans le même fichier l'historique des événements du contrat.

Un exemple de structure détaillée est présenté en figure 3.6 :

1. Page de garde mentionnant le sujet du contrat, les sites concernés, la date des réunions successives.
2. Liste des contacts, côté fournisseur et côté client.
3. Calendrier des réunions mensuelles, planifiées dès le début du contrat, avec la mention des participants au fur et à mesure.
4. Compte rendu de chaque réunion :
   - événements clés notés ;
   - actions décidées et qui feront l'objet d'un suivi.
5. Suivi des demandes d'intervention contractuelle :
   - n°/date demande/objet/temps d'intervention/date de résolution/diagnostic/…
6. Suivi des fiches de réclamation qualité :
   - n° fiche/date/sujet/action corrective/suivi/pénalités éventuelles/validation finale/…
7. Audits qualité : synthèses des évaluations.
8. Suivi des fiches d'idée d'amélioration :
   - n° fiche/date/sujet/calcul d'économie proposé/validation de l'idée/explication du refus si non validé/validation du calcul d'économie/suivi incrémental par rapport à l'objectif/…
9. Suivi des demandes de prestations supplémentaires hors contrat : n°/date de demande de devis/suivi des propositions/décisions.
10. Suivi budgétaire du contrat : base contrat + prestations supplémentaires hors contrat.
11. Tableau de bord synthétisant les indicateurs de service définis dans le contrat.

PARTIE TECHNIQUE
12. Calendrier et suivi des contrôles réglementaires.
13. Calendrier et suivi des actions de maintenance préventive.
14. Suivi des indicateurs techniques définis dans le contrat (autant de pages que d'indicateurs. Exemple : énergies, déchets, gaz…).
15. Sécurité : suivi des incidents, contrôle d'application des règles de sécurité, actions correctives…

Figure 3.6 – Exemple de sommaire d'un rapport mensuel
Contrat de *facilities management* dans un site industriel

Ces revues couvrent tous les aspects de l'activité :
- le suivi budgétaire ;
- les interventions hors contrat ;

- les audits qualité ;
- le suivi des idées d'amélioration (voir figure 3.7) ;
- les problèmes qualité (voir figure 3.8).

Fiche d'idée d'amélioration		
FOURNISSEUR / CONTRAT :	Site : Numéro : Auteur : Date :	Visa Achat : Nom : Date :
PROPOSITION		
ÉCONOMIES		
COÛT ANNUEL ACTUEL		
COÛT ANNUEL AVEC LA PROPOSITION		
INVESTISSEMENTS ÉVENTUELS NÉCESSAIRES		
GAIN / MONTANT ET %		
DÉTAIL DU CALCUL / MÉTHODE / ÉLÉMENTS CONSIDÉRÉS (joindre annexes si nécessaire) :		
DÉCISION MANAGEMENT		
À L'ÉTUDE	VALIDÉ	REFUSÉ
Nom : Date :	Nom : Date :	Nom : Date :
COMMENTAIRE :		

Figure 3.7 – Exemple de fiche d'idée d'amélioration

RÉCLAMATION QUALITÉ (RQ)

Group Non Production Purchasing

RQ n° _____   Date de la RQ _____

Fournisseur _____   Personne de contact _____

Prestations / produits _____   Lot concerné _____

Incident répétitif _____

PRODUITS

Référence _____   Désignation _____

Quantité prévue _____   Quantité livrée _____   Quantité refusée _____

Description du problème _____

SERVICES

Type de problème _____

Description du problème _____

Conséquences _____   Production impactée ? _____   Temps impacté _____

Commentaires _____

ACTIONS CORRECTIVES IMMÉDIATES DU PRESTATAIRE (à remplir par le prestataire et à renvoyer sous 24 heures)

Envoi du plan d'actions selon méthode « 5 Pourquoi » avant le _____

NB : Mettre à jour votre documentation qualité

Émetteur de la RQ _____   Téléphone _____

mail

© Groupe Eyrolles

Causes racines de non-détection et d'occurrence (POURQUOI) (24 h) :

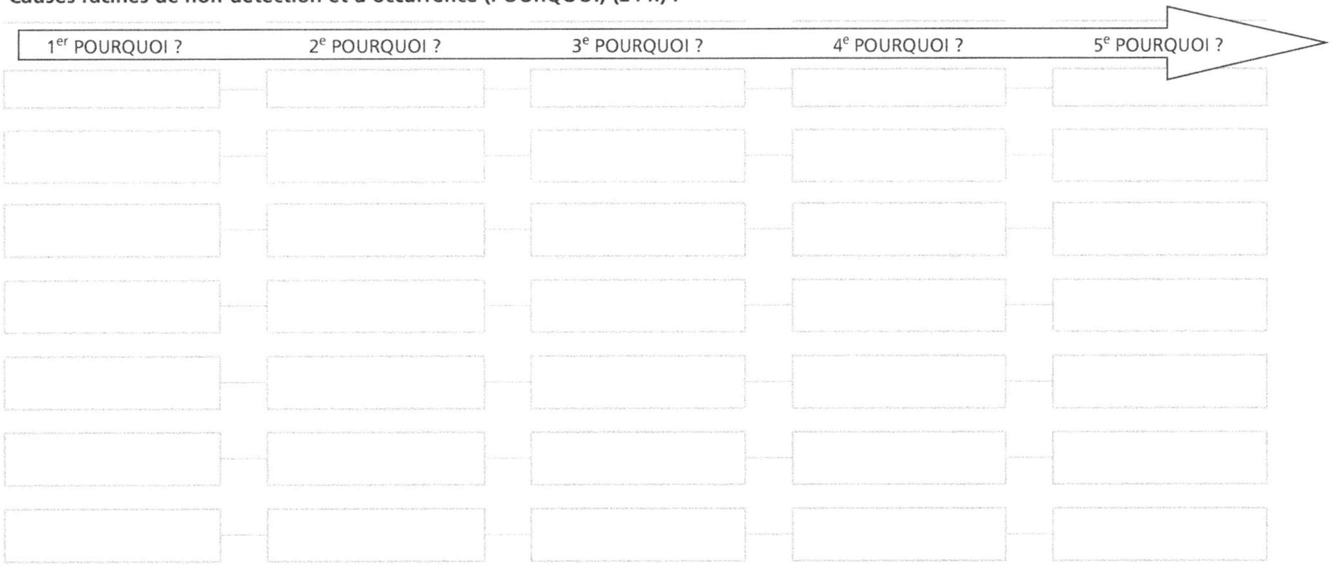

1ᵉʳ POURQUOI ?	2ᵉ POURQUOI ?	3ᵉ POURQUOI ?	4ᵉ POURQUOI ?	5ᵉ POURQUOI ?

PLAN D'ACTION (plan d'actions : 24 h ; vérification : 10 jours)

Cause racine	Action	Pilote	Délai	Date réalisation	Date vérification	Action efficace O/N

Figure 3.8 – Exemple de fiche réclamation qualité

Le tableau de bord de synthèse

À partir de ce type de rapport, le tableau de bord de synthèse peut être établi permettant d'avoir une vue synthétique de l'activité sur le site (voir figure 3.9), ainsi qu'une consolidation tous sites confondus pour suivre l'activité du panel (voir chapitre X).

TABLEAU DE BORD : 1 - SYNTHÈSE SITE

Site :   USINE - 7   Graph

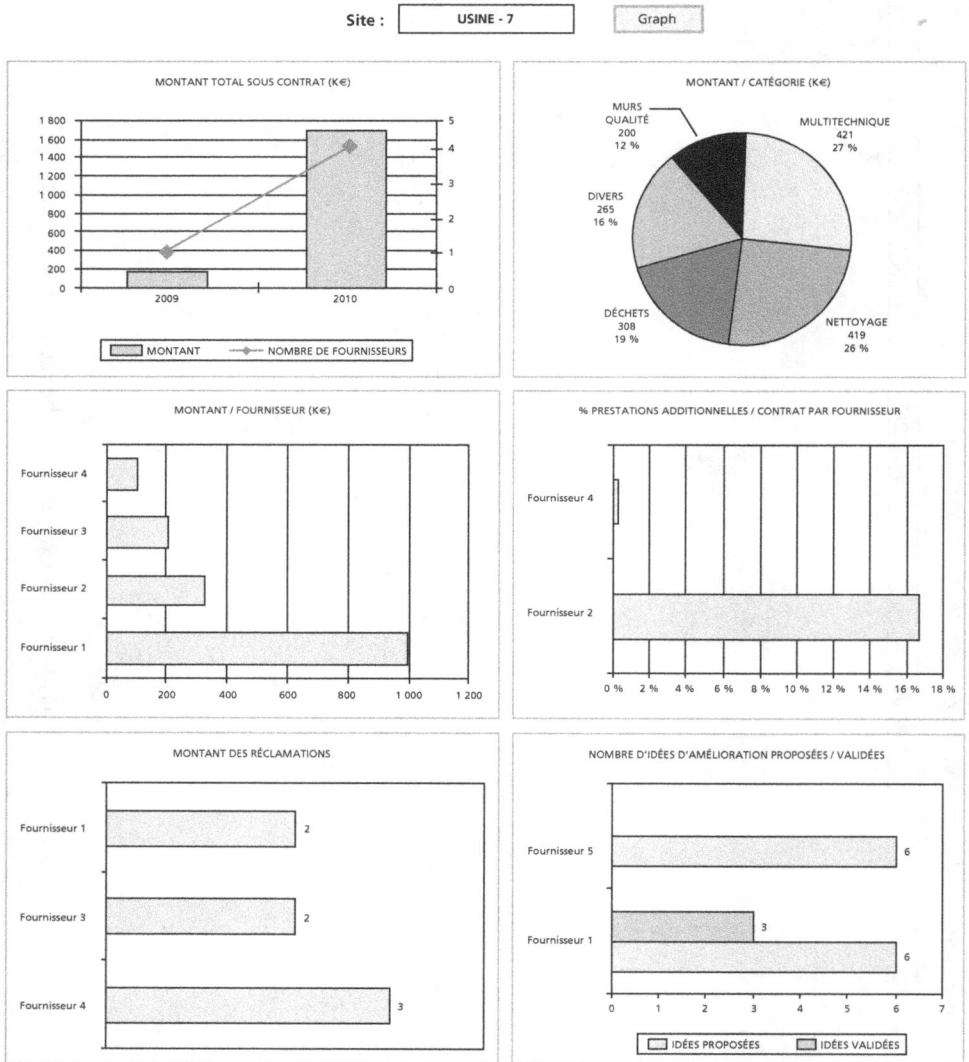

Figure 3.9 – Exemple de tableau de bord site

Chapitre IV

Une intégration plus forte de la gestion des risques externes

Ces risques, relatifs aux fournisseurs, sont gérés sur deux plans :

- l'évaluation de la société et de sa collaboration avec l'entreprise, d'une part ;
- le travail de contractualisation, d'autre part.

LE RISQUE FOURNISSEUR

La démarche d'évaluation des fournisseurs est classique

Elle commence par une collecte des informations relatives à l'entreprise sur les différents aspects :

- taille de l'entreprise, *via* les indicateurs de chiffre d'affaires, d'effectifs ;
- situation financière ;
- structure capitalistique ;
- implantation géographique ;
- structure de clientèle, références, principaux clients avec pourcentage dans leur chiffre d'affaires ;
- certifications diverses ;
- couverture d'assurance ;
- capacité technique par rapport à la collaboration envisagée ;
- …

Une première approche peut être faite à partir des bases de données professionnelles et des agences d'enquêtes financières. Elle se poursuit par une demande d'informations plus détaillée et ciblée par rapport à l'objet de la collaboration envisagée. C'est l'objet d'un document standardisé (RFI, *Request for Information*) que l'on demande à l'entreprise de remplir, et qui facilitera la comparaison entre entreprises. Elle se conclut par une évaluation de la capacité technique impliquant les experts de l'entreprise, quand les critères préalables achats sont satisfaits.

Prendre en compte le profil et la multiplicité des fournisseurs

Les particularités dans notre domaine sont liées à la taille des fournisseurs. Au début de la prise en charge du domaine, il existe un portefeuille comportant un grand nombre de petites entreprises locales. Les points de focalisation sont les suivants :

* le taux de dépendance ou de pénétration, part que nous représentons dans son chiffre d'affaires, ainsi que durée historique de la collaboration ;
* les limites de responsabilité et la couverture d'assurance qui doivent être en adéquation avec le risque correspondant au type de collaboration ;
* la capacité organisationnelle à fonctionner dans le cadre d'une collaboration structurée : suivi de contrat, *reporting* standard, contribution à la productivité…

Apprécier le taux de dépendance des fournisseurs

Le taux de dépendance est à apprécier tant dans l'état actuel que dans la perspective d'un plan de consolidation des fournisseurs qui se traduira par une augmentation du volume d'activité pour les fournisseurs restants.

Le taux de dépendance maximal communément admis est de l'ordre de 25 à 30 %.

On peut constater des taux supérieurs avec certains fournisseurs historiques. Dans le meilleur des cas, il faudra les réduire. La décroissance du taux de dépendance, ou l'arrêt de la collaboration, devra être gérée avec précaution et en toute transparence avec le fournisseur. Sur le plan juridique une interruption brutale est risquée, peut être légalement sanctionnable, et cela d'autant plus que la collaboration est ancienne. Un plan progressif de décroissance ou de sortie sera à convenir avec le fournisseur.

Être vigilant sur les limites de responsabilité et les couvertures d'assurance

Concernant les limites de responsabilité et les couvertures d'assurance, on peut constater dans l'analyse du portefeuille en place des situations à risques même avec des sociétés de grande taille. Cela résulte de contrats anciens élaborés souvent sans l'intervention des Achats, le fournisseur imposant son contrat type. Les points clés relatifs à ce sujet seront développés plus loin.

Évaluer la capacité organisationnelle des fournisseurs

La capacité organisationnelle, enfin, est un point majeur à évaluer dans le cadre de la démarche générale exposée au chapitre II. Au-delà de la capacité technique à répondre à nos besoins, on recherche des partenaires pouvant entrer dans une démarche structurée en termes de gestion de contrat, de *reporting* standard, et étant force de proposition par rapport à des objectifs de productivité. Si ces critères sont nécessaires dans le projet en question mais ne sont pas remplis, leur absence constitue un risque significatif à terme. L'entreprise peut ne pas être rompue à une telle démarche mais afficher la volonté d'évoluer en ce sens. Le risque est à identifier et à évaluer clairement, au-delà des discours commerciaux toujours positifs. Si pour d'autres raisons on souhaite cette collaboration, on se mettra alors dans une situation de développement de fournisseur qui requiert une attention et un suivi particuliers.

LA CONTRACTUALISATION

Ce paragraphe n'a pas pour but de se substituer au service juridique, dont l'implication devient de plus en plus nécessaire avec la complexité croissante des contrats. Son objectif est de récapituler les points clés que l'acheteur hors production doit intégrer dans sa démarche.

La tendance constatée dans le domaine des achats hors production est un accroissement du périmètre de la collaboration, tant sur le plan du contenu que dans la durée, à l'image des partenariats long terme mis en place dans les achats de production :

- l'extension du contenu est le résultat de la concentration sur un nombre plus réduit de fournisseurs ;
- l'allongement de la durée de la collaboration a pour objectif de permettre une optimisation qui requiert du temps.

Dans ce contexte, la complexité des contrats va croissant, d'autant plus qu'une grande partie est relative à des contrats de prestations de services, par essence plus difficiles à formaliser.

Rappelons d'abord les contextes contractuels, s'articulant entre contrats cadres, par définition sans obligation d'achat, et contrats d'application ou commandes fermes. Ils sont résumés dans la figure 4.1.

HOMOLOGATION FORMALISÉE PAR		
PANEL	Accord cadre signé = Règles de fonctionnement et conditions générales + Spécifications + Prix	Accord cadre signé = Règles de fonctionnement et conditions générales	Liste interne de fournisseurs homologués – Pas d'accord cadre signé
	Exemples		
	Fournitures, Travail temporaire	Traitement des déchets	Énergie
UTILISATION DU PANEL	Commandes / Appels de livraison	Contrats d'applications = Spécifications + Prix	Contrats complets : = Règles et conditions générales + Spécifications + Prix

Figure 4.1 – Différents cadres contractuels

Nous n'aborderons donc pas ici tous les aspects contractuels mais nous nous attacherons plus particulièrement :

- aux points à inclure dès l'appel d'offres, de manière à les aborder dans les phases de négociation avant la nomination du fournisseur ;
- aux règles de gouvernance du contrat, importantes à formaliser ;
- aux points relatifs à la fin de contrat, qui, dans les phases d'euphorie de l'établissement d'une nouvelle collaboration, sont parfois insuffisamment anticipés.

Nous poursuivrons par quelques rappels pratiques sur l'amont et l'aval du contrat :

- la lettre d'intention de commande ou protocole d'accord, en attendant la formalisation complète du contrat, parfois nécessaire pour démarrer les opérations ;
- la traduction du contrat dans les systèmes de gestion informatiques et les commandes qui en sont issues.

Enfin nous conclurons par quelques rappels de base sur des sujets fréquents dans le domaine des achats hors production, liés au personnel :

- le délit de marchandage ;
- le transfert de personnel.

Les points clés à aborder lors de l'appel d'offres

Contrat de moyens ou contrat de résultat ?

C'est toujours un point délicat, qu'il faut aborder le plus tôt possible dans les discussions relatives à la prestation demandée et qui a un impact sur la description de celle-ci.

Rappelons les différences :

- dans l'obligation de moyens, en cas de litiges, c'est au client, maître d'ouvrage, de faire la preuve que le prestataire est responsable ;
- si, en revanche, le prestataire est contractuellement tenu à une obligation de résultat, le simple fait qu'il n'ait pas atteint le résultat tel que décrit dans le contrat suffit à engager sa responsabilité. C'est à lui de prouver qu'il n'a pas pu tenir ses engagements du fait d'une cause indépendante de sa volonté telle que, par exemple, un cas de force majeure ou l'action d'un tiers.

Les paramètres à prendre en compte dans un objectif de contrat de résultat

Une définition fonctionnelle de la prestation

Elle doit être définie par un descriptif très clair en ce qui concerne le résultat attendu ; ce qui n'est pas toujours faisable ou facile. Les utilisateurs internes expriment souvent leurs besoins par une description de type « moyens », par habitude ou par référence à ce qui se faisait avant, tout en demandant à l'acheteur de négocier un contrat de résultat. Il y a donc un effort préalable à faire en amont avec les prescripteurs au niveau des définitions de services. Si cet effort n'aboutit pas, il vaut mieux alors se focaliser sur une description très précise des moyens à mettre en œuvre et se « contenter » d'un contrat de moyens.

Exemple

La maintenance d'un compresseur, avec la définition d'un taux de service mathématiquement défini, à partir duquel sont généralement calculées des pénalités en cas de déviation dans une plage tolérée. C'est un cas simple d'obligation de résultat.

> À l'autre opposé, une prestation de nettoyage spécifiée par des fréquences à assurer caractérise une obligation de moyens. Cela n'exclut pas une évaluation du résultat de l'opération par des procédures d'audit, malgré tout relativement qualitative.

Une totale autonomie dans la réalisation de la prestation

Le client ne doit pas interférer dans les décisions et les actions menées par le fournisseur.

> **Exemple**
>
> On rencontre souvent cette tentation chez nos utilisateurs, par exemple dans le cas de transfert de prestations précédemment gérées en interne avec des sous-traitants. Cela peut se traduire par des ingérences dans la gestion de la prestation, ou la demande formelle au nouveau partenaire de prendre comme sous-traitants certains de nos fournisseurs précédents.
>
> Ce dernier cas est très tentant pour les deux parties :
> * pour nos utilisateurs, car ils seront rassurés sur le résultat ;
> * pour le nouveau partenaire, car cela peut lui apporter une rapidité dans la prise en charge du nouveau contrat.
>
> Une telle demande peut se retourner contre l'objectif initial recherché. En cas de problèmes, le fournisseur pourra nous rétorquer que nous lui avons imposé le sous-traitant et tenter de dégager sa responsabilité.

Le « devoir de conseil » du fournisseur

C'est un point général, même en cas de contrat de moyens, implicite à toute collaboration avec un partenaire sélectionné pour son expertise du domaine. Il se traduit par exemple dans des clauses relatives à l'évolution de la réglementation, rappelant que le prestataire est responsable d'alerter le client de telles évolutions si elles ont un impact sur le contrat. Réciproquement, ce devoir de conseil peut amener le fournisseur à formaliser des prérequis que le client doit réaliser pour lui permettre de tenir ses engagements de résultat. En cas de non-réalisation de ces prérequis, le prestataire pourra justifier qu'il n'a pas pu tenir ses engagements du fait d'une cause indépendante de sa volonté.

Déterminer la limite de responsabilité et la couverture des assurances

Les dommages peuvent être de toute nature :
* corporels ;
* matériels ;

- immatériels, tels que pertes d'exploitation, manque à gagner, pénalités supportées du fait d'une non-livraison, détérioration d'image :
  - consécutifs à un dommage matériel ;
  - ou non consécutifs s'ils résultent d'une défaillance du fournisseur qui n'a pas réalisé certaines prestations.

Les dommages peuvent être causés lors d'une intervention sur site, ou être une conséquence ultérieure d'une prestation mal réalisée. Ils peuvent avoir pour origine les employés du fournisseur lui-même ou ceux d'un de ses sous-traitants.

Les fournisseurs ont tendance à inclure dans leurs contrats types des limites de responsabilité correspondant, par exemple au montant du contrat ou à un multiple de celui-ci, même quand leur couverture d'assurance est d'un montant bien supérieur. Une telle position n'est pas acceptable pour le client, le préjudice subi en cas de dommages n'ayant pas de commune mesure avec le montant du contrat. C'est donc un point de clarification et de négociation à entreprendre très en amont dans le processus d'appel d'offres.

La situation idéale, vue du côté client, est bien sûr de ne pas avoir de limite de responsabilité, auquel cas ce sera au juge d'apprécier le montant d'indemnisation du dommage.

Lors de la recherche de compromis, le montant de la limite correspondra souvent au montant de l'assurance qui peut être variable selon le type de dommage. Il est donc nécessaire de mener la discussion sur ces deux points conjointement.

Là aussi, les fournisseurs ont tendance à démarrer les négociations avec des montants relativement bas, non pas que leur entreprise ne soit pas suffisamment couverte, c'est rarement le cas quand il s'agit de groupes de taille significative, mais pour ménager le montant de leur prime d'assurance qui risque d'augmenter si celle-ci est trop sollicitée.

Les figures 4.2 résument les différents cas, et un exemple est présenté en figure 4.3.

Pour aborder cette négociation il est donc nécessaire de faire une évaluation du risque lié à la prestation et des éventuels dommages qui peuvent en résulter. Cela permettra d'avoir des éléments factuels et chiffrés, et de se donner un montant objectif de négociation. Cette analyse des risques permettra aussi d'approfondir la définition des solutions de secours en cas d'incident, les mesures prévues et le temps de mise en place. C'est un point important qui doit être traité absolument avant le choix final du fournisseur lors de l'appel d'offres.

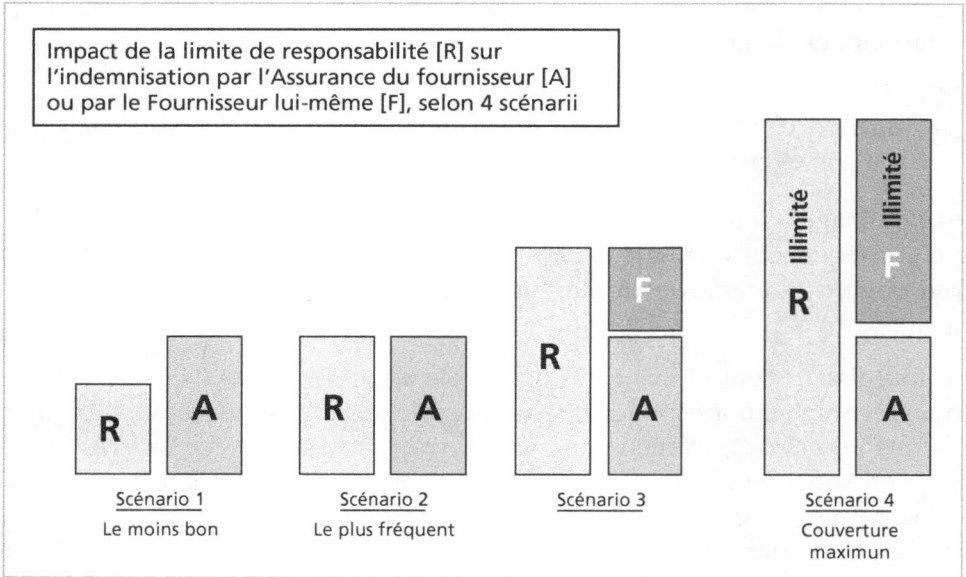

Figure 4.2 – Différents cas de limites de responsabilité et couvertures d'assurance

Figure 4.3 – Exemple de limite de responsabilité et couverture d'assurance

Ce sujet doit faire l'objet d'une communication auprès des clients internes car il peut avoir un impact sur le prix final, le fournisseur retenu n'étant pas forcément le « moins-disant » sur le prix facial.

Bénéficier de l'évolution du marché par une clause de **benchmark**

Cette clause montre son intérêt pour les contrats de longue durée dont la tendance se développe. Elle garantit au client que le prix de la prestation restera en phase avec le prix de marché. Elle autorise le client à consulter le marché ; la finalité étant de recadrer le prix du contrat. Un écart inférieur à un certain pourcentage sera considéré acceptable ; au-delà, le fournisseur devra ajuster son prix, faute de quoi une rupture unilatérale du contrat sera possible.

Les conditions de réalisation de cette clause doivent être définies selon le contexte :

* À partir de quand la clause peut-elle être activée ? Il est d'usage de prévoir un délai minimal avant que la clause de *benchmark* ne puisse être appliquée. Pour un contrat de cinq ans par exemple, on peut avoir une clause de *benchmark* applicable au bout de la deuxième année.

* Comment et par qui le *benchmark* sera fait ? Par l'entreprise cliente elle-même dans des cas simples. Par une partie tierce, validée par les deux partenaires, dans des cas complexes. Dans ce dernier cas il faut définir qui supportera le coût.

* Quel écart au-dessus du niveau du marché peut être considéré acceptable ? Il est généralement en relation avec le coût interne d'une opération de changement de fournisseur. Il dépend donc du périmètre du contrat ; pour des prestations de services complexes il peut aller de 5 % à 10 %.

* Comment ajuster en cas de dépassement ? Selon la complexité du contrat, l'ajustement peut être immédiat ou résulter d'un plan d'action que le fournisseur devra proposer et mettre en œuvre sur un délai à convenir.

Intégrer une démarche d'amélioration continue via *une clause de productivité*

Ce type de clause concerne surtout les contrats dont la durée reflète le souhait d'un développement de partenariat long terme. En contrepartie le client attend du partenaire une démarche d'amélioration continue, au même titre que ce qui se pratique en interne en entreprise. Cela se traduit par un engagement de productivité contractuelle.

Il est indispensable de bien formaliser cette clause et d'encadrer cette démarche sur un plan très pratique :

• Partage ou non-partage des économies ? Dans certains contextes on peut rencontrer un principe de partage des économies. Le choix peut être lié au niveau de l'objectif. Lorsque la productivité attendue est dans la « norme » de ce qu'une entreprise peut attendre de ses propres équipes dans le cadre d'un processus d'amélioration continue, ou de l'évolution des technologies qui apportent « naturellement » leur contribution, un partage des économies ne se justifie pas car il s'agit d'une évolution que l'on peut considérer normale, que l'on aurait obtenue par exemple en faisant des contrats plus courts remis en appel d'offres tous les ans. Si l'objectif est au-delà de cette moyenne, une incitation se traduisant par un partage des gains est sans doute appropriée. Un modèle mixte est l'atteinte d'un objectif minimal contractuel, avec, si celui-ci est dépassé, partage des gains sur la partie au-delà de l'objectif.

• Définition du montant attendu. Habituellement c'est un pourcentage annuel du montant du contrat, par exemple x % chaque année, ou x % l'année 1 et y % chacune des années suivantes. Il faut cependant décrire précisément la définition de l'assiette de calcul, le montant du contrat pouvant varier au cours de sa durée du fait d'un changement de périmètre.

• Définition de la procédure de formalisation et de validation des idées d'amélioration. Des formulaires standard à utiliser, joints au contrat, faciliteront cette formalisation. Cela a été présenté au chapitre III. La procédure de validation quant à elle devra définir les instances à solliciter pour cette approbation, composées de représentants des deux parties, le client ayant la décision finale. La validation porte sur les deux aspects de la proposition :

  – la proposition technique : l'idée elle-même doit faire l'objet d'une acceptation technique. Exemple : produit de substitution, changement de spécification de service ;

  – le calcul de l'économie : quelles économies sont à considérer ? Uniquement celles mesurables sur le plan comptable ou également la valorisation de la réduction de temps passé ? Prend-on en compte seulement les économies qui impactent le montant du contrat, ou également celles impactant des postes hors contrat ?

Ces validations peuvent s'appuyer sur des règles préalablement définies, ou être discutées au cas par cas en fonction des propositions d'idées, mais dans toutes les situations chaque idée doit faire l'objet d'une validation selon une procédure formalisée.

Une procédure d'escalade, dans le cadre de la gouvernance du contrat, doit également être prévue pour éviter de se trouver dans une situation de blocage où le fournisseur émet des idées d'amélioration mais qui sont en grande partie refusées. Elles peuvent être refusées avec raison si elles ne sont pas recevables sur le plan technique, mais parfois aussi à tort s'il s'agit de « résistance au changement ».

- Définition des règles en cas de non-atteinte de l'objectif ou de dépassement de l'objectif :
  - En cas de non atteinte, la manière la plus claire et la plus efficace est toujours de stipuler l'impact comptable comme la baisse du montant du contrat pour la période à venir ou la remise d'un avoir. Cela évite toute interprétation ultérieure sur les obligations relatives à cette clause.
  - En cas de dépassement, il peut y avoir plusieurs approches : report sur les engagements de l'année suivante, partage du gain supplémentaire.

Rester souple et anticiper au moyen de la clause de flexibilité

Un autre point clé pour les contrats de longue durée est de prévoir les « règles du jeu » en cas de variations d'activité de l'entreprise qui peuvent impacter le contrat.

Le plus souvent il s'agit de variations de périmètre permanentes, à la baisse ou à la hausse, et l'on se trouve alors à négocier en situation de monopole. Il s'agit donc de compenser ce risque par des règles de gouvernance du contrat :

- Dans le cas d'une réduction du périmètre du contrat, soit pour des raisons techniques, certaines prestations n'étant plus nécessaires, soit pour des raisons économiques, par recherche de réduction de coûts, la négociation sera facilitée si, en amont, le montant initial du contrat a été exprimé selon une décomposition par lots et non globalement. Cela servira de référence, mais aura une limite. Selon l'importance relative de la partie retirée du contrat, le fournisseur arguera la remise en cause de l'équilibre général de ses coûts fixes.
- Dans le cas du besoin de prestations supplémentaires, la clause prévoira la possibilité de consultation classique sans donner l'exclusivité *a priori*, donc avec mise en concurrence.

Les variations d'activité peuvent également être temporaires et imprévues. C'est le cas dans certaines industries où l'arrêt d'activité d'un client avec qui l'on travaille en « juste-à-temps » entraîne automatiquement l'arrêt d'activité de l'entreprise. Par ricochet, cela peut déclencher la suspension de la prestation de certains fournisseurs. Il est donc nécessaire de prévoir cette situation. Pour des contrats forfaitisés dont le montant est lissé dans le temps, une clause de suspension de service doit permettre l'arrêt temporaire de la prestation et la neutralisation de la facturation correspondante. La clause de suspension de service formalise généralement un nombre de jours maximal, ainsi qu'une durée de préavis, courte, car ce sont souvent des événements non planifiés, mais nécessaires à l'organisation du processus.

La gouvernance du contrat

Le comité de pilotage et le comité opérationnel aux commandes

La gestion du contrat s'appuie sur deux groupes :

- un comité de pilotage, constitué de représentants des directions des deux parties, habilités à prendre des décisions impactant significativement la collaboration ;
- un comité opérationnel, constitué des responsables de chaque partie, qui gère la mise en place du contrat, et assure sa gestion.

Le comité de pilotage, se réunit sur une base semestrielle ou annuelle, par exemple, pour faire un point sur la marche de la collaboration. Il peut être également convoqué à la demande d'une des deux parties si des décisions majeures sont nécessaires dans le cadre d'une procédure d'escalade.

Le comité opérationnel s'appuie sur un processus de suivi régulier et documenté. Il passe en revue tous les aspects de l'exécution du contrat. Ce type de suivi a été traité au chapitre III. En cas de problèmes non résolus à ce niveau et nécessitant des arbitrages, il déclenche la procédure d'escalade au comité de pilotage.

Prévoir une procédure d'escalade

Cette procédure est nécessaire dans des cas tels que :

- un manquement par rapport aux livrables du contrat, une non-atteinte des indicateurs de performance contractuels ;
- un désaccord au niveau du comité opérationnel dans le traitement d'un problème, l'ajustement du contrat, ou la validation des idées d'amélioration.

Le comité de pilotage prend les mesures nécessaires qui peuvent être graduées, comme :

- décider d'un plan d'action correctif, dans le cadre d'un planning, dont les résultats seront examinés dans une prochaine réunion ;
- ajuster les équipes fournisseurs en place, au niveau de compétence requis. Avant de conclure à une incompétence de la société partenaire, le remplacement d'une personne peut souvent résoudre les problèmes ;
- déclencher une procédure d'audit de la prestation ;
- prononcer les pénalités pour non-atteinte des objectifs selon les termes définis au contrat ;

• en dernier ressort, décider de la rupture du contrat dans le cadre des clauses prévues.

Inclure une clause d'audit dans le contrat

Parmi les éléments d'analyse permettant d'apprécier une situation, la procédure d'audit est une possibilité à inclure dans le contrat ; l'audit pouvant être soit confié à une partie tierce, soit effectué par le client lui-même. Il s'agit d'un audit sur les conditions dans lesquelles le prestataire et, suivant le cas, ses sous-traitants exécutent la prestation conformément au cahier des charges du contrat.

Dans cette clause, le prestataire s'engage à coopérer et donner libre accès à ses locaux et à tout document ou information disponible pouvant être utile à la bonne exécution de l'audit.

Ce type d'audit sera planifié et réalisé selon un préavis minimal raisonnable, précisé dans le contrat.

Seuls les audits en matière d'hygiène, de santé et d'environnement peuvent être réalisés à tout moment sans préavis.

La clause de pénalités est un garde-fou utile pour les deux parties

L'objectif des pénalités est plus incitatif et managérial qu'économique. Les pénalités s'appuient de manière objective sur la mesure des indicateurs de performance et leur comparaison par rapport aux valeurs attendues dans le contrat. Ce suivi inclut également la gestion des réclamations, tel que présenté au chapitre III. Ces pénalités permettent de concrétiser les attentes du client pour les équipes en charge de la réalisation des prestations.

Ces pénalités ne sont pas une source de revenu financier, et ne doivent pas mettre en péril l'équilibre économique du contrat pour le fournisseur. Elles sont donc généralement plafonnées. Exemple : x % du montant de la prestation pour le mois incriminé, avec un cap annuel à y % du montant annuel.

L'objectif étant incitatif, on peut aussi avoir l'application d'un coefficient réducteur si le mois suivant montre une amélioration des indicateurs. À l'opposé, le constat d'une répétition régulière des problèmes deviendra une raison de rupture de contrat, sans que cela dispense le fournisseur du paiement des pénalités.

Les pénalités sont donc un des outils de pilotage du contrat, et leur montant n'est pas lié aux conséquences éventuelles que la non-atteinte des performances attendues pourrait avoir pour l'entreprise cliente. Cette clause devra donc clairement stipuler que le paiement de ces pénalités n'affectera pas le droit de réclamer des dommages et intérêts s'il y a lieu.

À la fin du contrat

À l'expiration de la durée du contrat, éviter la tacite reconduction !

Ce cas ne nécessite pas de commentaires particuliers si ce n'est d'éviter les clauses de reconduction tacite, de manière à toujours garder le contrôle de la gestion de la relation. Ces clauses de reconduction tacite peuvent être pratiques dans le cas de contrats de courte durée, d'un an par exemple, pour des achats simples tels que les fournitures industrielles. En revanche, dans le cas, de plus en plus fréquent, de contrats de service de longue durée, avec des changements possibles de gestionnaire en cours de contrat, on peut se trouver pris au piège d'un renouvellement automatique.

Un moyen terme serait une clause de tacite reconduction par période d'un an uniquement, d'année en année, après l'expiration de la durée initiale du contrat.

Envisager les cas de résiliation anticipée

Les clauses les plus courantes de résiliation anticipée à prévoir sont les suivantes :

- Des changements dans la structure du fournisseur.

Exemple

Prise de contrôle du fournisseur par une autre société avec laquelle le client ne souhaite pas contracter, cession partielle d'activité qui impacte la prestation.

- Pour convenance de la part du client. Après des changements internes à son entreprise, non liés au contrat, il peut vouloir l'interrompre. La durée du préavis ainsi qu'une indemnisation du fournisseur sont précisées dans cette clause, dépendant généralement de la durée restant à couvrir. Une résiliation anticipée pour convenance peut toujours être réalisée même si une telle clause n'est pas prévue au contrat, mais dans ce cas, le motif évoqué ainsi que la durée de préavis proposée devront être consistants et acceptables devant le juge.
- Un désaccord.

Exemple

En cas de négociation d'une révision de prix à l'occasion d'une évolution annuelle si aucune formule de réajustement n'a été prévue.

- Un non-respect des engagements contractuels.

Exemple

En matière de niveau de services, dans le cadre de la procédure d'escalade présentée précédemment.

Les ruptures brutales sont à éviter. Une rupture sans préavis, ou sans tenir compte de la durée de la relation, pourra être réprimée en cas de litige porté devant la Cour.

Établir une clause de réversibilité

Pour des contrats complexes, une clause de réversibilité doit être définie, permettant au client, ou une autre société désignée par celui-ci, de reprendre facilement la réalisation des prestations, avec l'aide du fournisseur sortant.

Elle précise les points suivants :

- le délai minimal, qui pourra être ajusté d'un commun accord lors d'un comité de pilotage ;
- éventuellement le transfert de certains matériels utilisés par le prestataire, dans le cadre d'une vente dont la définition des conditions financières sera précisée ;
- les actions attendues de la part du prestataire sortant, comme :
  - fournir tous les moyens et informations nécessaires, y compris les informations confidentielles, permettant la réversibilité ;
  - obtenir le transfert des contrats signés par lui-même ou ses sous-traitants, et nécessaires au fonctionnement de la prestation ;
  - …

En attendant le contrat, prendre garde à la lettre d'intention de commande

Dans le cas de contrat complexe, il est fréquent que la finalisation de celui-ci prenne du temps alors que les prestations de services, ou du moins leur mise en place, doivent commencer. Un protocole d'accord provisoire est souvent nécessaire pour permettre le début des activités.

Malgré le nom souvent donné à ce type de document, « lettre d'intention de commande », il ne s'agit pas d'une intention. Un tel document est tout aussi engageant qu'un contrat.

Il faut donc y prévoir l'éventualité de problèmes et une « porte de sortie » en cas de non-aboutissement des discussions contractuelles, bien entendu sans y passer autant de temps en discussion que le contrat lui-même.

On se focalisera sur :

- Les points juridiques principaux, déjà traités lors de l'appel d'offres.
- Les documents commerciaux qui seront joints en annexe, discutés pendant les négociations : offre initiale retenue et échanges écrits aboutissant aux accords finaux.
- Un délai de validité qui « imposera » la durée dans le cadre de laquelle les discussions contractuelles devront aboutir. Au-delà de ce délai, le protocole d'accord n'est plus valide et l'engagement réciproque deviendra caduc. Cela n'implique pas automatiquement l'arrêt de la collaboration. Si les deux partenaires le souhaitent, les discussions peuvent se poursuivre mais sans plus d'engagement contractuel.
- En cas de non-aboutissement, la prise en charge des coûts engagés par le prestataire et leur éventuelle répartition si l'on considère que les parties sont coresponsables de cette situation.

En aval du contrat, respecter la parfaite adéquation de la commande informatique et du contrat

Une fois signé le contrat, ou le protocole d'accord, les prestations doivent commencer ainsi que leur facturation. Il est donc nécessaire, en termes de processus administratif, d'émettre une commande dans le système de gestion informatique de l'entreprise, sur laquelle s'appuieront l'acte de réception ainsi que le contrôle des factures.

On est alors en présence de deux documents équivalents sur le plan juridique, le contrat d'une part, la commande informatique d'autre part. Afin d'éviter toute ambiguïté ou débat qui apparaîtrait en cas de litige, il est recommandé de clairement établir le lien entre ces deux documents, leur ordre de priorité, et s'assurer qu'ils sont bien en phase.

La commande informatique doit avoir les mêmes dates de début et de fin que le contrat, et porter une mention précisant les points ci-dessous :

- cette commande n'est qu'un document administratif reflétant le contrat, dont on rappelle les titres, numéro, date de signature, date d'entrée en vigueur et durée ;
- le contrat est le document de référence pour les règles de gestion de la collaboration, le contenu détaillé de la prestation et le prix ;

- les prix mentionnés sur cette commande sont valables pour le périmètre et la durée tels que définis dans le contrat, et pourront être révisés par un avenant au contrat selon les clauses établies dans celui-ci.

Bien appréhender les points relatifs au personnel

Attention au délit de marchandage !

Le prêt de main-d'œuvre n'est légal que dans le cadre réglementé du travail temporaire, et avec les agences œuvrant dans ce domaine. En d'autres situations, par exemple lorsqu'il est constaté avec des employés d'une entreprise sous-traitante, il relève du délit de marchandage et fera l'objet d'une requalification par le juge qui peut aboutir à l'obligation de recruter les personnels en question. Les critères qui caractérisent la sous-traitance d'une mission, par opposition au prêt de main-d'œuvre illicite, et que le juge cherchera à évaluer en cas de litige sont les suivants :

- la mission est clairement définie et les livrables sont spécifiés ;
- son paiement est effectué sur la base d'un montant forfaitaire ;
- le management de la mission, et plus particulièrement la gestion des employés du sous-traitant, est assuré par le prestataire. Tout échange entre l'entreprise cliente et la société sous-traitante est fait *via* l'interlocuteur du prestataire en charge de la mission, et non directement auprès de ses employés.

En cas de doute, d'autres points peuvent être examinés et constituer un faisceau d'indices concordants tels que :

- apparaître dans l'annuaire électronique de l'entreprise, sans mention qu'il s'agit d'un prestataire extérieur ;
- apparaître dans des organigrammes de l'entreprise cliente ;
- bénéficier de services normalement réservés aux employés de l'entreprise.

Le transfert de personnel est étroitement encadré par la loi

Il s'agit ici de l'appréciation de l'article L. 1224-1, ainsi que des conventions collectives qui régissent le domaine, dans un projet d'externalisation ou d'internalisation d'une activité. Ce point est aussi considéré dans le cas du passage de la prestation d'un fournisseur sortant vers un fournisseur entrant, mais il est dans cette situation géré entre les deux fournisseurs, l'entreprise cliente ne devant pas être impliquée dans ce processus de transfert de personnel.

Lors d'opération d'externalisation ou d'internalisation la question doit être abordée, et l'évaluation est rarement simple. Le point de départ consiste à apprécier si l'activité en question constitue une « entité économique autonome », auquel cas les salariés assurant cette activité, de manière évidente et de manière unique, sont transférés d'office par application de cet article. Cette évaluation est assez complexe et il est recommandé de s'entourer d'experts en la matière car chaque situation doit faire l'objet d'une analyse spécifique. Dans le cas contraire, le transfert n'est pas automatique. Il peut éventuellement être envisagé, mais dans un contexte de simple négociation, sans aucune obligation des trois parties.

Pour mémoire, rappelons également qu'une telle opération doit faire l'objet d'une information préalable et d'une consultation du comité d'entreprise, tant sur le contexte de l'opération que sur ses implications économiques et, éventuellement, sociales. Ce n'est pas un projet uniquement achat, il doit être géré étroitement avec le département des ressources humaines qui en détermine le planning selon les procédures réglementaires.

Chapitre V

Un maillon important dans la gestion des risques internes

La fonction Achats est par essence une fonction exposée car fortement impliquée dans le flux financier de l'entreprise. Dans ce contexte général, les achats hors production étant historiquement les moins avancés dans leur prise en charge par une organisation Achats structurée, ils présentent une probabilité de risque plus élevée. Si l'on ajoute à cela un contexte de groupe international, avec des cultures et des usages variables selon les pays, l'attention portée à ce sujet n'en doit être que plus grande.

CODE ÉTHIQUE ET RÈGLES DE CONTRÔLE INTERNE CADRENT LES RISQUES

Suivre le code éthique de l'entreprise

Les points suivants, relatifs aux relations avec les fournisseurs et au processus achat, sont généralement mentionnés dans un code éthique d'entreprise :

* Acceptation de cadeaux interdite au-delà d'un montant maximal, par an et par partenaire, quelle qu'en soit la forme (biens matériels, services, divertissements, voyages). Si le refus du cadeau, ou sa restitution, est considéré comme discourtois, certains groupes définissent des règles, dont le fournisseur est informé, telles que sa remise à une œuvre caritative ou à une loterie au sein de l'entreprise. Dans d'autres groupes, de culture souvent américaine, une *no gift letter* indique au fournisseur, lors des périodes traditionnelles de cadeaux, de remettre les présents qu'il souhaite éventuellement faire à une œuvre caritative mentionnée.

- Sélection des fournisseurs : rappel des procédures d'appel d'offres sous pilotage Achats. Il s'agit ici de faire face aux risques de favoritisme ou, au contraire, de critères discriminatoires.
- Interdiction d'investir personnellement dans une société qui est fournisseur de l'entreprise.
- Et, plus généralement, tout autre risque de conflits d'intérêt.

Se conformer aux procédures de contrôle interne

Toute entreprise cotée en Bourse est soumise à la loi sur la sécurité financière, équivalente de la loi Sarbanes-Oxley aux États-Unis qui impose la mise en place de procédures de contrôle interne. Ces règles ont pour objectif de garantir une assurance raisonnable quant à l'identification, la maîtrise et la prévention des risques relatifs notamment à la réalisation des objectifs suivants :

- conformité aux lois et réglementations en vigueur ;
- application des instructions et orientations fixées par la direction générale ;
- mise en œuvre effective et optimisation des activités opérationnelles ;
- disponibilité, fiabilité et intégrité du système comptable et des informations financières et opérationnelles ;
- réduction des risques de fraude.

Respecter le principe de séparation des fonctions

La séparation des fonctions est une des bases des règles de contrôle interne. Elle doit être assurée dans les différentes étapes du processus achat :

- Gestion des référentiels :
  - La fonction de « création des fournisseurs » dans le système informatique, doit être séparée de la fonction « gestion/approbation des commandes » et de la fonction « paiement des factures ». Les droits d'accès aux fichiers fournisseurs doivent être contrôlés et mis à jour régulièrement.
- Transactions d'achat :
  - Les fonctions « création/approbation des demandes d'achat », « gestion/ approbation des commandes » et « contrôle des factures » doivent être séparées. La réception du produit/service est validée par le demandeur, ou par un service délégué dans le cas de produits nécessitant des contrôles techniques. Les factures sont contrôlées par rapport à la commande et à la réception.
  - La fonction « contrôle des factures » doit être séparée de la fonction « paiement des factures ».

Une traçabilité des interventions de chaque fonction dans le processus doit être organisée et assurée, autant que possible appuyée sur les systèmes informatiques gérant ces transactions.

Les pouvoirs de signature pour les demandes d'achat, les contrats/commandes, ainsi que les pouvoirs bancaires sont tenus à jour, tant dans l'axe organisationnel interne (délégation d'approbation) que juridique (vis-à-vis de l'extérieur). Ces pouvoirs de signature sont délégués selon la ligne hiérarchique, et sur la base de seuils de montant.

Une matrice permettant au département audit d'analyser un processus et de formaliser la répartition des différentes fonctions afin de vérifier la séparation des responsabilités est présentée en figure 5.1.

LES PROCÉDURES INTERNES D'APPROBATION ET DE SIGNATURE À METTRE EN PLACE

Toute transaction d'achat doit être soumise à deux types d'approbation :

- une autorisation de dépense ;
- une autorisation d'engagement contractuel.

Par ailleurs, la signature d'un représentant légal de l'entreprise peut éventuellement être requise dans certains cas, selon les lois et réglementations en vigueur.

L'autorisation de dépense est accordée par le responsable du budget

L'autorisation de dépense est donnée par le responsable du budget sur lequel la dépense sera imputée. Elle se traduit par la signature de la demande d'achat, ou par tout autre document équivalent exprimant cette autorisation de dépense. Cette dernière est accordée par la ligne hiérarchique du service utilisateur, selon une délégation fonction du montant de la dépense, par exemple : responsable de service jusqu'à un certain montant, son supérieur hiérarchique au-delà et, jusqu'à un autre seuil, et ainsi de suite.

L'autorisation d'engagement contractuel est de la responsabilité du service Achats

L'engagement contractuel entre l'entreprise et une société se traduit par la signature d'un contrat, quelle que soit la forme de ce document, commande informatique ou contrat « papier » de plusieurs centaines de pages. Ils ont tous la même valeur d'engagement contractuel. La signature d'un document traduisant un tel engagement contractuel est de la responsabilité des Achats, département en

MATRICE D'ANALYSE DES SÉPARATIONS DES FONCTIONS - ACHATS

SITE :

ANALYSE RÉALISÉE PAR :   DATE :

NOM, FONCTION, SERVICE ET SITE DE LA PERSONNE EN CHARGE

PROCESSUS

Processus								
Gestion du fichier fournisseur								
Élaboration des Demandes d'Achat								
Approbation des Demandes d'Achat								
Élaboration des Commandes								
Approbation des Commandes								
Réception des produits/services dans le système								
Contrôle Qualité des produits/services								
Contrôle Quantité des produits/servcies								
Enregistrement des factures et avoirs								
Contrôle des factures par rapport à la commande et à la reception								
Préparation des paiements								
Signature des paiements								
Enregistrement des paiements								
Exécution des paiements								
Contrôle comptabilité fournisseurs								

Figure 5.1 – Exemple de matrice d'analyse des séparations de fonctions

charge de vérifier que tous les aspects de l'acte d'achat ont été professionnellement réalisés pour protéger les intérêts de l'entreprise. Ce département est responsable du bon déroulement de ce processus, en impliquant les différents services nécessaires :

- le service utilisateur responsable de la définition du cahier des charges ;
- les fonctions supports qui ne sont pas directement utilisatrices mais doivent s'assurer du respect de certaines règles dans le cahier des charges, en fonction du sujet (sécurité, engineering, informatique) ;
- les Achats eux-mêmes bien sûr, pour réaliser l'appel d'offres conformément aux procédures, afin de s'assurer que tous les critères sont remplis : évaluation du risque, capacité technique, mise en concurrence, compétitivité de l'offre ;
- le service juridique pour les différents aspects contractuels autres que commerciaux.

La signature d'un contrat par le service Achats signifie que toutes les mesures ont été prises pour protéger les intérêts de l'entreprise et que cet engagement contractuel peut donc être établi en toute sécurité. Cette mission est de la responsabilité du service Achats.

Les services utilisateurs n'ayant pas cette mission ne sont pas habilités à engager la société avec un fournisseur, c'est-à-dire à signer des contrats ou des commandes.

Ce processus de signature relatif à l'engagement contractuel suit la ligne hiérarchique de l'organisation Achats, selon une délégation fonction du montant du contrat.

Contrats avec ou sans engagement d'achat

Les seuils de délégation le long de la ligne hiérarchique Achats peuvent être différents selon le type de contrat. Ils peuvent être plus faibles pour des contrats avec engagement d'achat, tel qu'un contrat de gardiennage, que pour des contrats sans engagement d'achats, comme un contrat cadre avec une compagnie aérienne.

Signature des avenants de contrats

D'une manière générale les avenants d'un contrat suivent le même processus de signature que le contrat lui-même, c'est-à-dire que le montant pris en compte pour définir le signataire de l'avenant est celui du contrat et non de l'avenant.

En effet, si un avenant peut avoir un faible impact sur le montant du contrat, il peut, en revanche, agir sur des clauses principales non directement liées au montant.

Selon les contextes, on peut affiner les règles en précisant le cadre dans lequel un avenant peut être signé « localement », sans remonter au signataire initial du contrat. Par exemple, une variation du périmètre du service dans le cadre d'un impact financier limité (exemple : $+/- x\,\%$ du montant du contrat).

La signature par un représentant légal ne remplace pas la validation par les Achats

La signature du service Achats n'est pas à confondre avec celle d'un représentant légal.

De la même manière que la signature par les Achats traduit l'application des règles de contrôle interne, la signature du contrat par un représentant légal traduit l'application de réglementations extérieures. Elle peut être nécessaire selon les lois du pays, requise par les textes légaux régissant certains types de contrat, ou explicitement demandée par un fournisseur.

Dans un tel cas un représentant légal de l'entreprise doit effectivement signer le contrat pour le rendre juridiquement valable, cet acte pouvant d'ailleurs être accompagné de production de documents attestant de sa qualité de mandataire légal.

Mais cette signature ne se substitue pas aux règles de contrôle interne préalables. En d'autres termes, un représentant légal a le pouvoir juridique, par rapport aux lois du pays, pour engager l'entreprise, mais par rapport aux règles de contrôle interne il ne peut le faire qu'après validation par les Achats. Sa signature vient donc en plus, et non en substitution, de celle des Achats. Son statut de représentant légal ne le dispense pas des règles de contrôle interne.

Sur le plan juridique, la signature par un représentant légal est très souvent théoriquement requise. Une démarche systématique est cependant difficilement gérable pour les représentants légaux de l'entreprise qui ne peuvent tout signer. Donner une délégation est également une démarche lourde surtout dans les groupes à structure juridique complexe, compte tenu des règles juridiques auxquelles sont soumises ces procédures de délégation. Par ailleurs, les organisations Achats, qui devraient être les premiers bénéficiaires de ces délégations sont elles-mêmes souvent en charge des achats pour toutes les entités légales du groupe, d'où un second niveau de complexité. Les membres de l'organisation Achats sont donc de fait rarement représentant légaux.

Notion de mandat apparent

En cas de litige, un tribunal peut décider de valider un contrat signé par une personne qui n'est pas représentant légal de l'entreprise, si le fournisseur pouvait croire, de bonne foi, qu'elle était mandatée. C'est la notion de « mandat apparent ». Cette apparence peut résulter par exemple du titre de la personne signataire. Le titre de directeur Achats ou de responsable Achats rentre dans cette définition, mais cela peut être le cas pour tout autre titre de directeur.

Du point de vue du fournisseur les possibilités de considérer qu'un contrat est valide sont donc assez larges.

Ces trois types de signature et leur positionnement respectif sont résumés dans la figure 5.2 :

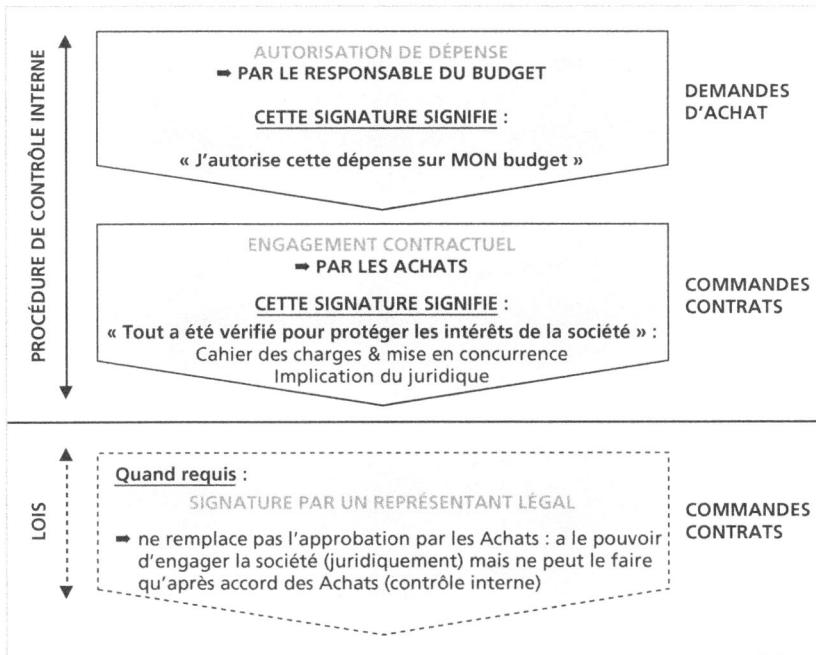

Figure 5.2 – Les différentes signatures

Cas spécifique des contrats cadres

Nous avons vu au chapitre précédent (figure 4.1) les trois cas de fonctionnement contractuel avec les fournisseurs :

* contrat cadre avec définition préalable des prix ;

- contrat cadre sans définition des prix ;
- pas de contrat cadre préalable, chaque transaction d'achat étant traitée complètement.

Dans le cas d'accords cadres il y a, d'une part, le contrat cadre lui-même, d'autre part la transaction d'achat individuelle résultant de son utilisation.

Les responsabilités et signatures respectives des services utilisateurs et des Achats, à ces deux niveaux, sont résumées dans le tableau 5.3.

Ce tableau met en évidence la simplification du processus transactionnel « au quotidien » lorsque les Achats ont anticipé les besoins et mis en place des contrats cadres. Ce point sera développé au chapitre XII.

Et en cas d'absence de contrat ?

Rappelons que l'absence de contrat écrit ne signifie pas absence de contrat. Si une prestation ou un produit a été commandé verbalement et que le fournisseur peut faire la preuve que cela a été livré et accepté, sur le plan juridique le contrat est établi de fait. D'où l'importance des procédures internes achat.

LA DOCUMENTATION DU PROCESSUS
ASSURE LA TRAÇABILITÉ DES DÉCISIONS

La démarche d'appel d'offres et de gestion de projet, formalisant le processus de décision, a été présentée au chapitre III. Les principaux documents retraçant ce processus doivent être archivés en relation avec le contrat ou la commande qui en résulte de manière à assurer la traçabilité et la transparence des décisions, et être présentés en cas d'audit.

La note de synthèse

Pour les contrats d'un montant important dont la signature doit être demandée à un niveau élevé de la hiérarchie, se trouvant parfois dans un autre pays, une note de synthèse est généralement nécessaire. Son objectif est de résumer tous les éléments permettant au signataire sollicité :

- de comprendre rapidement l'objet du contrat ;
- de connaître le processus de décision suivi :
  - la procédure d'appel d'offres avec liste des fournisseurs invités et motivation du choix du fournisseur retenu ;
  - la négociation de gré à gré avec sa justification : renouvellement, préférence technique... ;
  - les documents détaillés éventuellement joints en annexes.

		TYPE DE CONTRAT				
		CONTRAT CADRE (sans engagement d'achat)				CONTRAT FERME (commande)
		PRIX DÉFINIS APPEL DE LIVRAISON SUR ACCORD CADRE		PRIX NON DÉFINIS DÉFINITION DU BESOIN ET NÉGOCIATION À CHAQUE USAGE		
		CONTRAT CADRE	APPEL DE LIVRAISON	CONTRAT CADRE	CONTRAT D'APPLICATION – COMMANDE	
SIGNATURES	AUTORISATION DE DÉPENSE – SERVICE UTILISATEUR		X		X	X
SIGNATURES	ENGAGEMENT CONTRACTUEL – SERVICE ACHATS	X		X	(*) MONTANTS FAIBLES X	X
EXEMPLES		• Fournitures industrielles • Travail temporaire	• commandes sur catalogues électroniques • demandes d'intérimaires	• accord cadre société de maintenance • accord cadre société de gardienage	• prestation de maintenance • contrat de gardiennage	• achat d'équipement

(*) Achats de montants faibles : délégation aux services utlisateurs pour la négociation et la sélection du fournisseur dans le cadre du panel

Figure 5.3 – Signatures de contrats cadres et contrats d'application

- • de s'assurer que les divers services qui devaient être impliqués ont validé la décision ainsi que le contrat, chacun pour leur partie :
  - le prescripteur technique, pour la validation du cahier des charges ;
  - le responsable du budget pour l'autorisation de dépenses ;
  - le chef de projet achat pour les aspects commerciaux ;
  - le service juridique local pour les aspects contractuels ;
  - et éventuellement tout autre service technique support qui serait nécessaire en fonction du sujet (engineering, sécurité et environnement…).

Un exemple d'un formulaire standard dédié à cette documentation est présenté en figure 5.4.

DEMANDE DE SIGNATURE DE CONTRAT		Date :
FOURNISSEUR		
PÉRIMÈTRE		
MONTANT (€)	DATE & DURÉE	

PROCESSUS DE SÉLECTION DU FOURNISSEUR :

1) PANEL   OUI ☐   NON ☐   2) APPEL D'OFFRES   OUI ☐   NON ☐

3) SYNTHÈSE (fournisseurs invités, critères de choix, comité de pilotage… attacher documents si nécessaire) :

Les termes du contrat ont été validés par les responsables respectifs :

	SÉLECTION FOURNISSEUR		JURIDIQUE	BUDGET
	TECHNIQUE	ACHATS		
NOM				
Département				
Date				
Signature				

(Formulaire à remplir par l'acheteur en charge du contrat et à joindre au contrat à signer)

Figure 5.4 – Exemple de formulaire de demande de signature de contrat

Il peut arriver par ailleurs que le signataire ne puisse signer par lui-même le contrat pour des raisons de présence physique nécessaire, ou de temps si le contrat doit être envoyé par courrier pour signature. La délégation à donner à une autre personne, pour résoudre cette situation, doit elle-même faire l'objet d'un formalisme qui en permettra la traçabilité. Voir l'exemple en figure 5.5.

SIGNATURE CONTRAT APPROBATION ACHATS ET DÉLÉGATION DE SIGNATURE	
CONTRAT	
ENTRE (FOURNISSEUR) :	
Et (entité ENTREPRISE) :	
OBJET :	
DATE D'EFFET :	
DURÉE :	
MONTANT :	
APPROBATION ACHATS DONNÉE PAR	
NOM :	
TITRE :	
Date :	
Signature :	
SIGNATURE DÉLÉGUÉE À	
NOM :	
FONCTION :	
(Formulaire à remplir par le Directeur Achats ayant le niveau d'autorisation correspondant au montant du contrat)	

Figure 5.5 – Délégation de signature

En cas de commandes ou contrats « urgents », la non-application de la procédure est admise sous certaines conditions

Dans le domaine des achats hors production on est souvent confronté à des commandes dites « urgentes ». Cela peut arriver pour des montants de transaction significatifs, au-delà du seuil pour lequel un appel d'offres est obligatoire selon les règles internes.

Dans un tel contexte l'effort pédagogique et la gestion du changement nécessaire pour améliorer la situation et réduire ce type de cas s'appuient sur deux points :

- la transparence par rapport aux règles de la procédure achat ;
- l'éducation sur la notion d'urgence dans le cadre de la collaboration avec les Achats.

Être transparent et fournir une justification motivée

Une procédure complète définit les règles à suivre, mais aussi, car il faut admettre l'exception, le fonctionnement quand les règles prévues ne peuvent pas être appliquées. En d'autres termes, il peut être admis de ne pas appliquer une procédure, mais ceci doit se faire de manière transparente et avec une justification formalisée.

En ce qui concerne la procédure d'appel d'offres obligatoire, sa non-réalisation doit être tout aussi justifiée et documentée que dans le cas de sa réalisation.

La justification peut être de différentes natures :

- préférence technique du prescripteur qui doit poursuivre avec le même type de matériel, du fait de son parc machine existant ;
- urgence, dans le cas qui nous intéresse ici.

La justification du non-respect de la procédure normale est formalisée et portée à la connaissance de la hiérarchie pour information et validation, en suivant le même circuit que pour une demande d'autorisation de dépenses, c'est-à-dire en fonction du montant.

Si l'on est dans un cas de réelle urgence, aucune question ne sera suscitée. Dans le cas contraire, il n'en sera sans doute pas de même, surtout si une telle situation est récurrente.

Voir à titre d'exemple un formulaire pratiqué dans un groupe américain, en figure 5.6.

NON-RÉALISATION D'APPEL D'OFFRES		
Le contrat _____ d'un montant de _____, supérieur au seuil minimum nécessitant un appel d'offres, n'a pas fait l'objet d'une mise en concurrence pour les raisons suivantes :		
☐	1	PRÉFÉRENCE TECHNIQUE : le demandeur évalue ce matériel / service / équipement supérieur en qualité aux autres produits du marché.
☐	2	COMPATIBILITÉ AVEC SITUATION TECHNIQUE EXISTANTE : ce matériel / équipement doit s'intégrer dans un parc machines existant.
☐	3	REMPLACEMENT DE COMPOSANT ACTUEL : ce matériel / équipement est destiné à remplacer un composant existant.
☐	4	URGENCE : le délai du processus d'appel d'offres retarderait la marche des opérations ou affecterait la sécurité de l'usine ou de son personnel.
☐	5	LIVRAISON URGENTE : le fournisseur a été choisi sur sa capacité à livrer en urgence.
☐	6	SOURCE UNIQUE : seule source d'approvisionnement identifiée après étude.
☐	7	OFFRE RÉCENTE DISPONIBLE : une offre est disponible suite à appel d'offres récent, mais ce matériel / service / équipement ne peut être ajouté à la commande précédente.
☐	8	SPÉCIFICATION CLIENT IMPOSÉE : notre client exige l'utilisation du matériel / service / équipement, de ce fournisseur.
☐	9	EXCLUSIVITÉ DE L'OUTILLAGE PAR LE FOURNISSEUR : le fournisseur dispose de manière exclusive de l'outillage pour réaliser cette commande.
☐	10	CONTRIBUTION AU DÉVELOPPEMENT : ce matériel / service / équipement a fait l'objet d'un développement en collaboration avec ce fournisseur.
☐	11	UTILISATION CONTRAT CADRE : cet achat est fait dans le cadre d'un accord existant.
☐	12	AUTRE :
Responsable technique : Date : Nom : Signature :	Directeur département : Date : Nom : Signature :	Achats : Date : Nom : Signature :

Figure 5.6 – Exemple de documentation pour justifier
la non-réalisation d'un appel d'offres

Faire la distinction entre la vraie et la fausse urgence

L'urgence est souvent réelle, mais peut aussi traduire le fait que les Achats ont été impliqués tardivement. Ce peut être le cas dans un contexte où ce type d'achat était géré directement par les services utilisateurs, et où les Achats étaient uniquement en charge de la gestion administrative des commandes.

Une démarche pédagogique est nécessaire en phase de changement d'organisation. Un exemple de support utilisé dans cette démarche est présenté en figure 5.7. Il rappelle le processus normal achat et illustre ensuite les deux cas, vraie urgence et fausse urgence, ramenant ce dernier à un dysfonctionnement à corriger.

LES QUESTIONNAIRES D'AUTO-ÉVALUATION PERMETTENT UNE DÉMARCHE PÉDAGOGIQUE ET PRÉVENTIVE

Les dispositifs d'audit interne incluent, outre les opérations d'audit réalisées par le département en charge, des questionnaires d'auto-évaluation que les départements de l'entreprise peuvent utiliser pour évaluer eux-mêmes leur niveau de conformité aux règles de contrôle. C'est un bon récapitulatif pratique et pédagogique des points principaux ainsi que des risques afférents. Cette auto-évaluation permet aux départements d'identifier leurs points faibles et de définir un plan d'actions correctives, sans attendre le prochain audit. Certains groupes l'instituent de manière obligatoire, à fréquence donnée, tous les deux ans par exemple, avec envoi du résultat au département audit. La figure 5.8 présente un extrait d'un tel questionnaire.

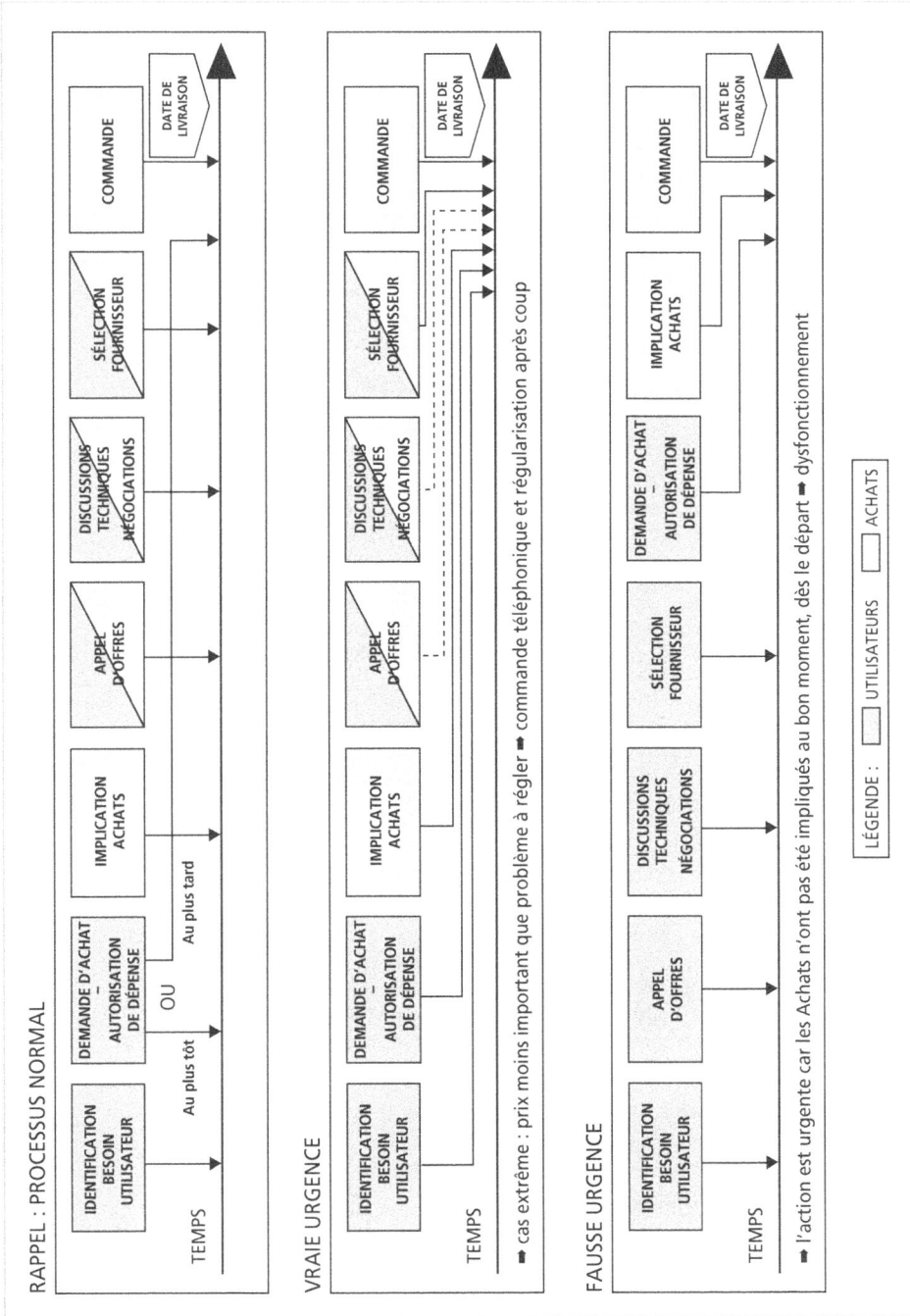

Figure 5.7 – Exemple : urgence *versus* dysfonctionnement

5.0 - CYCLE ACHATS

CONTRÔLE INTERNE – QUESTIONNAIRE D'AUTO-ÉVALUATION	O	N	Commentaire
5.1 - ACHATS			
5.1.1 Les activités achats doivent être séparées des activités de réception et de comptabilité.			
5.1.2 Les acheteurs doivent être périodiquement permutés pour favoriser l'indépendance. D'autres procédures doivent exister si le contexte ne rend pas applicable cette règle.			
5.1.4 Les commandes doivent être faites par le personnel du service Achats, sur la base de demandes d'achat préalablement approuvées.			
5.1.5 Les commandes au-dessus du seuil minimum défini, et ne s'appuyant pas sur des demandes d'achat, doivent être approuvées et suffisamment documentées pour identifier la nature et le but de la transaction.			
5.1.6 Les commandes au-dessous du seuil minimum défini, réalisées par du personnel n'appartenant pas à l'organisation Achats, doivent être régulièrement controlées afin de s'assurer que la règle de non-implication du service Achats a été correctement appliquée.			
5.1.9 Des vérifications appropriées doivent exister afin de s'assurer que les contrats et modifications contractuelles sont faits sous contrôle des Achats.			
5.1.13 Trois offres au minimum doivent être obtenues pour tout achat dépassant le seuil défini. La procédure d'appel d'offres doit être documentée. La sélection d'une offre qui n'est pas la plus basse doit être justifiée et documentée.			
5.1.15 Si une source d'approvisionnement unique doit être employée sans mise en concurrence, la justification doit être documentée dans le dossier Achats.			
5.2 - RÉCEPTION			
5.2.1 Toutes les activités de réception doivent être séparées des activités achats et comptabilité. Le service de réception doit être physiquement isolé des secteurs de production et du département des expéditions, sauf justification acceptable.			
5.2.8. Les modifications dans le système informatique pour corriger des erreurs dans la gestion des stocks doivent être faites par du personnel autorisé.			
5.3 - COMPTABILITÉ FOURNISSEURS			
5.3.1 La fonction de comptabilité fournissseurs doit être séparée des fonctions achats et réception ainsi que de la comptabilité générale.			
5.3.5 Les factures sans commande correspondante ni réception doivent être convenablement approuvées et suffisamment documentées pour identifier la nature et le but des dépenses.			

© Groupe Eyrolles

	O	N	Commentaire
5.3.16 Avant le paiement, la comptabilité fournisseurs doit s'assurer que le fournisseur est dans la liste des fournisseurs approuvés.			

5.4 - PAIEMENTS

	O	N	Commentaire
5.4.1 La fonction de paiement doit assurer la séparation des fonctions suivantes : a. Séparation entre la préparation des paiments et l'appobation/ signature/envoi des paiements. b. Séparation entre la garde des chèques et la préparation des chèques.			
5.4.8 Les demandes de préparation de paiements et de transferts bancaires doivent correspondre à des commandes d'achat, des réceptions, des factures originales, ou toute autre documentation qui justifie la dépense. Les personnes gérant les paiements ne doivent pas initier ou approuver des transactions d'achat.			

Figure 5.8 – Extrait d'un questionnaire d'auto-évaluation

Partie 2

UNE ORGANISATION TRANSVERSALE ET COMMUNICANTE QUI ÉTEND SON CHAMP D'ACTION

Chapitre VI

Les tendances du marché confirment une fonction émergente

Luc MORA

L'émergence d'une véritable culture achats hors production abordée dans les chapitres précédents détermine de nouveaux schémas d'organisation (généralement vers une centralisation ou un modèle mixte), et par là de nouvelles fonctions. Cette mutation entraîne à la fois une nouvelle demande sur le marché de l'emploi, l'exigence de nouvelles compétences et ouvre de nouvelles perspectives pour ceux qui ont choisi cette voie. Ce chapitre va donc s'attacher à dessiner, dans le cadre d'une évolution de carrière, l'intérêt, les difficultés et les évolutions possibles d'un acheteur tenté par « l'aventure » des achats hors production.

LE POSTE ACHATS HORS PRODUCTION DEVIENT UN ÉLÉMENT CONTRIBUTIF MAJEUR DE LA VALEUR DE L'ENTREPRISE

La catégorie des achats hors production n'est pas considérée à sa juste mesure

Sans tomber dans le cliché, une proposition de poste dans les achats hors production dans les entreprises ne faisait pas, jusqu'à récemment, l'objet d'un engouement démesuré de la part des personnes sollicitées. Il faut avouer que la fonction Achats en général fait face à un ostracisme ambiant, tant dans le grand public qu'au sein des sociétés.

Une étude américaine auprès de dirigeants d'entreprise, menée dans les années 1990, reconnaissait aux acheteurs le mérite de l'éthique (70 %)… mais pas encore celui de l'efficacité (30 %) ! Et cette vision sectaire est amplifiée pour la catégorie des achats hors production qui n'était pas alors considérée comme stratégique : malgré l'information délivrée en sa faveur, certaines entreprises ont dû recourir à des incitations financières spécifiques pour faire évoluer les acheteurs de production vers le hors production !

L'action de l'acheteur hors production prend de la hauteur !

Si en termes de processus et de leviers achat, les Achats hors production se sont heurtés aux mêmes écueils que les Achats de production – le manque d'informations sur les dépenses, les réticences de l'utilisateur interne à coopérer, la difficulté à déterminer une stratégie dans un contexte non structuré – ils ont une spécificité propre qui n'est pas des moindres : la gestion d'un catalogue de commodités très large et techniquement très diversifié qui entraîne une liberté d'action plus rapide et étendue que dans les achats de production. Tout d'abord en amont, par l'implication dans les processus et la détermination des règles de la société (voitures, voyages…) qui peuvent s'avérer très politiques. Mais aussi en aval, par la détermination avec l'utilisateur final de KPI's, *Key Performance Indicators*, acceptés et mesurables par ce dernier.

La recherche d'un processus *lean* sur l'ensemble de la chaîne de valeur de services fonctionnels apporte un complément de profondeur à l'action de l'acheteur : cette analyse peut entraîner une externalisation de services rarement envisagée de prime abord dans les achats de production.

En dehors de l'obtention du meilleur prix, il semble donc évident que confronté à un déficit technique, du fait du nombre de domaines abordés, l'acheteur hors production va devoir puiser dans d'autres ressources que l'application stricte des leviers achat afin de développer et renforcer son écoute interne, sa capacité de communication et de persuasion, et une vision élargie de ses responsabilités qui dépasse la notion de coût et de service rendu à l'utilisateur interne pour imaginer des solutions créatrices de valeur pour son entreprise.

LE MARCHÉ DE L'EMPLOI D'ACHETEURS HORS PRODUCTION EN PLEINE EXPANSION

En termes de volume, le marché du recrutement d'acheteurs et des acheteurs hors production en particulier, n'a pas à proprement parler de rythme spécifique ou antinomique avec les tendances lourdes de l'économie : à ce titre, il n'a pas été épargné par les crises qui ont affecté le marché de l'emploi.

À titre d'exemple, l'année 2009 a vu les prises de commande des chasseurs de tête diminuer de 40 à 70 % comparées aux volumes des années précédentes sans que l'on puisse noter un impact particulier, en positif ou en négatif, pour le marché de l'emploi des acheteurs.

Toutes choses égales par ailleurs, une analyse sur une dizaine d'années des recrutements de la fonction démontre un accroissement significatif des postes hors production comparé aux postes d'achats de production, les premiers gagnant 6 à 7 % par an sur les seconds pour atteindre un ratio de 80 % des postes ouverts (figure 6.1).

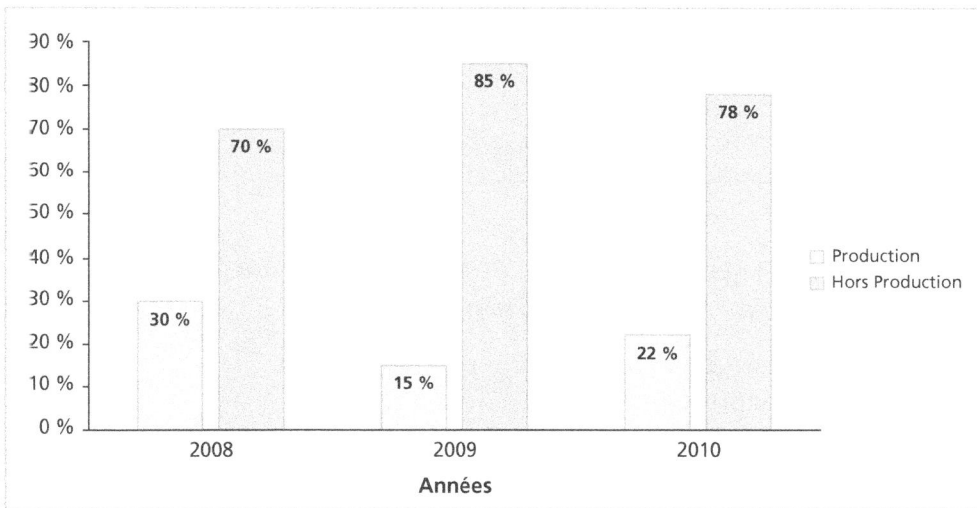

(Extrait présentation BigFish : tendances du recrutement des acheteurs en France, 2010)

Figure 6.1 – Tendance recrutement

Trois raisons viennent à l'appui de cette tendance :

- Les emplois hors production constituent la première source de création de postes nouveaux dans les entreprises. En effet, instaurés depuis plus longtemps et considérés comme stratégiques, les postes d'achats de production font l'objet d'un marché de substitution fréquemment résolu en interne : les plans de succession pour des catégories critiques pour l'entreprise sont établis souvent à l'avance et reposent, la plupart du temps, sur des compétences techniques acquises en interne.

- La désindustrialisation des pays d'Europe au profit de pays émergents (Brésil, Russie, Inde, Chine, etc.) entraîne un mouvement mécanique de la demande d'acheteurs liés à la production dans des zones où celle-ci se développe en parallèle à des fournisseurs émergents. L'Angleterre est, à cet égard, en avance sur les pays d'Europe continentale : la demande d'acheteurs y est maintenant quasi exclusivement en hors production ou pour le moins dans le domaine des services.

- L'intérêt des entreprises industrielles pour le contrôle de leurs coûts indirects n'est intervenu qu'après la maîtrise de leurs coûts directs dans la majorité des cas. Par ailleurs, les entreprises non industrielles (banques, assurances, services…) ou extrêmement profitables (luxe, etc.) se sont intéressées plus récemment aux achats pour réduire leurs coûts indirects (informatique, marketing…).

La demande d'acheteurs hors production s'avère donc la plus porteuse sur un marché globalement en expansion.

La demande des entreprises concernant le profil des candidats(es) a aussi singulièrement évolué depuis une dizaine d'années.

LA PROFESSIONNALISATION DE LA FONCTION REQUIERT UN NIVEAU ACCRU DE LA FORMATION ET DES COMPÉTENCES

La formation classique d'acheteur ne répond plus aux besoins des entreprises

Concernant les diplômes, un standard de fait pour les nouveaux embauchés s'établit autour d'une formation école d'ingénieur/école de commerce ou diplôme universitaire complété par une spécialisation achat.

Avec plus d'une vingtaine de formations spécifiques dans ce domaine, la France constitue une exception comparée aux pays européens, voire aux États-Unis. Cette disparité entraîne une migration vers des pays demandeurs (Suisse, Belgique) mais à faible offre en termes de formation spécialisée.

Alors qu'un parcours de formation tel que celui décrit ci-dessus constituait un sésame pour un postulant il y a quelques années, cela n'est plus le cas.

Aujourd'hui, la profession achats se banalise au sein des entreprises, et la question de l'évolution de l'acheteur en dehors du cadre des Achats est envisagée d'emblée. Pour établir un parallèle avec l'évolution des profils d'informaticiens dans les années 1980, une focalisation initiale sur un métier nouveau et abscons a laissé place à des profils plus généralistes capables d'oublier le domaine de la technologie pour écouter les besoins de leurs utilisateurs.

Ainsi, le changement majeur intervenu dans les exigences des recruteurs concerne les compétences.

Le glissement des compétences requises s'effectue en faveur des *soft skills* (savoir-être) des acheteurs

Les compétences se décomposent en **hard skills** *(savoir-faire)* *et* **soft skills** *(savoir-être)*

En fonction du niveau de maturité achat d'une organisation, la figure 6.2 ci-après décrit le glissement vers les *soft skills* des organisations les plus accomplies.

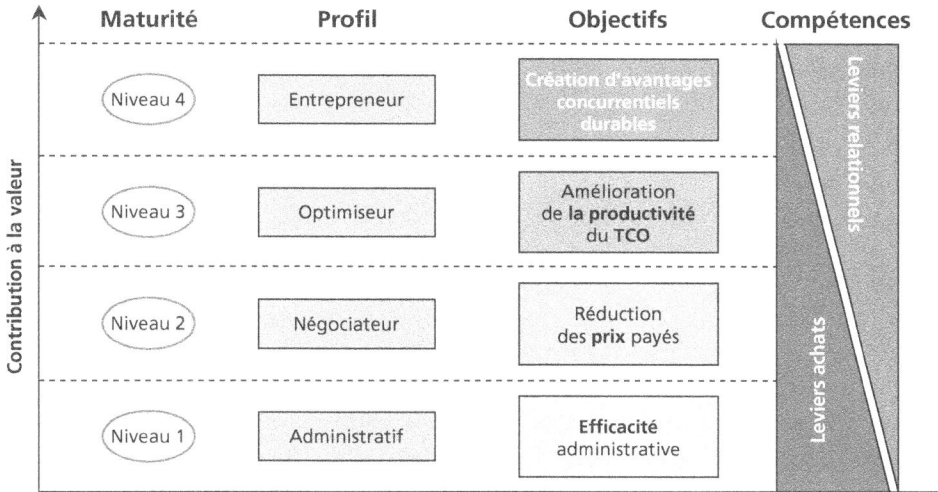

(Source : Big Fish maturity model 2011)

Figure 6.2 – Référentiel de maturité

La demande en *soft skills* ou *relational levers* (sens de l'écoute active, facultés de communication et de persuasion, leadership, entrepreneuriat, gestion du changement…) est devenue prépondérante dans les critères de choix de nouveaux acheteurs face à la maîtrise du processus et des leviers achats.

Deux raisons à cela :

- Une évolution dans les organisations qui, accédant à des niveaux supérieurs de maîtrise, se focalisent sur les nouvelles qualités requises par leur niveau de maturité.

- Une demande accrue d'acheteurs hors production. En effet, les qualités mises en avant dans le recrutement d'un acheteur de ce type sont bien évidemment les *soft skills*. Une intelligence émotionnelle, une excellente maîtrise des relations humaines au sein de l'entreprise, la capacité à user de plusieurs registres de comportement face aux fournisseurs, pour ne citer que quelques exemples, précèdent toute demande technique tant sur le processus que sur la connaissance des catégories achats concernées.

Au-delà de la ténacité, de la rigueur, de la curiosité de l'acheteur de production, une longue liste de qualités vient s'ajouter à ces nouveaux profils : sens politique, sens commercial, sens du service, gestion de projet, faculté à décider de ses priorités, autant d'atouts dépendants du poste à pourvoir mais qui ont comme caractéristique commune d'être reconnus pour d'autres métiers au sein de l'entreprise.

Les compétences des acheteurs hors production à l'épreuve de la complexité

Par comparaison aux achats de production, la prise en compte des achats hors production demande une gestion de la complexité bien plus importante, non seulement du point de vue des catégories d'achats et produits à intégrer, de la disparité des clients internes, mais aussi par l'étendue des processus à maîtriser, de la définition d'une stratégie jusqu'à l'infime détail pratique perçu comme primordial par le client interne qui est en définitive le « juge de paix » d'une mise en place réussie. La plupart du temps, c'est d'ailleurs avec ce dernier et non avec les fournisseurs que les négociations sont les plus difficiles, la vente interne précédant l'achat externe. Bien plus que son homologue direct qui s'inscrit généralement dans la continuité, la nécessité de faire rapidement la preuve de sa valeur ajoutée par la réalisation de *quick wins* demande un sens de l'analyse et des opportunités, une faculté à agir vite et gérer efficacement son marketing interne.

LES DIFFÉRENTS TYPES DE FONCTIONS COMPLÉMENTAIRES ET PARFOIS CONCILIABLES

En fonction de ses *desiderata* et des besoins de l'entreprise, un acheteur peut se voir proposer trois types de fonctions, le passage par chacune d'entre elles (ou leur cumul) constituant un plus du point de vue du métier :

- acheteur famille ou acheteur catégorie ;
- acheteur projet ;
- acheteur local ou acheteur site.

On parle de fonctions, celles-ci pouvant être assurées dans certains cas par une même personne, selon la dimension de l'équipe et le niveau de spécialisation. Certaines sont cependant difficilement compatibles en matière de profil, telles que la définition des stratégies et la gestion du quotidien. En revanche, la fonction projet peut être assurée, selon les sujets, par un acheteur famille ou un acheteur site, ou être prise en charge par une troisième catégorie d'acheteurs.

L'acheteur famille, un stratège accompli

La définition de la stratégie est le rôle majeur de l'acheteur famille. Il analyse l'activité et les besoins de l'entreprise, le marché des fournisseurs, les évolutions potentielles. Il s'appuie sur sa compréhension de la stratégie de l'entreprise et fait la synthèse avec sa connaissance du marché. Il a la capacité de prendre de la distance et d'avoir une approche globale sur le moyen/long terme. Il constitue les panels de fournisseurs et négocie les accords cadres. Il structure la gestion de sa famille d'achat en définissant les contrats types adaptés et le processus d'évaluation des performances fournisseurs.

C'est un profil identique à celui des acheteurs famille des achats de production, mais avec une composante plus forte en communication auprès des clients internes.

Après une première phase de structuration des familles et de constitution d'un référentiel de contrat cadre, la définition de *reportings* standard systématiques permet de suivre l'évolution des accords, d'éviter leur enlisement dans la structure et de constituer une base objective de discussion concernant la qualité du service avec les fournisseurs.

L'acheteur projet, une interface contributive à la productivité totale de l'entreprise

L'acheteur projet est un fin animateur d'équipe et un excellent gestionnaire de projet

La définition de l'acheteur projet est ici légèrement différente de celle des achats de production. Dans ces derniers, l'acheteur projet est membre d'une équipe, pour un projet industriel par exemple, et prend en charge toutes les actions achat nécessaires à celui-ci, dans le cadre de la stratégie achat préalablement définie. On peut se trouver dans la même situation et avoir, lors de la construction d'une nouvelle usine par exemple, un acheteur hors production prenant en charge tous les achats nécessaires à sa construction, puis à son fonctionnement.

Cela n'est pas le cas général, on parlera ici de projet dans un sens différent.

À l'origine de la mise en place des Achats hors production, les projets résultent d'une démarche achat classique aboutissant à des appels d'offres, suite à une consolidation de volumes ou un contrat arrivant à expiration. Ils peuvent être aussi « poussés » par une expression de besoin d'un service utilisateur. L'acheteur projet anime une équipe impliquant les différents services concernés, et s'appuie sur sa maîtrise des méthodes de conduite de projet. La rigueur dans cette approche est d'autant plus forte que la maturité des utilisateurs en la matière est faible. Il s'agit de s'assurer de la contribution des bons interlocuteurs, devant apporter leur expertise, et de garantir un processus de décision incontestable et documenté en impliquant les bons décideurs au bon moment.

C'est donc la notion de « chef de projet » qui prédomine ici : animation d'équipe dans un contexte non hiérarchique, rigueur dans sa gestion de projet.

L'acheteur projet à la croisée des processus internes et externes

Dans une définition plus avancée, ces projets s'inscrivent dans une analyse systématique d'augmentation de la productivité totale, dépassant le cadre d'achats classiques et déclenchés par des analyses préalables plutôt que par la demande des utilisateurs, en s'inspirant des méthodes *lean* appliquées dans la production.

Dans cette optique, un nouveau métier consistant à gérer une fonction de l'entreprise externalisée (comptabilité, paye, informatique... achats) ouvre des perspectives prometteuses aux acheteurs ayant su démontrer leur connaissance du métier et leur maîtrise à la fois de la gestion pointue d'un contrat d'externalisation, des acteurs internes et du fournisseur choisi.

L'acheteur site gère et optimise le quotidien

Il est attaché à une population d'utilisateurs, d'où souvent le nom d'acheteur « site » mais peut couvrir une région de plusieurs sites ou départements. Pour ceux-ci, il est le premier contact avec l'organisation Achats. De par la diversité des sujets, la gestion du quotidien est et reste une part importante dans les achats hors production. Cette fonction doit être assurée. Il s'agit de gérer les demandes d'achat au fur et à mesure.

Cette fonction subit l'impact de la maîtrise croissante des achats famille, pour passer d'une dominante négociation à une dominante gestion de contrats, d'accompagnement des actions de *benchmark* et de déploiement des meilleures pratiques.

Afin de contrebalancer cette tendance, il est parfois proposé à l'acheteur site de prendre en charge une famille globale, dans un rôle de *lead buyer*, même si cela impose une gymnastique intellectuelle difficile face à ses fonctions journalières fondées sur une grande capacité à gérer complexité, priorités, urgences et stress.

Les fonctions support élargissent leur champ d'action

D'un point de vue global, les fonctions support peuvent avoir un périmètre extrêmement étendu : de « gardiennes du temple », gérant le *thésaurus* de bonnes pratiques, l'historique des négociations, les tables de prix, jusqu'aux *benchmarks* et cursus internes de formation pour les acheteurs…

Dans une optique hors production, outre les fonctions support de base, générales à toute fonction Achats, c'est-à-dire le contrôle de gestion et le *reporting*, la gestion des référentiels dans les systèmes d'information (fournisseurs et panel, contrats et prix), la gestion des achats hors production nécessite une attention particulière sur les processus administratifs et leur optimisation. Dans un contexte de fournisseurs très épars et de nombreuses transactions de faible montant, l'utilisation de processus et outils informatiques (catalogues électroniques, cartes achats, réservations en ligne ou commandes ouvertes) et leur maîtrise revêtent une importance particulière.

L'optimisation administrative du processus d'approvisionnement *procure-to-pay* élargit notablement la portée de la mission, et déborde largement sur des services tels que la comptabilité fournisseur.

LE SECTEUR ACHATS HORS PRODUCTION EN DEVENIR

Instituer un jeu gagnant-gagnant des offreurs et des demandeurs

Jack WELCH, le mentor de General Electric, avait cette formule concernant la relation entre employés et entreprise : *Le seul devoir de l'entreprise envers ses employés est de retenir les meilleurs. Le seul devoir de l'employé envers l'entreprise est d'être là où la main invisible du marché voudrait qu'il soit.*

Sur cette base, la première bonne question que l'acheteur hors production doit de se poser est celle de l'adéquation de son parcours avec non seulement la demande actuelle mais aussi future, concernant son profil. La seconde question, miroir de la première, est l'intérêt réel des postes accessibles sur lesquels les entreprises ne s'interrogent jamais assez. Dans un monde où la loyauté réciproque de l'entreprise envers l'employé et de l'employé envers l'entreprise est souvent bafouée, les deux aspects méritent d'être examinés.

Avant cela, on est en droit de se demander si le marché français ne risque pas la saturation à court terme, compte tenu des nouveaux arrivants « produits » par notre système universitaire chaque année.

Comment coller aux besoins du marché international des acheteurs ?

Répondre à la demande d'internationalisation croissante des équipes Achats

La capacité d'assimilation des pays limitrophes, même si la reconnaissance des cursus nationaux est établie, reste limitée : la propension à constituer des équipes Achats vraiment internationales devient une tendance prédominante au niveau européen. Par ailleurs l'offre d'expatriation se réduit, du fait de la réduction des coûts au sein des entreprises et de l'offre de talents locaux dans les pays en forte expansion.

Le schéma adopté par nombre de sociétés implantées au niveau international planifie l'embauche à l'étranger de talents généralistes issus des meilleures formations locales, suivie d'une appropriation des valeurs de la maison mère par une présence de deux à trois ans en France.

Même si ces politiques impactent assez peu le hors production, leur effet sur la demande est néanmoins perceptible.

En dehors de ces aspects négatifs qui ne se répercutent pas seulement sur les hors production, quelques perspectives nouvelles s'ouvrent.

Spécialistes pointus dans leur domaine de compétences ou généralistes, les acheteurs hors production ont la cote !

La volonté de se rapprocher du client interne et de parler le même langage apporte une spécialisation très pointue de la connaissance métier demandée à l'acheteur. Un poste en achats marketing, par exemple, peut se décliner maintenant de façon beaucoup plus fine : gestion d'espaces média, agences de communication, agence événementielle, impressions (création, production proprement dite), agences Web pour des groupes ayant des budgets conséquents dans ces domaines. Il est à noter que le phénomène inverse commence d'ailleurs à apparaître, c'est-à-dire la bascule de spécialistes métiers (marketing, finance, manufacturing…) dans le domaine des achats.

En revanche, pour des organisations plus modestes ou abordant le sujet des hors production, des profils plus généralistes et hautement adaptables à des portefeuilles multiples sont la donne.

Dans les deux cas, les perspectives sont bonnes.

L'expérience d'acheteur peut constituer un tremplin pour des postes à responsabilités élargies

En dehors de ces évolutions qui visent au Graal ultime de directeur des Achats, on assiste, malgré la jeunesse relative du métier, à des évolutions en dehors du domaine. C'est une option que chacun se doit d'envisager : le métier a ses limites et un changement radical dans sa carrière pour aborder le domaine du commercial, de la gestion de projet, de la finance, pour n'en citer que quelques-uns, permet d'ajouter des savoir-faire permettant d'envisager à terme des postes de direction (générale, opérations…).

Ce qui est perdu en spécialisation est compensé par une vision plus large des rouages internes d'une entreprise et du business en général : c'est à ce titre une excellente école pour qui est tenté par la création d'entreprise. Mais dans un premier temps, il est opportun d'envisager cette étape dans un environnement « sécurisé » : le changement de métier et d'entreprise constitue à la fois une difficulté et un risque majeurs qui méritent d'être soupesés avec précaution.

Mais quels que soient les chemins choisis, on peut affirmer que loin de constituer une voie de garage, opter pour les Achats hors production ouvre de multiples perspectives pour des acheteurs qui maîtrisent les aspects relationnels en dehors du métier lui-même ; l'important pour chacun étant de rester attentif aux évolutions de son environnement de façon à anticiper le changement et ne pas le subir.

Chapitre VII

Les modèles d'organisation évoluent
avec la maturité de l'entreprise

**L'EXERCICE DE CHACUNE DES TROIS FONCTIONS D'ACHETEUR
S'APPUIE SUR UNE PROXIMITÉ AVEC LES CLIENTS INTERNES**

On rencontre des modèles d'organisation très variés dans ce domaine des achats hors production encore nouveau : décentralisé, centralisé, coordonné. Le point souvent mis en avant dans les réflexions « décentralisé *versus* centralisé » est la notion de proximité.

La fonction d'acheteur site est aussi souvent appelée acheteur local pour traduire une proximité géographique avec les utilisateurs, par opposition à celle d'acheteur famille qui en serait plus éloignée.

Avant d'aborder les structures, précisons notre vision sur ce sujet. La notion de proximité existe dans les trois cas mais avec une nature différente, correspondant aux nécessités de chacune des trois fonctions à assurer.

* Fonction acheteur famille :
  - proximité au niveau du *top management* pour une bonne compréhension de la stratégie générale, qu'il s'agisse d'unités opérationnelles ou fonctionnelles ;
  - connaissance de la structure du marché des fournisseurs, dans chaque région.
  Ces deux aspects sont nécessaires à une bonne définition de la stratégie achat. C'est une proximité d'expertise.
* Fonction acheteur projet :
  - intervention dans le cadre de projets qu'il manage, en impliquant les utilisateurs, pour une action limitée dans le temps ;
  - un bon relationnel, des capacités d'écoute et d'animation dans un contexte non hiérarchique sont la base de la réussite.

C'est une proximité de *task-force*, réunissant des personnes souvent géographiquement dispersées et mobilisées sur un objectif commun.

- Fonction acheteur site :
  - gestion des commandes, résolution de problèmes, réactivité et gestion des urgences, contacts fournisseurs en « escaladant » aux acheteurs famille au besoin ;
  - fonction focalisée sur la gestion du quotidien et le court terme.

  C'est une proximité géographique qui prend parfois la forme d'action de « pompier » sollicité sur tous les fronts.

LES STRUCTURES D'ORGANISATION ACHAT HORS PRODUCTION EN ÉVOLUTION

Décentralisé *versus* centralisé, partagé *versus* dédié

Les structures d'organisation relatives aux achats hors production découlent de celles définies préalablement pour les achats de production. Nous ne reprendrons pas ici les différents modèles rencontrés pour ces derniers. Ils résultent à la fois de la complexité de l'activité de l'entreprise, de sa culture et du niveau de maturité des Achats dans leur ensemble. Ils ne sont d'ailleurs pas toujours pérennes dans le temps et peuvent évoluer selon le phénomène du balancier entre centralisé et décentralisé, en fonction des situations que traverse l'entreprise.

Nous positionnerons notre recensement des « modèles » Achats hors production par rapport à une situation donnée pour l'organisation Achats de production, que l'on peut ramener à deux cas pour simplifier :

- Une organisation Achats unique, comme c'est le cas dans une entreprise mono-activité et mono-pays, ou dans un groupe multi-activité mais ayant une culture centralisatrice forte.
- Plusieurs organisations Achats, comme c'est souvent le cas dans un groupe ayant plusieurs branches d'activité et/ou présent dans plusieurs pays. Il peut exister cependant une coordination transversale qui peut être légère et focalisée sur l'animation du réseau pour favoriser les échanges d'information, ou plus structurée avec une équipe centrale prenant en charge certaines responsabilités de manière opérationnelle.

Pour positionner les différents modèles d'organisation Achats hors production dans ce cadre, on se focalisera sur les deux fonctions les plus permanentes : celle d'acheteur site en charge de la gestion du quotidien, et celle d'acheteur famille en charge de la définition de la stratégie et du panel. La fonction d'acheteur projet peut être, selon le sujet, assumée tantôt par l'un tantôt par l'autre, du moins au début de la mise en place de l'organisation.

La gestion des achats hors production dans les contextes mono-organisation Achats

Dans le cas d'une entreprise avec une organisation Achats unique, le problème ne se pose pas, les achats hors production sont gérés totalement dans cette organisation. Les variantes concernent le niveau de séparation dans la gestion des différentes familles d'achat. Quand un acheteur est en charge de plusieurs familles, il traite en priorité les plus importantes, en volume ou en enjeu. Le développement des achats hors production passe donc par une spécialisation qui traduit le niveau de maturité dans leur prise en charge. Ils sont présentés dans la figure 7.1, à lire dans l'ordre ascendant.

Niveau de spécialisation ou de maturité		Organisation Achats		
		Fonction acheteur site	**Fonction acheteur famille**	
3	Spécialisation de l'ensemble de l'activité, tant au niveau de la gestion des familles que de la gestion des sites (lorsque leur nombre le justifie).	Acheteurs dédiés aux achats hors production.	Acheteurs dédiés couvrant l'ensemble des familles hors production.	
2	Extension de la gestion par famille en s'appuyant sur les acheteurs site.	Acheteurs dédiés aux achats hors production	+ prenant en charge certaines familles d'achat en tant qu'acheteurs « leaders » pour le compte de l'ensemble ou d'un groupe de sites.	Acheteurs dédiés avec un périmètre limité à certaines familles considérées globales.
1	Massification de quelques familles considérées globales avec des acheteurs dédiés.	Acheteurs partagés prenant en charge toutes les activités « quotidiennes » des sites, achats de production et achats hors production.	Acheteurs dédiés avec un périmètre limité à certaines familles achat hors production considérées globales (exemples : voyages, fournitures…).	

Figure 7.1 – Les achats hors production dans un contexte mono-organisation Achats

Niveau de spécialisation ou de maturité	Organisations Achats des branches			Organisation Achats au niveau du groupe	
	Fonction acheteur site	Fonction acheteur famille	Coordination	Fonction acheteur famille	Fonction acheteur site
6 — Intégration de l'ensemble des fonctions, et professionnalisation complète.				Acheteurs dédiés hors production, prenant en charge la totalité des familles.	Acheteurs dédiés hors production prenant en charge la gestion des sites.
5 — Extension du périmètre de la gestion par famille en s'appuyant sur les acheteurs sites des branches ayant un rôle d'acheteur « leader » pour l'ensemble des branches.	Acheteurs dédiés achats hors production + prenant en charge certaines familles d'achats en tant qu'acheteurs « leaders » pour le compte de l'ensemble des branches, par régions.		Coordination mettant à disposition des accords cadres groupe + Animation du réseau d'acheteurs « leaders ».	Acheteurs dédiés hors production, prenant en charge un périmètre partiel (familles considérées globales).	
4 — Centralisation de la gestion de certaines familles considérées globales. La gestion des commandes est laissée décentralisée.	Acheteurs partagés avec les achats de production, gérant l'ensemble des domaines.		Coordination mettant à disposition des accords cadres groupe.	Acheteurs dédiés hors production, prenant en charge un périmètre partiel (familles considérées globales).	

Niveau de spécialisation ou de maturité	Organisations Achats des branches		Organisation Achats au niveau du groupe		
	Fonction acheteur site	Fonction acheteur famille	Coordination	Fonction acheteur famille	Fonction acheteur site
3 — Mise en place d'une coordination entre branches.	Acheteurs partagés avec les achats de production, gérant l'ensemble des domaines.	Acheteurs dédiés hors production sur périmètre partiel (familles considérées globales).	Coordination favorisant l'échange d'information.		
2 — Premières opérations de massification, mais au sein de chaque branche.	Acheteurs partagés avec les achats de production, gérant l'ensemble des domaines.	Acheteurs dédiés hors production sur périmètre partiel (familles considérées globales).			
1 — Les domaines hors production sont administrés mais pas encore pris en charge sur le plan achats. Une partie reste gérée directement par les utilisateurs.	Acheteurs partagés avec les achats de production, gérant l'ensemble des domaines.				

Figure 7.2 – Les achats hors production dans un contexte multi-organisation Achats

La gestion des achats hors production dans les contextes multi-organisations Achats

Dans le cadre d'entreprises ayant plusieurs organisations Achats, le problème de la gestion des achats hors production se pose pour deux raisons essentielles :

- ces familles d'achats sont par nature communes à l'ensemble des branches d'activité, et leur massification transversale est un des leviers essentiels d'économie ;
- d'autres leviers, tout aussi essentiels, sont la standardisation de la gestion des contrats et les *benchmarks* rendus ainsi possibles, comme nous l'avons vu au chapitre II.

Les différentes situations sont présentées dans la figure 7.2. Ici aussi ces variantes sont relatives aux niveaux de spécialisation dans la prise en charge de ce domaine et traduisent le niveau de maturité.

Au niveau 6 de cette classification, on a une organisation centralisée sur le plan structurel et hiérarchique, mais pas forcément géographique :

- les acheteurs site sont répartis dans les différentes régions des sites dont ils ont la charge ;
- les acheteurs famille peuvent aussi être répartis dans les différents pays, en fonction de la nécessité de la connaissance du marché des fournisseurs.

L'intégration hiérarchique de ces deux populations d'acheteurs dans une même équipe participe à l'optimisation des ressources ainsi qu'à l'efficacité générale. On constate en effet, dans des « cohabitations » de plusieurs organisations Achats, comme dans la variante 4 par exemple, qu'une grande énergie peut être dépensée dans des situations de compétitions internes. Celles-ci peuvent aller parfois à l'encontre de l'intérêt global de l'entreprise sur des opérations de massification des achats par exemple.

L'évolution de la répartition des actions entre les acheteurs famille et site est liée au développement de l'organisation

Un exemple de répartition des rôles et responsabilités entre les deux catégories d'acheteurs dans la variante 6 est présenté dans la figure 7.3 :

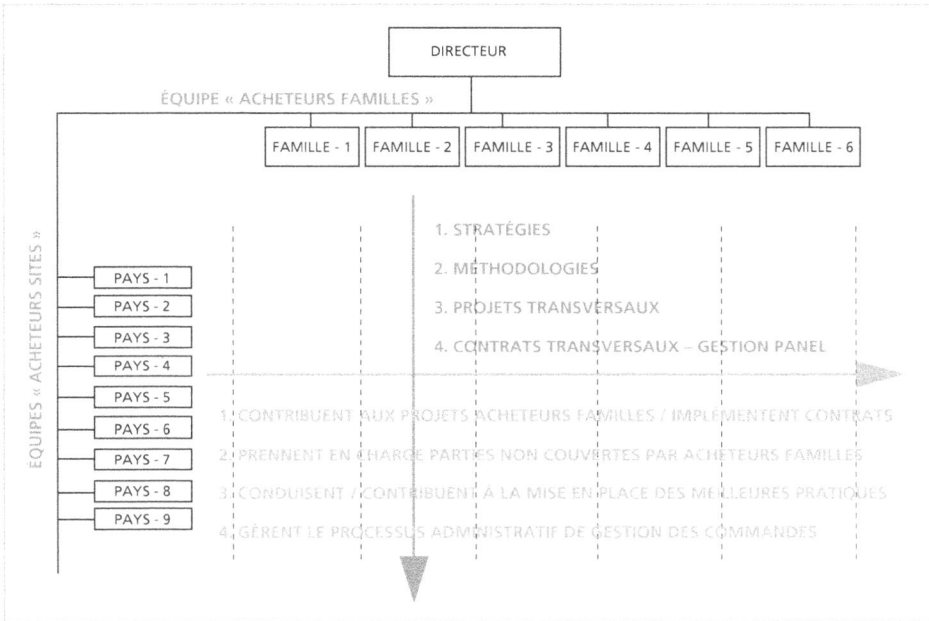

Figure 7.3 – Exemple d'organisation centralisée
Rôles et responsabilités

Dans cet exemple la répartition des actions entre ces deux catégories d'acheteurs se fait selon la logique de management global/local présentée au chapitre II. Les acheteurs famille ont en charge les analyses du portefeuille de fournisseurs, du marché, des besoins. Ils élaborent les stratégies et conduisent des projets transversaux. Les acheteurs site sont impliqués dans ces projets si leur site est directement concerné, aussi bien dans les phases amont de collecte d'information et d'appel d'offres, qu'en aval dans la mise en place des nouveaux fournisseurs et le déploiement des contrats dans leurs sites. Pour les sujets non encore pris en charge soit pour des raisons de priorités, soit pour des raisons de ressources, ils prennent en charge totalement le domaine, mais en appliquant les méthodologies standard et en cohérence avec la stratégie générale définie par les acheteurs famille. Ultérieurement ces sujets pourront être intégrés dans une démarche plus transversale et pris en charge par les acheteurs famille. (Voir la figure 7.4.)

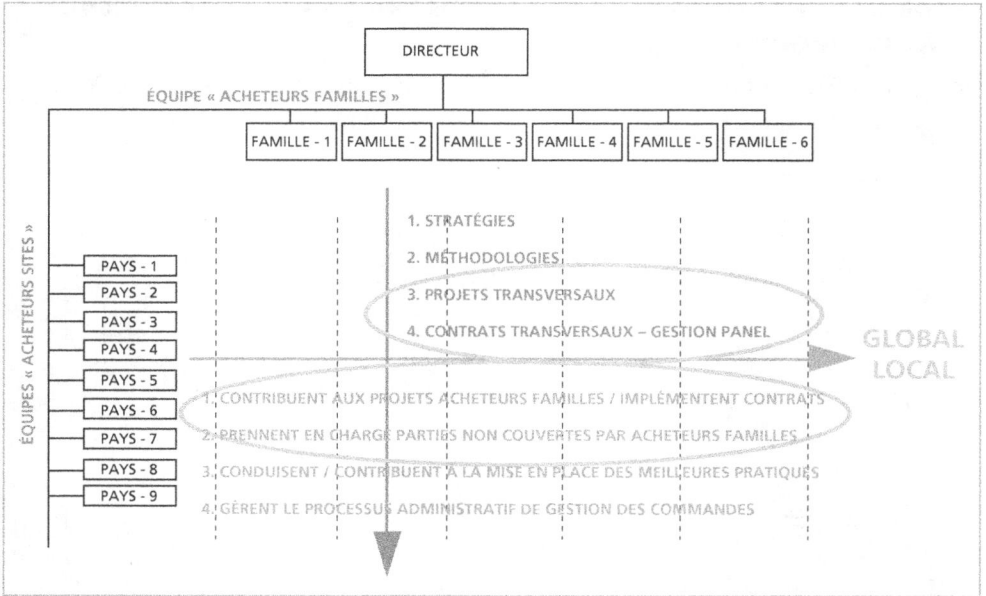

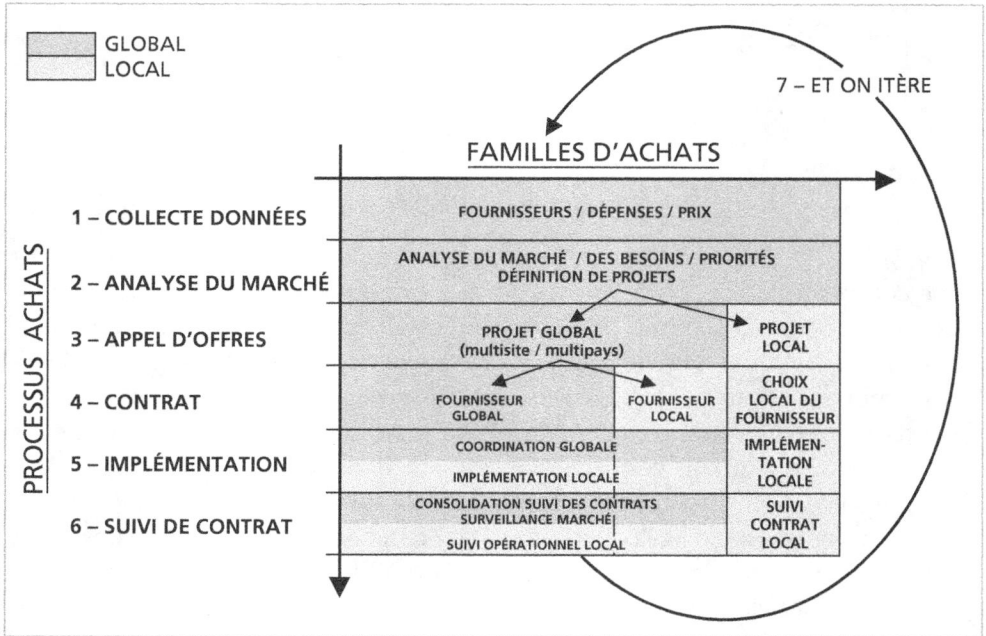

Figure 7.4 – Lien avec la problématique global/local

Avec le déploiement de l'organisation, la part des sujets pilotés par les acheteurs famille s'étend. La démarche en 3 étapes se développe. Le centre de gravité des missions des acheteurs site évolue vers des actions plus générales d'optimisation des coûts et de déploiement des meilleures pratiques. La notion d'acheteur « productivité » ou de chef de projet « productivité », non spécifiquement liée à tel ou tel site, se développe. Voir la figure 7.5.

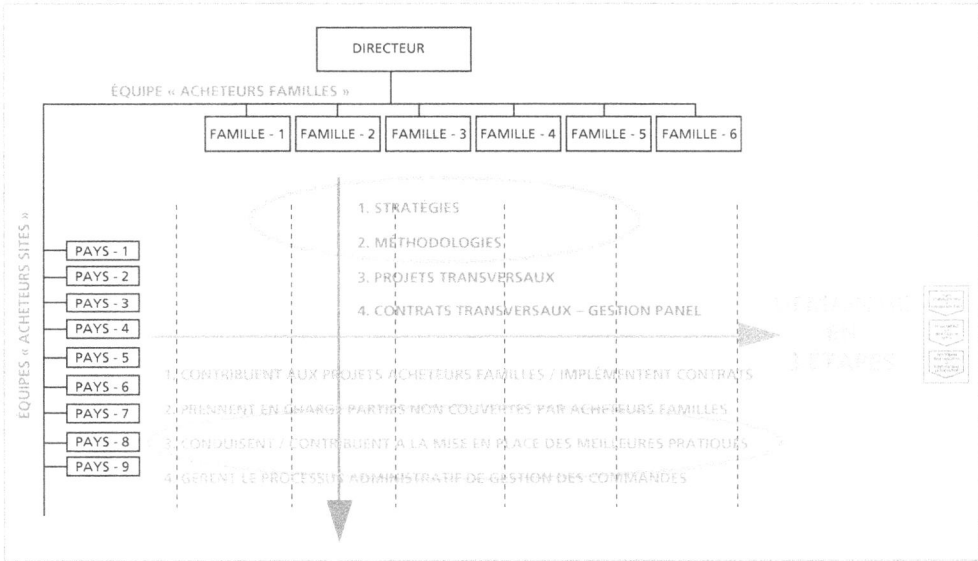

Figure 7.5 – Lien avec la démarche des 3 étapes

Enfin la prise en charge de la gestion des processus administratifs permet de « boucler la boucle » aussi bien en ce qui concerne l'application de la stratégie achat, garantissant l'application des contrats et du panel des fournisseurs, qu'en ce qui concerne le respect des procédures de contrôle interne.

La résultante de ces différentes actions aboutit à une évolution de l'organisation tout au long de sa maturité, tant au niveau des effectifs que des profils nécessaires. Dans l'exemple d'organisation centralisée vu précédemment une telle évolution est représentée en figure 7.6.

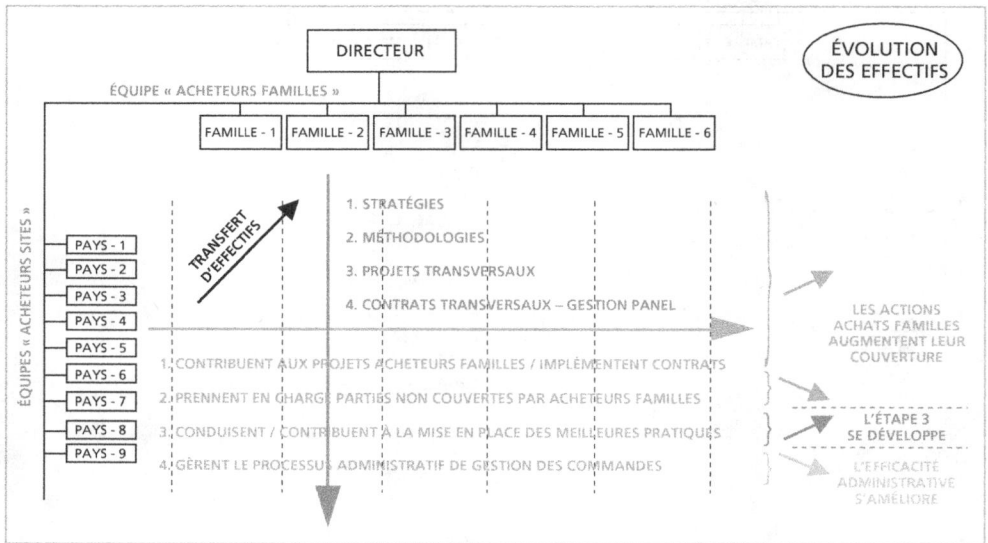

Figure 7.6 – Exemple d'évolution dans une organisation centralisée

L'EXTERNALISATION DE CERTAINES FONCTIONS EN RÉPONSE AUX BESOINS D'ÉVOLUTION DE L'ORGANISATION

Dans cette évolution d'organisation, certains éléments du puzzle peuvent être constitués de « pièces externes », en considérant l'externalisation de certaines fonctions.

Nous n'aborderons pas ici l'*outsourcing* global, externalisation complète de l'organisation Achats hors production, modèle promu surtout aux États-Unis par les grands cabinets de conseil. Ce n'est pas un modèle courant en Europe et il n'est pas approprié à tous les secteurs d'activité et à toutes les familles d'achat.

Nous développerons plutôt l'externalisation de certaines fonctions qui peuvent contribuer efficacement à l'organisation générale du département et permettre d'accélérer son évolution. On pourrait tout aussi bien parler dans ce cas de prestations de services apportées par des partenaires extérieurs, mais dans un cadre de collaboration sur le long terme qui les intègre dans le dispositif général.

Ces apports extérieurs peuvent répondre à divers besoins :

- Renforcer l'amont du processus :
  - massification des volumes ;
  - apport d'expertise et/ou de ressources.
- Optimiser la gestion du quotidien :
  - *sourcing* des besoins non satisfaits par le panel ;
  - gestion des demandes d'achat.
- Se doter d'outils informatiques, cet objectif étant piloté par la direction informatique :
  - dans les phases amont de *sourcing* ;
  - dans le transactionnel d'approvisionnement.

L'ensemble de ces apports extérieurs peut éventuellement se trouver auprès d'un même partenaire, ou auprès de partenaires différents. Il n'y a pas de règle générale, l'analyse est à faire au cas par cas.

Renforcer l'amont du processus

La massification des volumes est un moyen d'obtenir de meilleures conditions financières

Il s'agit ici de confier à un partenaire la gestion d'un portefeuille de familles d'achats, dont il va consolider les volumes avec ceux d'autres sociétés clientes, afin de négocier de meilleures conditions financières. On ne s'intéresse qu'à cette phase amont de négociation qui va aboutir à un contrat cadre, et non pas aux transactions d'approvisionnement qui s'appuieront ensuite sur ce dernier.

C'est un modèle de type « centrale d'achats », à qui l'on délègue la négociation dans le cadre d'un partenariat sur plusieurs années. Le partenaire assume donc la fonction d'acheteur famille pour cette famille d'achat et gère celle-ci au-delà de l'appel d'offres. Il prend en charge les différentes taches postcontrat : suivi de contrat, reporting des consommations, veille du marché des fournisseurs, renégociation ou relance d'appels d'offres. Il faut donc le gérer comme on gérerait un de nos propres acheteurs famille.

© Groupe Eyrolles

Les relations avec le fournisseur de produits ou de services se traduisent géné-ralement de la manière suivante :

- d'une part, un contrat cadre entre le fournisseur et cette « centrale d'achats », formalisant l'accord de prix ;
- d'autre part, un contrat tripartite entre le fournisseur, la « centrale d'achats » et chacun des clients de celle-ci, qui autorise les clients à utiliser le contrat cadre en question.

Par la suite, dans les opérations d'approvisionnement, lors de la passation des commandes, le lien juridique sera direct entre le fournisseur et le client.

Les modes de rémunération peuvent s'appuyer sur différents paramètres : pourcentage sur le chiffre d'affaires, pourcentage sur les économies, partie fixe.

Au-delà de la massification des volumes, souvent la première motivation du client, ce type de partenaire apporte aussi une expertise éprouvée sur la famille d'achat en question, enrichie par sa connaissance des diverses situations de ses sociétés clientes.

La limite du modèle est du côté des fournisseurs. Certains peuvent refuser de rentrer dans le jeu de la consolidation de volume entre plusieurs clients, et n'accepter de négocier avec cette « centrale d'achats » que séparément pour chacun de ses clients. L'intérêt de la démarche est dans ce cas limité si l'on vise le levier de massification. Elle se réduit alors à l'apport d'expertise et/ou de ressources.

L'apport d'expertise et/ou de ressources extérieures ponctuelles ou permanentes contribue à l'efficacité

La grande diversité des sujets couverts par les Achats hors production ne per-met pas à une équipe interne d'être experte dans tous les domaines. La sollici-tation d'experts extérieurs est donc une nécessité. Les sociétés proposant des expertises dans les différents domaines foisonnent et la difficulté est plutôt dans leur sélection en fonction du sujet. Le mode de fonctionnement le plus fréquent est leur utilisation de manière ponctuelle, sur des opérations ciblées.

Un autre type de fonctionnement, plus structurant, est l'établissement d'un partenariat long terme dans des domaines où les besoins sont récurrents, ou nécessitent une expertise spécifique.

Ce type de collaboration est plus proche de la notion d'externalisation d'une fonction qui amène à intégrer le partenaire de manière permanente dans le fonctionnement général de l'organisation Achats, ainsi que dans les procédures internes de l'entreprise.

Un exemple dans les groupes internationaux est le domaine immobilier. Les achats en la matière nécessitent une expertise pointue dans chaque pays, tant sur le plan des usages commerciaux que sur le plan juridique, compte tenu des spécificités de ce type de contrat dans les différents pays. Un partenariat permanent avec une société internationale spécialisée peut être une solution.

Optimiser la gestion du quotidien

Le sourcing des besoins non satisfaits par le panel peut être sous-traité

Un des objectifs de l'organisation Achats est de mettre en place un panel de fournisseurs limité, couvrant la majorité, sinon l'ensemble des besoins de l'entreprise. Il peut arriver cependant que des utilisateurs aient des besoins ponctuels nouveaux, non couverts par le panel en place.

Bien entendu la première action des Achats est d'analyser ces besoins de manière à confirmer qu'ils nécessitent vraiment la recherche d'un nouveau fournisseur. Le problème de la récurrence se pose alors. Un besoin nouveau mais amené à devenir récurrent fera l'objet d'une procédure normale de *sourcing* pour enrichir le panel. Dans le cas contraire, une solution sera de confier cette opération ponctuelle à un partenaire extérieur qui assumera une double fonction :

- *Sourcer* ce besoin ponctuel : trouver un ou plusieurs fournisseurs, faire une demande de prix, négocier. Le partenaire joue alors le rôle d'un service achat externalisé.

- Acheter le produit et ensuite nous le revendre, ce qui permet de ne pas avoir à créer un nouveau fournisseur. Le partenaire joue ici le rôle de fournisseur de toutes ces demandes variées et non récurrentes. Il contribue ainsi à la simplification des processus administratifs dans la mesure où il peut consolider toutes les transactions du mois sur une facture mensuelle unique.

Pour ce type de partenaire, appelé *Procurement Service Provider*, le critère de performance sera la réactivité par rapport aux demandes, plutôt que l'économie financière, difficile à évaluer dans la mesure où l'on est dans du non récurrent. Néanmoins des clauses contractuelles d'audit doivent être prévues, permettant de vérifier que le *sourcing* réalisé aboutisse d'une manière générale à des prix au niveau du marché. Ces audits se font en procédant à des consultations sur quelques opérations déjà conclues.

> Un tel schéma permet à l'équipe Achats de se concentrer sur les principaux enjeux et de transférer à ce partenaire toutes les demandes non récurrentes, dont la grande majorité est de faible valeur. C'est un département Achats externalisé, complémentaire de l'équipe interne.

S'agissant de gestion de transactions et de demande de cotations, le mode de rémunération est peu lié au montant, mais afin de ne pas avoir un coût de prestation disproportionné par rapport à celui-ci, un modèle fréquemment appliqué est un pourcentage du montant de la commande, encadré entre un montant minimal et maximal. On est dans un modèle à coût variable. Sur le plan pratique, ce montant d'honoraire peut être inclus dans la facturation du produit acheté, réglé par le service demandeur, d'où un processus simple et transparent.

Externaliser la gestion de certaines demandes d'achats pour se recentrer sur les enjeux majeurs

La multitude de commandes de faible montant peut consommer une partie non négligeable des ressources du département, disproportionnée par rapport aux montants en jeu. Outre les solutions informatiques pour réduire la charge administrative de ce processus que nous aborderons au chapitre XII, l'externalisation partielle de cette gestion peut être une solution.

Celle-ci peut couvrir les demandes d'achat relatives à certaines familles d'achat, et/ou inférieures à un certain montant. L'objet de la prestation est de les traiter en consultant les fournisseurs au panel, mais éventuellement également d'autres fournisseurs si le panel ne suffit pas. Par comparaison au modèle précédent, il s'agit uniquement d'un apport de ressources pour traiter les demandes, le résultat restant une passation de commande entre l'entreprise et le fournisseur sélectionné.

> On externalise ici le traitement d'un processus qui reste interne et inchangé. Vu sous l'angle achat, on a les mêmes bénéfices que dans le modèle précédent en termes de ressources, l'équipe interne pouvant se concentrer sur les actions à plus grand enjeu. En revanche, on n'a pas de changement par rapport au processus administratif : une demande ponctuelle et non récurrente, que le panel ne peut satisfaire, aboutira ici à la création d'un nouveau fournisseur.

Sur le plan technique, on rencontre principalement deux types d'offres :

- le partenaire utilise le système informatique de gestion des commandes de l'entreprise cliente, auquel on lui donne accès à distance ;

© Groupe Eyrolles

- le partenaire utilise son propre système informatique, techniquement interfacé avec celui de l'entreprise cliente.

Dans ce type de prestation, compte tenu du volume significatif de transactions à gérer, des ressources dédiées sont mises en place par le partenaire, et le mode de rémunération est souvent fondé sur un modèle à coût fixe.

Se doter d'outils informatiques « externes »

Ce point est présenté ici principalement pour compléter le panorama général des morceaux du puzzle qui peuvent être externalisés dans le domaine de la fonction Achats hors production. Néanmoins il s'agit d'applications informatiques, donc des sujets de la responsabilité de la direction informatique, en charge des choix techniques. L'utilisation d'applications informatiques extérieures, dites en mode ASP (*Application Service Provider*) ou SaaS (*Software as a Service*) peut être pour celle-ci soit une solution provisoire permettant de satisfaire rapidement son client interne, soit un choix stratégique permanent dans l'architecture d'ensemble de ses applications.

Outre une mise en place rapide, ce type d'externalisation permet une réduction des coûts informatiques *via* leur mutualisation avec d'autres sociétés utilisatrices, ainsi que leur variabilisation en fonction de l'utilisation de l'application.

Outils dédiés au processus achat

Dans les phases amont, ces outils ne sont pas spécifiques aux achats hors production. Les principales fonctions adressées seront décrites au chapitre XI sur les outils. Elles sont les suivantes :

- gestion du panel de fournisseurs ;
- gestion des appels d'offres : e-RFx (*Request For Information*, *Request For Quotation*) et e-auction pour les enchères inversées ;
- gestion des contrats ;
- gestion des actions d'économie menées par les Achats.

Beaucoup d'outils existent sur le marché, proposés en mode SaaS, « prêts à l'emploi » ou quasiment, car quelques adaptations sont souvent à effectuer. Une telle externalisation d'application permet à l'organisation Achats de se doter rapidement des outils de base indispensables.

Outils dédiés au processus approvisionnement

Les e-catalogues s'imposent

Une part significative des transactions achats dans le domaine hors production est relative à des produits sur catalogue. D'une manière quasi générale, ces derniers font l'objet de catalogues électroniques, mis en ligne par les fournisseurs sur leur propre site Web, et proposés à leurs clients pour passer directement leurs commandes en s'y connectant.

Pour une entreprise qui n'a pas encore entrepris d'intégrer ces possibilités dans ses processus internes, c'est une solution rapide et non coûteuse. Cependant les inconvénients sont nombreux, aux différents niveaux :

- pas de contrôle des prix car ils sont gérés dans le système du fournisseur ;
- trop grande diversité de systèmes à utiliser pour les utilisateurs ;
- pas de circuit d'approbation électronique des dépenses.

À ce jour beaucoup d'entreprises sont encore dotées de systèmes de gestion informatique qui ne gèrent pas les e-catalogues, ou qui pourraient le faire dans une version plus récente de leur progiciel mais sous réserve d'une migration souvent coûteuse.

Des solutions externes existent, proposant l'utilisation d'une application complète de gestion des achats, intégrant les e-catalogues des fournisseurs, mais pouvant aussi servir pour des commandes « hors catalogue », de manière à offrir aux utilisateurs un seul système. On parlera d'application d'*e-procurement*.

> On a ici l'externalisation de la plateforme informatique gérant le processus d'approvisionnement pour les achats hors production, de manière quasi complète. Ce point sera développé plus en détail au chapitre XII sur les outils d'approvisionnement.

L'externalisation de la gestion des e-catalogues peut être une bonne solution

Dans le cas d'entreprises équipées de progiciels informatiques plus complets et plus récents, capable de gérer des e-catalogues en interne, l'externalisation du module de gestion des e-catalogues peut néanmoins présenter des avantages.

En effet la gestion des e-catalogues faite sur ce type de plateforme externalisée offre une série de fonctionnalités très utiles à la fonction Achats :

- fonctionnement collaboratif avec les fournisseurs qui chargent leur e-catalogue sur cette plateforme, avec des systèmes d'alertes par e-mails ;

- des fonctionnalités permettant à l'acheteur de comparer les versions successives des e-catalogues, d'identifier les ajouts ou suppressions d'articles, de lister les variations de prix, de manière à vérifier la bonne prise en compte de ses négociations dans la nouvelle version chargée par le fournisseur.

Ce mode de gestion constitue un point majeur pour les achats hors production, et devient vite indispensable avec la croissance du nombre d'e-catalogues que l'équipe Achats met en place.

De ce fait, l'externalisation de ce composant de l'architecture informatique, l'application de gestion des e-catalogues, peut présenter un intérêt pour l'organisation Achats hors production, même dans les entreprises dotées de progiciels capables de gérer des e-catalogues. Ce type de fonctionnement sera présenté plus en détail au chapitre XII.

Chapitre VIII

Être vendeur avant
d'être acheteur

On ne communique jamais assez, et dans le domaine des achats hors production, cette préoccupation est d'autant plus vraie que c'est souvent une fonction nouvelle dans les entreprises. Son contexte particulier a été vu tout au long de l'ouvrage et, par voie de conséquence, l'attention particulière à mettre dans la démarche de collaboration avec les clients internes. Rappelons-les pour mémoire.

POURQUOI COMMUNIQUER ?

- Les Achats hors production se développent à partir d'un transfert de gestion des services utilisateurs, jusqu'alors autonomes, vers les Achats. Cette situation est souvent ressentie comme une perte de pouvoir par ces services.
- De ce transfert de gestion l'entreprise attend des résultats économiques, et les services utilisateurs seront attentifs à ce que les Achats démontrent la justification du transfert.
- Cette gestion par les Achats ne sera pas une gestion « à l'identique » mais résultera d'une stratégie achat qui amènera à des changements, par exemple dans la consolidation des fournisseurs et dans leurs critères de choix.
- Au-delà de sa première mission d'ordre économique, l'organisation Achats hors production aura à assumer un rôle plus ingrat de « gardien des procédures ».
- Dans l'exercice de ces responsabilités les Achats hors production sont en contact avec tous les services de l'entreprise qui sont ses clients internes.

Tous ces changements seront facilités par un plan de communication à destination des différents niveaux de l'entreprise. Cette démarche de communication dépend bien sûr de la culture de l'entreprise, et doit être définie et structurée en fonction de celle-ci.

COMMENT ET VERS QUI COMMUNIQUER ?

Quelques exemples ci-dessous à titre d'illustration.

La communication à destination des clients internes

La communication vers les clients internes peut prendre différentes formes et s'appuyer sur divers supports, selon la cible et les objectifs.

Le **road show***, un moyen pédagogique pour expliciter la stratégie achat*

Exposer la stratégie générale et l'organisation

À la mise en place de la fonction, ainsi qu'à l'occasion des changements importants, des présentations de synthèse doivent être faites au niveau des diverses directions : direction de branche, direction de division, direction industrielle…

Elles ont pour premiers objectifs :

* d'expliquer les orientations de la stratégie, « ce que l'on va faire » ;
* mais également ses fondements, « pourquoi on le fait ».

Au-delà des présentations des plans d'action généraux, c'est l'opportunité d'une action pédagogique importante qui doit accompagner le transfert de gestion de ce domaine vers les Achats. Elle peut couvrir divers aspects tels que, par exemple, des *success stories* sur des opérations de consolidation des achats, la démarche en trois étapes qui permet « d'élargir le débat », les critères de sélection de fournisseurs, le processus de collaboration avec les clients internes, l'objectif des procédures achat.

Sur le plan pratique c'est une démarche de *road show*, c'est-à-dire de « tournées » auprès des comités de direction des diverses organisations et branches de l'entreprise, pour des présentations générales et échanges au niveau des directeurs. Ce type de *road show* pouvant être fait et démultiplié par les différents responsables de l'organisation Achats, un « kit de communication » préétabli, dont ils extrairont les éléments en fonction de l'auditoire, permettra de garantir l'homogénéité des messages. Ce kit de communication, régulièrement mis à jour au niveau de la direction Achats, est un document de synthèse avec une partie commune à toutes les cibles clientes, une partie spécifique à sélectionner en fonction de l'auditoire.

Cette démarche systématique est surtout nécessaire dans les premiers temps de la mise en place de la fonction. Le réseau qu'elle permet d'établir facilitera ensuite une communication plus informelle et plus ciblée en fonction des sujets.

Présenter des actions spécifiques

Ce type de démarche est applicable également en d'autres circonstances et à d'autres niveaux, comme :

- la présentation de résultats de *benchmarks* : *road show* fait par les acheteurs auprès des usines dont ils ont la charge ;
- la présentation de l'organisation et de la stratégie achat hors production, dans le cadre de l'intégration de nouvelles entités suite à l'acquisition d'entreprises.

Le plan de communication sera construit selon les mêmes principes : « kit de communication » préétabli, planification et suivi du *road show*.

Les revues et plans d'action achat pour coller au plus près des besoins des utilisateurs

Comme nous l'avons vu au chapitre III les plans d'action achat résultent à la fois d'une approche *top-down*, déduite des analyses de l'équipe Achats, et d'une approche *bottom-up*, s'appuyant sur des revues avec les clients internes pour identifier leurs besoins et priorités.

Le caractère systématique de la revue des besoins renforce son efficacité

Ces revues sont une opportunité de communication très grande. Elles touchent directement les équipes opérationnelles des directions utilisatrices. Au-delà des revues impromptues, déclenchées par des événements spécifiques, l'objectif de communication sera renforcé par la mise en place d'un systématisme. Des revues régulières, synchronisées avec le rythme du processus budgétaire de l'entreprise, sont un moyen efficace.

Faire du point d'avancement avec les directions clientes, un rituel

Le corollaire de ces revues et des plans d'action auxquels elles aboutissent, est le point d'avancement avec la hiérarchie des diverses directions utilisatrices. Ici aussi un « rituel » instaurant la présentation d'un point d'avancement au cours des comités de direction des diverses organisations clientes, sur les actions les impactant, participe efficacement à la communication.

Des documents support standard pour la mise en place des projets critiques ou sensibles

De ces plans d'action il peut résulter un certain nombre de projets critiques ou sensibles, pour lesquels la démarche projet présentée au chapitre III sera nécessaire. Les points relatifs à la communication, qui par définition est primordiale dans ce cas, ont été développés dans ce chapitre. Nous les résumons ici pour mémoire.

Le premier acte de communication est la « note de lancement » qui résulte de plusieurs itérations avec les diverses parties prenantes pour définir et organiser le projet. Outre les membres du comité de pilotage et de l'équipe projet, cette note identifie également la liste des autres personnes qui doivent être informées.

La communication interne au projet, pendant son déroulement, s'appuie sur les comptes rendus de réunion, et sur des étapes jalons clés réunissant le comité de pilotage, dont les décisions sont ensuite documentées et diffusées.

Elle se conclut par des actions de communication importantes pour la mise en place des décisions prises, s'appuyant sur l'élaboration et la diffusion des documents suivants :

• le kit de déploiement destiné aux équipes en charge de la mise en place ;

• le kit de communication, à plus large audience, destiné à informer tous les services impactés par les décisions consécutives au projet.

Le rapport d'activité et les tableaux de bord pour maintenir la communication

Il s'agit ici d'un rapport d'activité périodique, par exemple mensuel, qui résume les faits marquants de la période et présente divers tableaux de bord. Parmi ceux-ci il y a, bien sûr, ceux relatifs aux économies réalisées, présentés systématiquement, mais également ceux relatifs aux actions essentielles en cours, plus épisodiques.

Ce type de rapport d'activité est le support de communication le plus large et le plus systématique. Il est régulier et diffusé auprès de tous les responsables de départements clients, soit presque tous les services de l'entreprise, ainsi qu'aux membres de l'organisation Achats.

Sur le plan pratique il doit cibler trois niveaux d'interlocuteurs : direction générale, responsables des services utilisateurs, contrôleur financier de ces services.

Il peut être constitué de trois parties :

• Un résumé d'une page reprenant les principaux faits marquants et des tableaux de bord très synthétiques. Seul cet *executive summary* est distribué au niveau de la direction générale.

- Un développement des principaux projets et actions en cours, mentionnant également les personnes en charge, de manière à faciliter la communication pour les lecteurs qui souhaitent en savoir plus. C'est aussi un moyen de reconnaissance des acteurs menant le projet.
- Le fichier détaillé et exhaustif des actions terminées et en cours, à destination des contrôleurs financiers, pour leur gestion budgétaire.

L'Intranet donne à la communication achat une dimension élargie

L'Intranet est un outil communément utilisé pour gérer des espaces collaboratifs à accès restreint, mais également pour mettre de l'information à disposition du « grand public » de l'entreprise. Il permet de publier les documents de synthèse sur la stratégie, l'organisation, les rapports d'activité, les kits de déploiement et de communication, ainsi que de mettre à disposition les divers plans d'action en cours.

La communication interne au service de l'organisation Achats

Au-delà des réunions régulières de services aux différents niveaux et autres échanges au fil de l'eau, un certain nombre de supports peuvent faciliter et structurer la communication interne à l'organisation Achats, surtout dans une organisation en permanente évolution. Nous retiendrons deux exemples :

- les tableaux de bord internes ;
- un « manuel de référence ».

Tirer profit des tableaux de bord pour synthétiser les messages

Nous avons vu plus haut qu'un certain nombre de tableaux de bord faisaient l'objet d'une large diffusion auprès des clients internes. D'autres actions importantes menées peuvent être de nature strictement interne, organisationnelle par exemple, et donc n'intéressant pas *a priori* les clients internes. Certains exemples sont présentés au chapitre X : suivi des couvertures panel, suivi de l'utilisation des ressources.

Ces tableaux de bord suivis au niveau du management de l'organisation Achats sont aussi un outil de communication interne au sein de l'équipe.

Développer un « manuel de référence » comme source détaillée d'information

Très pratique pour les nouveaux arrivants, mais également source d'information pour des présentations vers le client interne, c'est un point d'entrée dans l'organisation. Il récapitule tous les éléments de base et renvoie vers les documents détaillés correspondants.

Il peut couvrir par exemple :

- La mission de l'organisation, le périmètre couvert et les points clés de la stratégie générale. Il renvoie vers les documents de stratégie spécifiques à chaque domaine.

- L'organisation, ses principes ainsi que les rôles et responsabilités. Il renvoie vers les définitions de fonctions détaillées.

- Les relations et le mode de fonctionnement avec d'autres fonctions supports de l'entreprise.

- La liste des règles régulant l'activité achat et des documents correspondants : code éthique, procédures achat et autres procédures qu'un acheteur doit connaître.

- Les méthodes et processus de fonctionnement, ainsi que les outils informatiques utilisés, leur fonction et couverture. Il renvoie vers les documentations respectives.

- Les modules de formation disponibles au sein du service ou de l'entreprise répondant aux éventuels besoins des acheteurs.

Chapitre IX

L'intégration du développement durable : une « nouvelle frontière »

OLIVIER MENUET

LA DÉMARCHE DE DÉVELOPPEMENT DURABLE EN ÉVOLUTION

D'un sujet annexe à la prise de conscience effective

La cinquième édition du baromètre des achats responsables (l'European Sustainable Procurement Barometer) développé par HEC Paris et EcoVadis, réalisée en 2011, montre une évolution significative de la prise en compte du développement durable par les directeurs Achats des grandes entreprises européennes.

La pratique des achats responsables passe de la septième position en 2003 à la quatrième position en 2011, avec 92 % des suffrages. Elle est positionnée juste après la réduction des risques. Et les achats hors production arrivent en tête, devant les achats de production (figure 9.1). Cette montée en considération s'explique tant par le souci pour l'entreprise d'éviter les risques en termes d'image, qui traduit l'évolution de l'opinion publique et donc des clients, que par la pression des nouvelles réglementations (figure 9.2) auxquelles elle est maintenant soumise.

In you organization, what is the importance-level of implementing Sustainable Procurement practices ?

Priority #7 — 40 % — 2003
Priority #5 — 63 % — 2005
Priority #3 — 89 % — 2007
Priority #3 — 90 % — 2009
Priority #4 — 92 % — 2011

What are the main objectives of you Procurement organisation in 2011 ?

Critical   Important

Objective	Critical	Important
Cost reduction (indirect spend)	48 %	51 %
Cost reduction (direct spend)	51 %	43 %
Reduce risks	36 %	57 %
Implement Sustainable Procurement practices	20 %	72 %
Cash flow improvement	19 %	67 %
Contribute to innovative products/services	25 %	60 %
Improve compliance	19 %	65 %

1 - Réduction des coûts
2 - Réduction des risques
3 - Achats responsables
Création de valeur

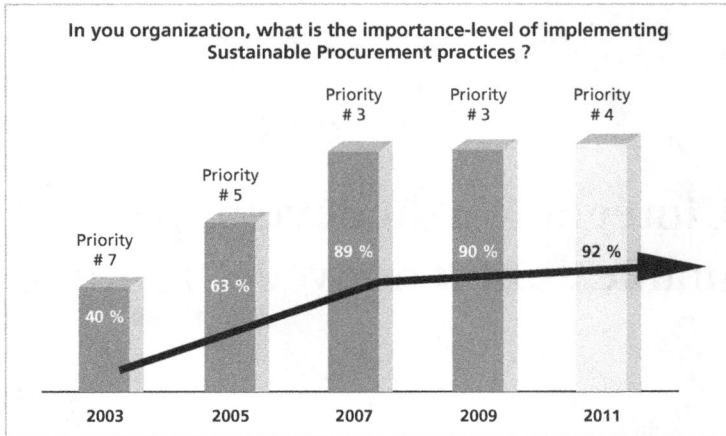

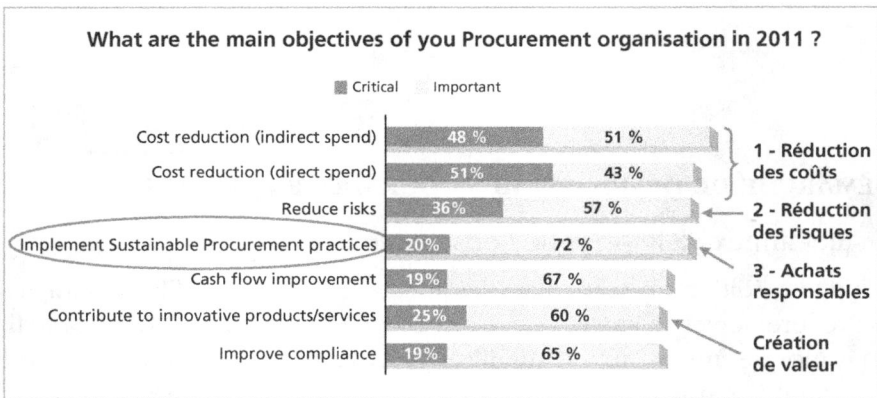

Figure 9.1 – Baromètre achats responsables (HEC-EcoVadis – 2011)

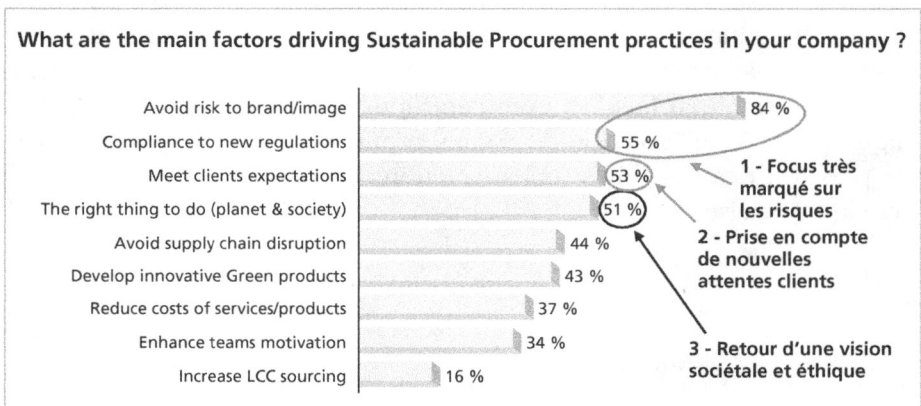

What are the main factors driving Sustainable Procurement practices in your company ?

Factor	%
Avoid risk to brand/image	84 %
Compliance to new regulations	55 %
Meet clients expectations	53 %
The right thing to do (planet & society)	51 %
Avoid supply chain disruption	44 %
Develop innovative Green products	43 %
Reduce costs of services/products	37 %
Enhance teams motivation	34 %
Increase LCC sourcing	16 %

1 - Focus très marqué sur les risques
2 - Prise en compte de nouvelles attentes clients
3 - Retour d'une vision sociétale et éthique

Figure 9.2 – Motivations identifiées (HEC-EcoVadis – 2011)

Le développement durable n'est donc plus un sujet anodin ni annexe. Il s'agit d'un véritable engagement au regard des enjeux du monde qui nous entoure. Car ces enjeux sont importants et graves, et ils nous impliquent tous, au niveau individuel, dans nos sociétés et dans notre vie au travail.

Les trois composantes du développement durable déclinées

Le développement durable s'appuie sur trois piliers principaux, décrits en figure 9.3 :

- la performance environnementale ;
- la performance sociale et sociétale ;
- la performance économique.

Au niveau de l'entreprise le développement durable peut se définir comme la RSE, la Responsabilité Sociale des Entreprises.

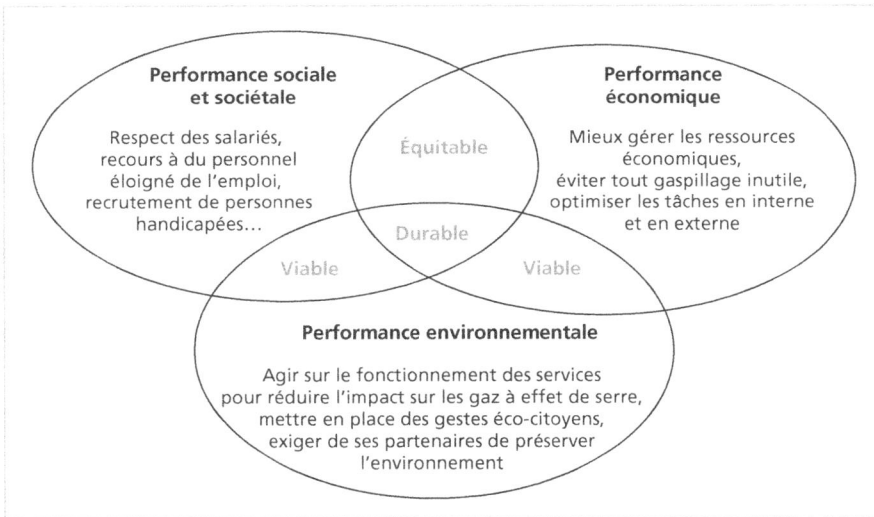

Source : Pratique de l'achat durable (WEKA – 2010)

Figure 9.3 – Les trois composantes du développement durable

Comment les Achats peuvent-ils intégrer en leur sein ces nouvelles dimensions, et les décliner pour créer de la valeur sur le long terme, valeur au sens « éthique », valeur au sens « valeur ajoutée » ?

Après être passée par plusieurs stades de maturité, la fonction Achats s'engage dans une nouvelle vision d'avenir autour du *risk management* et de la création de valeur. Gageons que les Achats sauront intégrer toutes les dimensions stratégiques et opérationnelles du développement durable.

Ces dimensions peuvent déjà se décliner en :

- Achats éthiques : par le respect des normes internationales (droits de l'homme), des droits sociaux fondamentaux, des règles d'hygiène et de sécurité, par la préservation de l'environnement, la lutte contre la corruption.

- Achats efficients : par l'intégration d'une dimension analyse de cycle de vie (ACV) au-delà de l'approche classique du coût complet. C'est une approche nouvelle et importante. Elle intègre l'évaluation des impacts environnementaux d'un produit sur l'ensemble du cycle de vie *cradle to grave* (du berceau à la tombe). Cela peut aller jusqu'à des approches plus holistiques telles que la démarche *cradle to cradle* (du berceau au berceau) où le produit obsolète, arrivé en fin de vie, devient la matière première d'une autre industrie et est ainsi réutilisé dans un cercle vertueux.

- Achats verts : par le choix de produits plus respectueux de l'environnement. Privilégier les éco-achats, lutter contre la pollution, recycler et gérer la fin de vie des produits, réduire l'empreinte écologique… sont autant d'actions pour le respect de l'environnement.

- Achats solidaires : par le recours au secteur protégé et adapté (entreprises employant des salariés en situation de handicap), et au secteur de l'insertion (public éloigné de l'emploi : insertion professionnelle par l'activité économique).

- Achats équitables : par la contribution au commerce Nord-Sud en rémunérant équitablement les producteurs de base dans les pays pauvres.

À l'instar d'autres domaines tels que la qualité, certaines des exigences que l'entreprise se fixe à elle-même sont applicables à ses propres fournisseurs. En effet, une entreprise qui développe pour elle-même ces exigences, en matière éthique par exemple, ne pourra se permettre d'avoir des fournisseurs qui ne les respectent pas, venant ainsi ternir son image.

C'est un risque supplémentaire et un nouvel aspect à prendre en compte dans l'évaluation des fournisseurs. Des organismes de certification intègrent d'ailleurs ce type d'audit fournisseurs dans leur démarche.

Cadre réglementaire et écolabels garantissent le respect des critères de développement durable

Les entreprises sont amenées à intégrer ces préoccupations de développement durable dans leurs stratégies, du fait du cadre normatif et réglementaire national et international qui s'est progressivement mis en place et continue de se développer. Il se traduit sous forme de préconisations, de normes et de lois. Elles sont listées, de façon non exhaustive, au tableau figure 9.4.

Par ailleurs un ensemble d'écolabels se développe pour valoriser la conformité des produits aux critères du développement durable. Ces écolabels deviennent un outil indispensable dans la démarche achat. La norme de référence en la matière est l'ISO 14024. Beaucoup de pays disposent d'un label officiel. Le Global Ecolabelling Network (GEN) tient à jour sur son site *www.globalecolabelling.net* la liste complète de tous les systèmes nationaux.

GRI (Global Reporting Initiative)	Norme volontaire internationale qui propose des lignes directrices pour la réalisation de rapports de développement durable. Initiative lancée en 1997 et soutenue par le programme des Nations unies pour l'environnement, utilisée par des milliers d'entreprises dans le monde. *Cf. www.globalreporting.org.*
Global Compact (Pacte mondial)	Accord volontaire international lancé par l'ONU (Kofi Annan) en 1999, regroupant des entreprises et des collectivités, autour de 10 principes éthiques organisés autour de 4 axes : droits de l'homme, droit du travail, respect de l'environnement, lutte contre la corruption. *Cf. www.unglobalcompact.org/Languages/french/index.html.*
Principes directeurs de l'OCDE	Accords volontaires internationaux. Recommandations aux entreprises pour une gestion responsable, incluant l'économique, le social et l'environnemental.
Conventions de l'OIT (Organisation Internationale du Travail)	Réglementation internationale qui statue sur les conditions de travail dans les 183 États membres.
ISO 26000 (novembre 2010)	Norme relative à la responsabilité sociétale des organisations, c'est-à-dire qui définit comment les organisations peuvent et doivent contribuer au développement durable. Selon D. Gauthier, président de la commission Responsabilité sociétale à l'Afnor : « La 26000 n'est pas un document amené à faire l'objet de certifications, c'est un document qui tiendra compte de la diversité des situations (…). C'est un outil de progrès dans une logique de responsabilité sociétale et de progrès permanent et participatif, respectueux de l'environnement, respectueux des agents, et des hommes et des femmes à l'extérieur, tout en assurant la pérennité économique. Nous sommes dans une logique d'ouverture et d'évolution de culture. »
Grenelle de l'environnement (France 2007/2011)	Depuis 2007, le Grenelle de l'environnement a permis d'engager un processus de concertation avec toutes les parties concernées par les problématiques environnementales : État, ONG, collectivités locales, syndicats et entreprises. …/…

…/…

Grenelle de l'environnement (France 2007/2011)	Une consultation a été réalisée et 268 engagements ont été portés par le président de la République. Par la suite, 34 comités opérationnels ont été mis en place pour proposer des actions concrètes pour mettre en œuvre ces engagements. Puis, le Grenelle de l'environnement a été décliné en 2 lois : la loi Grenelle 1 et la loi Grenelle 2. Aujourd'hui, le Grenelle de l'environnement se traduit par des réalisations concrètes partout sur le territoire français dans tous les secteurs d'activité. Face à l'urgence d'agir conte la dégradation de l'état de notre planète, la loi de programmation relative à la mise en œuvre du Grenelle de l'environnement dite « loi Grenelle 1 » a été promulguée le 3 août 2009. Elle propose, à travers 57 articles, des mesures touchant les secteurs de l'énergie et du bâtiment, des transports, de la biodiversité et des milieux naturels, de la gouvernance et enfin des risques pour l'environnement et la santé. Les engagements du Grenelle de l'environnement se retrouvent dans 5 grands textes législatifs, sans compter les lois de finances : la loi Grenelle I, la loi sur la responsabilité environnementale, la loi OGM, la loi d'organisation et de régulation des transports ferroviaires, et la loi Grenelle II. Ces textes de lois se complètent, se répondent et s'enrichissent mutuellement pour former un ensemble législatif sans équivalent sous la Ve République.
Norme SA 8000 (Social Accountability International)	Exigences en matière de responsabilité sociale de l'entreprise. Elle précise les règles en matière de travail forcé, de travail des enfants, d'hygiène et de sécurité, de liberté syndicale, de discrimination, de pratiques disciplinaires, de temps de travail, de rémunérations, et du système de management. *Cf. www.cepaa.org.*
Norme ISO 14001	Norme volontaire internationale : référentiel d'organisation du système de gestion de l'environnement dans un esprit d'amélioration continue. *Cf. www.iso.org.*
EMAS (Eco-Management and Audit Scheme)	Norme volontaire européenne : reporting environnemental que les sociétés adhérentes doivent effectuer. *Cf. www.emas.org.uk.*
Afnor – Norme SD 21000 (2003)	Guide de référence du développement durable pour les entreprises. Intégration dans la stratégie et le management, administrations et organisations.
Afnor – Fascicule de documentation FD X50-135 (décembre 2009)	« Lignes directrices pour l'intégration des enjeux du développement durable dans la fonction Achats. » C'est la « petite sœur » de la SD 21000 (*Sustainable Development*), et son surnom est donc tout naturellement SP 21000 (*Sustainable Procurement*, pour « achats durables » en anglais).

…/…

...\/...

Loi NRE (France 2002)	À ce jour seul cadre législatif contraignant les entreprises cotées, ayant leur siège en France, à rendre compte de leurs pratiques sociales et environnementales.
Grenelle de l'insertion (France 2008)	Initiative menée par Martin Hirsch (haut-commissaire aux Solidarités actives contre la pauvreté). S'inscrit dans le prolongement du Grenelle de l'environnement : il convient désormais d'appliquer la notion de développement durable à la richesse des ressources humaines à valoriser et à développer.
Loi sur le handicap (France 11/02/2005)	Obligation : 6 % de travailleurs handicapés dans l'effectif total. 3 % peuvent être valorisés *via* l'achat auprès du secteur protégé et adaptés au travers des équivalents emploi. Secteur protégé = Entreprises adaptées (EA) du secteur concurrentiel, et ESAT (Établissements et Services d'Aide par le Travail), centres médico-sociaux.
REACH (Registration, evaluation and authorisation of chemicals) (Europe 2006)	Règlement du Parlement européen et du Conseil de l'Union européenne, adopté le 18 décembre 2006, qui modernise la législation européenne en matière de substances chimiques, et met en place un système intégré unique d'enregistrement, d'évaluation et d'autorisation des substances chimiques dans l'Union européenne. Son objectif est d'améliorer la protection de la santé humaine et de l'environnement, tout en maintenant la compétitivité et en renforçant l'esprit d'innovation de l'industrie chimique européenne.
Code des marchés publics (France 2006)	Incite les acheteurs publics à intégrer une dimension durable à leurs achats. La commande publique représente environ 10 % du PIB. Elle constitue donc un puissant levier pour favoriser la prise en compte du développement durable par les entreprises. Le Code des marchés publics fait directement référence au développement durable (articles 5 et 14) et autorise pleinement l'intégration de critères environnementaux aux stades clés de la procédure, notamment par l'insertion de spécificités techniques de l'article 6.
Directive européenne DEEE (Déchets d'Équipements Électriques et Électroniques) (2003)	Responsabilité des producteurs pour la collecte et le traitement des déchets.
Norme BS OHSAS (British Standard Occupational Health and Safety Assessment Series) 18001	Modèle de Système de Management de la Santé et de la Sécurité au Travail (SMS&ST), autrement dit de prévention de risques professionnels.

Figure 9.4 – Cadre normatif et réglementaire du développement durable

Au-delà des normes que la fonction Achats doit intégrer dans la pratique de son métier, le développement durable représente une opportunité pour les acheteurs.

LES ENJEUX DE LA DÉMARCHE DÉVELOPPEMENT DURABLE

Faire des achats un levier économique fort

L'acheteur peut agir sur trois variables principales : le choix des produits, le choix des fournisseurs, les pratiques d'utilisation.

Ces choix résultent de la contrainte de maîtriser les coûts – notamment du fait de la très forte variabilité des prix des matières premières depuis quelques années –, de la volonté de maîtriser les risques – risques de boycott d'une société non éthique – et surtout de la possibilité d'accroître ses revenus.

Selon le contexte, le marché, la maturité de l'entreprise, l'acheteur peut inté-grer progressivement cette dimension de développement durable. D'acheteur simplement sensibilisé à acteur et leader du changement, il sera plus ou moins impliqué et performant, ce qui laissera le temps d'adaptation nécessaire à l'entreprise pour évoluer.

L'engagement de la fonction Achats impacte les différents acteurs – prescrip-teurs, fournisseurs et approvisionneurs – qu'elle invite, ou oblige sous peine de changer de partenaires, à modifier leurs comportements. Elle peut sensibili-ser les donneurs d'ordres en orientant leur offre, former les acheteurs à ces pratiques durables, améliorer la performance des fournisseurs en la matière et s'assurer de l'accès à l'information des utilisateurs. Les achats représentent donc un levier économique fort de mise en œuvre du développement durable.

Intégrer la dimension développement durable dans les achats n'est pas un choix anodin, un luxe que s'offrent quelques entreprises. C'est une manière de repenser la fonction Achats, et plus largement la place et les relations qu'entretient l'entreprise dans son secteur : réputation, positionnement de la qualité de ses produits, vision de son mode de relation avec les parties pre-nantes et de son rôle dans le monde en général.

Évaluer le coût global

Une idée communément répandue est le surcoût entraîné par une approche développement durable ; sans aller toujours jusqu'à une approche analyse de cycle de vie, une approche classique de coût complet démontre assez souvent le contraire. Ce n'est cependant pas toujours le cas. Une approche plus large, prenant en compte des paramètres pas toujours facilement quantifiables au premier abord, permettra de dépasser la démarche strictement économique.

Cette situation est comparable à l'évolution constatée dans le domaine de la qualité à ses débuts. Les mêmes freins ont été rencontrés et seule la prise en compte du coût de la non-qualité – et la mise en place de sa mesure dans les entreprises –, a permis l'intégration de ce concept global. Aujourd'hui, la qualité est rentrée dans les standards pour les entreprises, pour leurs fournisseurs, pour leurs clients, et plus personne ne se pose la question de son coût. Le développement durable suit la même évolution.

Créer de la valeur

Une étude récente de PriceWaterhouseCoopers en association avec EcoVadis et l'INSEAD (voir bibliographie) a démontré que le retour sur investissement d'une démarche d'achats responsables était très significatif, sur chacun des trois axes suivants :

- réduction de coûts ;
- réduction de risques ;
- augmentation du chiffre d'affaires.

Ce panorama international est l'illustration parfaite que face à une problématique donnée il faut souvent se mettre en mode de pensée *think out of the box*, chère à Albert Einstein qui affirmait : « On ne peut pas résoudre un problème avec le même état d'esprit qui l'a créé ». Ainsi, ceux qui voient le développement durable comme un mal nécessaire, une danseuse, ou un caillou dans la chaussure, devraient voir la véritable opportunité que cette nouvelle discipline apporte au métier des achats, et qui pourrait très probablement lui permettre de gagner ses lettres de noblesse dans les entreprises en démontrant son impact sur la création de valeur sur le long terme !

LA STRATÉGIE ACHAT AU SERVICE DE LA DÉMARCHE

Intégrer les composantes du développement durable en amont

Les différentes composantes de la démarche développement durable doivent être intégrées très en amont dans la réflexion d'une stratégie achat. Chaque famille d'achat doit faire l'objet d'une analyse qui positionne et précise les enjeux en la matière par rapport à ce domaine, et identifie ensuite les leviers d'amélioration qu'un acheteur pourra activer. Cette réflexion intégrera aussi la connaissance du cadre réglementaire et du marché.

La définition d'une stratégie achat inclura donc la formalisation de tous ces éléments, à destination des acheteurs qui auront à travailler dans ce domaine.

Un exemple d'un tel guide est présenté en figure 9.5. Il s'agit d'une fiche traitant la famille d'achat « vêtements professionnels ». Nous nous sommes limités au sommaire détaillé afin simplement d'en illustrer le type de contenu.

Fiche Adésia

Dernière mise à jour : Juillet 2010

LA PLATEFORME SNCF DES ACHATS DURABLES ET SOLIDAIRES
DDAD – Direction Déléguée Achats Durables et Solidaires

Fournitures

Vêtements professionnels

Sommaire

Produits concernés : Cette famille concerne les vêtements d'image et les vêtements de travail hors HV (Haute Visibilité)

Document SNCF – Tous droits réservés

Fiche Adésia – Vêtements professionnels – page 1

Enjeux Développement Durable

Impacts environnementaux

Production de la fibre

Filature, tissage/tricotage, ennoblissement et confection

Logistique

Utilisation du vêtement

Principaux impacts environnementaux au cours du cycle de vie des vêtements professionnels

	Consommation et pollution de l'eau	Pollution de l'air	Consommation d'énergie et émission de gaz à effet de serre	Déchets solides
Production des fibres	b	a	b	a
Filature	–	a	a	b
Tissage-Tricotage	–	–	a	a
Ennoblissement	c	b	b	a
Coupe et confection	–	a	a	c
Accessoires	b	a	a	a
Emballage	–	–	–	c
Transport et logistique	–	b	c	a
Entretien	c	a	c	–
Fin de vie	–	a	a	c

Lecture : – : contribution non significative à l'impact considéré ;
a : contribution significative à l'impact considéré
b : contribution élevée à l'impact considéré
c : contribution très élevée à l'impact considéré

Source : Guide vêtement professionnel du MINEFE

Risques sociaux

Santé des personnes

Conditions d'emploi et de travail

Opportunités sociétales

Secteur Protégé et Adapté

Commerce équitable et coton biologique

Document SNCF – Tous droits réservés

Fiche Adésia – Vêtements professionnels – page 2

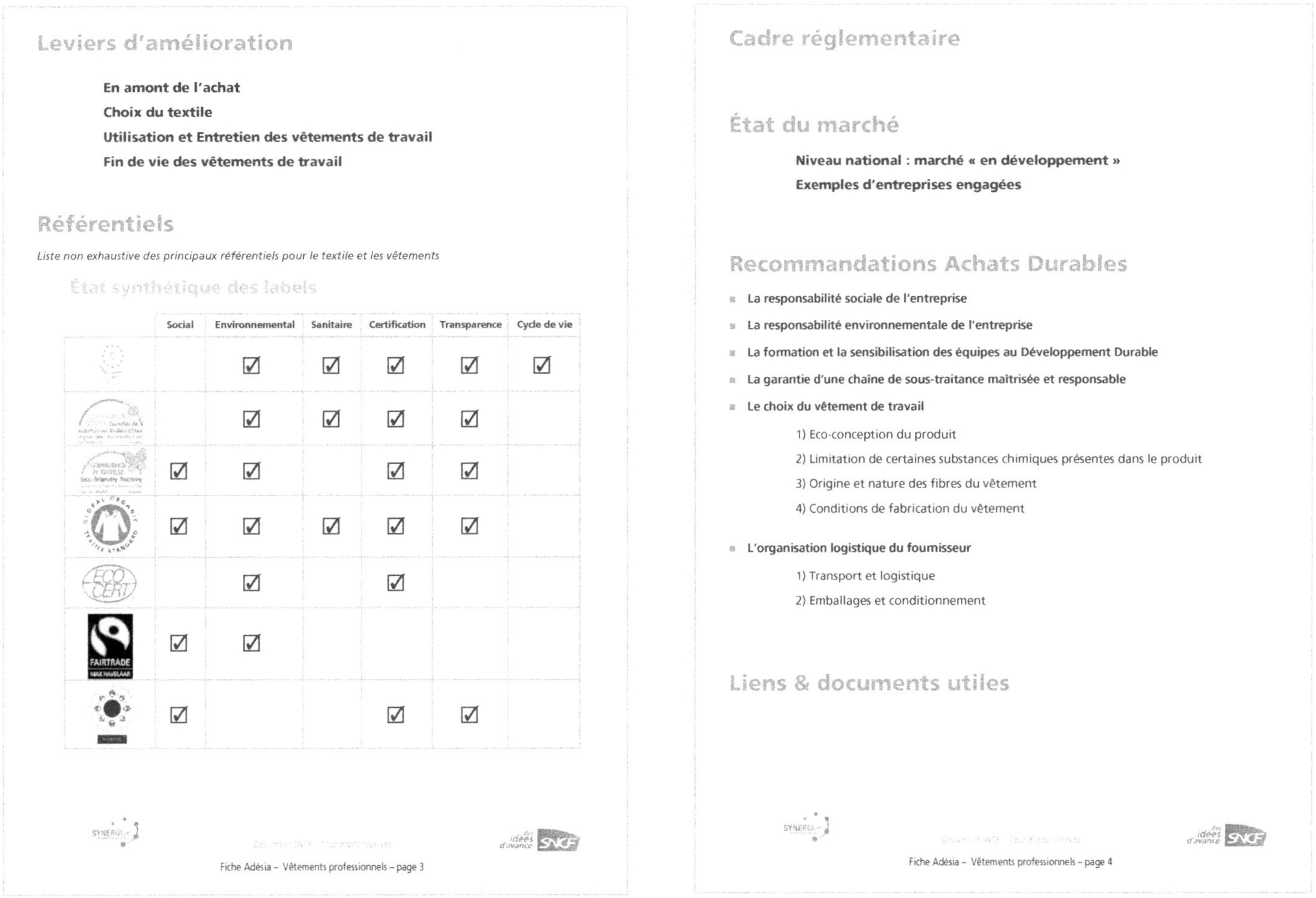

Leviers d'amélioration

En amont de l'achat
Choix du textile
Utilisation et Entretien des vêtements de travail
Fin de vie des vêtements de travail

Référentiels

Liste non exhaustive des principaux référentiels pour le textile et les vêtements

État synthétique des labels

	Social	Environnemental	Sanitaire	Certification	Transparence	Cycle de vie
		☑	☑	☑	☑	☑
		☑	☑	☑	☑	
	☑	☑		☑	☑	
	☑	☑	☑	☑	☑	
ECO CERT		☑		☑		
FAIRTRADE MAX HAVELAAR	☑	☑				
	☑			☑	☑	

Fiche Adésia – Vêtements professionnels – page 3

Cadre réglementaire

État du marché

Niveau national : marché « en développement »
Exemples d'entreprises engagées

Recommandations Achats Durables

- **La responsabilité sociale de l'entreprise**
- **La responsabilité environnementale de l'entreprise**
- **La formation et la sensibilisation des équipes au Développement Durable**
- **La garantie d'une chaîne de sous-traitance maîtrisée et responsable**
- **Le choix du vêtement de travail**
  1) Eco-conception du produit
  2) Limitation de certaines substances chimiques présentes dans le produit
  3) Origine et nature des fibres du vêtement
  4) Conditions de fabrication du vêtement
- **L'organisation logistique du fournisseur**
  1) Transport et logistique
  2) Emballages et conditionnement

Liens & documents utiles

Fiche Adésia – Vêtements professionnels – page 4

Figure 9.5 – Exemple de fiche : « vêtements professionnels »

Améliorer la performance sociale

Dans le cadre de cette stratégie, le recours au secteur adapté et protégé (achats auprès d'entreprises employant des personnes en situation de handicap), qui constitue un des axes du pilier social du développement durable, devient une composante importante. Elle est classée en 4e position *ex æquo* dans l'enquête 2010 de l'Observatoire sur la responsabilité sociétale des entreprises (ORSE).

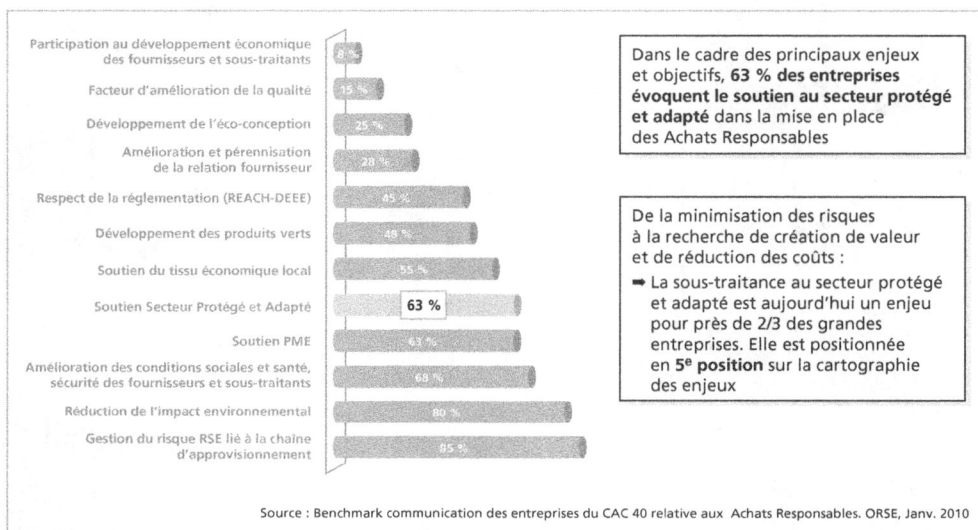

Source : Benchmark communication des entreprises du CAC 40 relative aux Achats Responsables. ORSE, Janv. 2010

Source : Thèse professionnelle – « Opportunités du recours au secteur protégé et adapté »,
Paula Barreira (IMA - Ingénierie et Management des achats 2010)

Figure 9.6 – Cartographie des enjeux évoqués en matière d'achats responsables

Afin de réaliser son *sourcing* achats solidaires, l'acheteur pourra se référer à la plateforme Pas@Pas, qui a été créée pour faciliter les relations entre donneurs d'ordres (entreprises clientes) et fournisseurs de l'économie sociale et solidaire, dont l'identification est parfois difficile.

Pas@Pas : « Pour des Achats Solidaires, par des Professionnels des Achats et de la Solidarité ». *www.achats-pas-a-pas.fr.*

Exemples d'application de la démarche développement durable à la SNCF

Les achats hors production, de par leur diversité et leur source de fournisseurs souvent locale, présentent beaucoup d'opportunités dans cette démarche développement durable.

En matière de performance environnementale et économique

Quelques exemples de mise en œuvre :

– Les caniveaux pour câbles : le remplacement progressif des caniveaux en béton par des caniveaux en composite. Bien que plus coûteux à l'achat, l'installation est extrêmement simplifiée du fait du poids plus faible, et permet une division par 2 du coût total de mise en œuvre. Le bilan carbone est divisé par 2,5 et, par ailleurs, certains fabricants utilisent des matériaux recyclés.

– Les ascenseurs, portes et escaliers mécaniques : dans le cadre de l'attribution d'un marché le développement durable a été pris en compte, *via* des critères techniques tels que les consommations électriques, l'éclairage LED, le bac de rétention d'huile avec séparateurs, la prise en charge de la gestion des déchets. L'approche en coût global a abouti à une économie qui se compte en millions d'euros.

– Le papier ramette : la totalité du papier est 100 % éco-responsable depuis 2008. Ce papier est issu de forêts gérées durablement, et traité sans chlore élémentaire. Le gain économique à l'achat de ce papier éco-responsable a été de 10 %.

– Le conditionnement des sièges dans le cadre de la rénovation des trains : le remplacement des 30 000 emballages en carton perdus par des agrès métalliques réutilisables et valorisables en fin de vie.

En matière de performance sociale et sociétale

- Le montant des achats auprès du secteur protégé et adapté a doublé en 2 ans pour passer en 2010 à 10,6 M€ (soit 535 équivalents emplois).

- Le taux d'emploi Handicap SNCF est passé à 3,43 %, et l'économie sur la contribution à l'Association de gestion du fonds pour l'insertion professionnelle des personnes handicapées (AGEFIPH) a été de 2,9 M€.

- L'insertion par l'activité économique s'est traduite à fin 2010 par 49 marchés indirects (clause d'insertion) et 64 marchés directs, qui ont généré 195 000 heures d'insertion, soit 109 équivalents temps plein (ETP).

Quelques exemples de mise en œuvre :

– La gestion des courriers clients : une entreprise du secteur adapté a été retenue suite à un appel d'offres. La prestation a été conforme aux critères de qualité définis, et la compétitivité de l'offre a permis une économe significative.

– La collecte et la valorisation des déchets d'équipements électriques et électroniques (DEEE) : le contrat cadre a été attribué à l'échelle nationale à deux entreprises dans le cadre d'une action achats solidaires auprès du secteur protégé et adapté, et du secteur de l'insertion par l'activité économique. Cette action permet de générer l'équivalent à l'emploi de 10 personnes handicapées, tout en produisant un gain direct de 5 % par rapport au précédent contrat.

PILOTER LE DÉPLOIEMENT DE LA DÉMARCHE

Il faut prendre du plaisir à ce type d'actions, mais il faut aussi être très rigoureux dans cette démarche car elle consiste en une véritable conduite du changement et en la création d'une nouvelle composante du métier de l'acheteur.

À titre d'exemple, le processus mis en place à la SNCF est le suivant : la gouvernance au sein de la direction Achats s'organise autour d'un tableau de bord fondé sur les indicateurs de performance des cinq axes du programme SynergiA, par rapport aux objectifs annuels fixés. Ces objectifs globaux sont déclinés dans les objectifs individuels de performance de tous les collaborateurs.

En ce qui concerne le développement durable, un exemple de tableau de bord est présenté à la figure 9.7.

Trois indicateurs dont l'agrégation permet de mesurer un taux de pénétration du développement durable dans les achats selon trois axes :

* Axe A. La conduite du changement :
  – Le nombre d'objectifs individuels annuels comportant des objectifs achats durables.
  – Le déploiement d'une feuille de route achats durables et solidaires dans chaque entité Achats, reposant sur trois piliers : l'identification des enjeux développement durable de l'entité, les échanges réguliers avec les clients internes sur les objectifs et les dossiers stratégiques et le dialogue avec les fournisseurs pour les entraîner dans la démarche.
  La feuille de route est élaborée et pilotée par le manager de l'entité qui évalue son taux d'avancement chaque trimestre.
* Axe B. L'intégration du développement durable dans les stratégies achat : le taux de familles au sein du portefeuille achats dont la stratégie fait l'objet d'un travail d'intégration du développement durable et son niveau d'avancement.
* Axe C. Le déploiement de ces stratégies achats durables dans les appels d'offres : le taux d'appels d'offres comportant des critères développement durable sur l'ensemble des marchés attribués chaque trimestre et le poids de ces critères dans le choix des fournisseurs, les cahiers des charges et la notation des offres en phase d'attribution des marchés.

Le montant en euros des achats solidaires : le montant des achats passés auprès du secteur protégé et adapté – fournisseurs qui emploient des salariés en situation de handicap – et du secteur de l'insertion par l'activité économique – personnes éloignées de l'emploi.

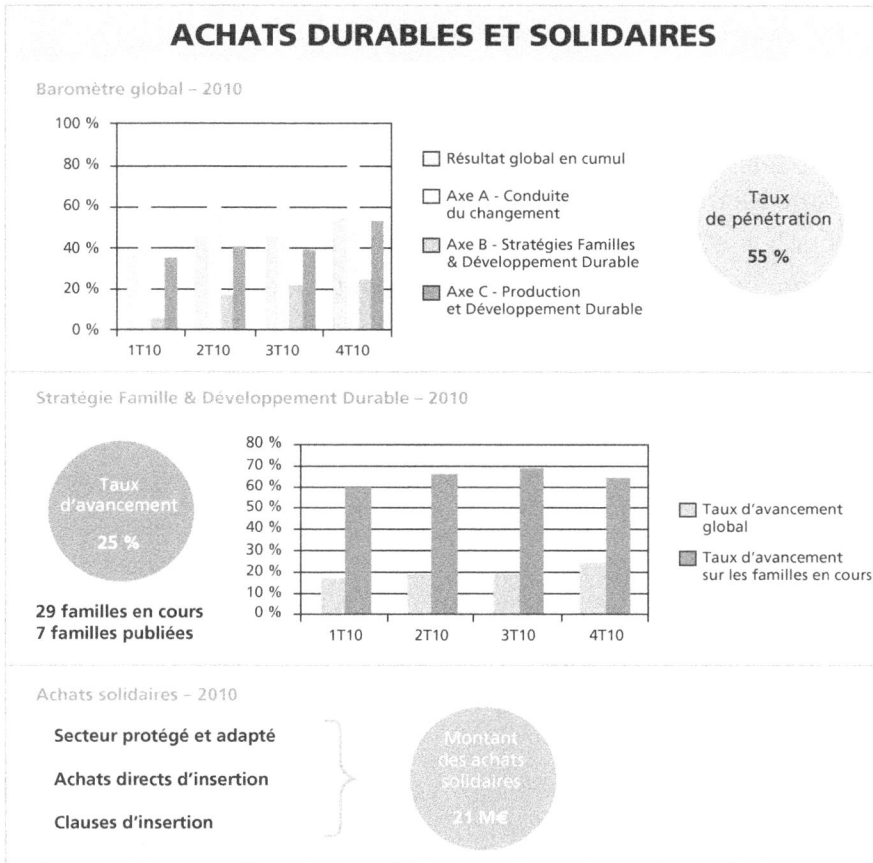

Figure 9.7 – Exemple de tableau de bord

QUAND L'ENGAGEMENT EN MATIÈRE D'ACHATS RESPONSABLES DEVIENT LAME DE FOND

Une avancée notable dans le domaine des achats responsables est l'élaboration de la Charte des achats responsables, plus précisément appelée « Charte des bonnes pratiques régissant la qualité des relations clients-fournisseurs ». Elle a été lancée en février 2010, à l'initiative de la Compagnie des dirigeants et acheteurs de France (CDAF), de la médiation interentreprises (MIES), et de la médiation du crédit aux entreprises. La Charte a été parrainée par Madame Christine Lagarde, alors ministre de l'Économie, de l'Industrie et de l'Emploi.

« La Charte de bonnes pratiques, qui établit 10 engagements pour des achats responsables, participe à construire dans un cadre de confiance réciproque une relation équilibrée entre les fournisseurs et leurs clients, dans la connaissance et le respect de leurs droits et devoirs respectifs.

Il s'agit notamment de :

- créer une relation durable entre le donneur d'ordres et le fournisseur, par exemple en termes d'équité financière ou de transparence sur le carnet de commandes et la capacité de production ;
- favoriser la collaboration avec les fournisseurs stratégiques ;
- choisir un fournisseur en appréciant le coût total de l'achat et non pas seulement le prix apparent, en intégrant les coûts logistiques, les risques en termes de réapprovisionnement, les problèmes de qualité et d'image ;
- prendre en compte l'impact environnemental ;
- veiller à la responsabilité territoriale de son entreprise, en recherchant, sur le territoire où elle exerce son activité, à contribuer le plus possible à développer l'activité économique. »

Au premier trimestre 2012 il y avait 237 donneurs d'ordres signataires de la Charte des achats responsables, ce qui représente globalement un montant d'achats d'environ 400 milliards d'euros annuels. Ce n'est donc certainement pas un engagement d'un visionnaire isolé mais bien une lame de fond qui va transformer durablement le métier des acheteurs et leur mode de relations avec leurs fournisseurs.

Par ailleurs, deux ans après la première cérémonie de la signature de la Charte des Achats Responsables, la MIES et la CDAF ont décidé d'évaluer chaque entreprise signataire sur sa mise en œuvre réelle, sur le terrain, des 10 engagements. Sur la base d'un rapport d'observation rédigé par un auditeur tiers, le label sera attribué à l'entreprise par un Comité de labellisation, pour une durée de 3 ans.

LA DÉMARCHE DÉVELOPPEMENT DURABLE, UNE UTOPIE ?

Croire que l'on pourra continuer à avoir une croissance infinie dans un monde fini, c'est certainement cela la véritable très grande utopie ! Il y a donc là un paradigme à briser, dans notre vie au quotidien et dans nos métiers respectifs.

Dans cette perspective, l'intégration des critères du développement durable dans les achats permet d'étendre le concept, maintenant bien ancré, de qualité totale à celui de qualité globale.

Et pour conclure, j'emprunte à Théodore Monod, grand naturaliste français de la fin du XXe siècle, sa pensée « Le peu que l'on peut faire, il faut le faire quand même. » Ce n'est pas un délit de militer pour une insurrection des consciences !

Notons enfin que le lecteur qui voudrait avoir un panorama complet sur les Achats Responsables peut se référer à l'étude publiée par les Échos-Études (Olivier Menuet, Agnès Rambaut-Paquin, novembre 2011).

Partie 3

Un pilotage, des outils
et des processus au service
de l'efficacité de l'organisation

Chapitre X

Des tableaux de bord pour piloter l'organisation, sa performance et sa mise en place

Les tableaux de bord vivent et évoluent avec le besoin de suivi des divers plans d'action. Certains sont communs à toutes familles d'achats, d'autres sont à adapter aux conditions particulières des achats hors production et au besoin de suivi de la mise en œuvre d'une fonction nouvelle. Nous avons vu au chapitre précédent les tableaux de bord relatifs au déploiement d'une démarche développement durable.

Nous nous focaliserons ici sur les aspects suivants :

- la mesure de la performance économique, première attente de l'entreprise ;
- le suivi de la couverture du domaine progressivement pris en charge ;
- la gestion des panels et des contrats existants ;
- l'activité de l'équipe permettant de piloter au mieux l'utilisation de ressources.

LA MESURE DE LA PERFORMANCE ÉCONOMIQUE

« Je ne retrouve pas les économies achats hors production dans mon compte d'exploitation ! » Qui n'a jamais entendu cette phrase ? C'est effectivement une difficulté particulière à notre domaine. Dans les achats de production on gère des produits codifiés dans les systèmes de gestion informatique. Les informations de prix sont donc capturées dans ces systèmes, les consommations également, et une grande partie des éléments nécessaires aux calculs des index de prix, des économies et de leur impact mensuel en comptabilité, sont facilement informatisables.

Dans le domaine des achats hors production une partie du périmètre seulement peut entrer dans cette logique : l'achat de produits codifiés dans les systèmes informatiques, lorsqu'ils sont gérés en stock par exemple, et sous réserve d'une codification commune entre les sites. La grande majorité de nos achats ne rentre pas dans ce cadre : services, informatique, énergie, voyages… Ces informations ne sont pas capturées au niveau de détail nécessaire à une mesure précise et informatisable. La traçabilité entre une négociation achat et le réel impact dans le compte d'exploitation est donc plus difficile à constater dans les systèmes comptables, quand elle n'est pas tout simplement impossible.

Par ailleurs, dans la lignée de la démarche en trois étapes présentées au chapitre II, les Achats hors production agissent aussi au-delà du « prix », activant les différents leviers affectant les dépenses. Dans cette approche plus globale, il est souvent difficile de distinguer l'impact respectif des divers paramètres, et donc l'attribution du « mérite » aux différents intervenants. Dans le domaine des services par exemple, est-ce le service utilisateur qui a révisé sa spécification « à la baisse », et a ainsi permis au service Achats d'obtenir un prix plus bas ? Ou est-ce le service Achats qui l'a poussé dans cette voie en le sensibilisant par quelques *benchmarks* ? Les deux effets sont possibles, et c'est bien cela qui caractérise la fonction Achats hors production. La réalisation des objectifs est la résultante de cette collaboration.

Dans ce cadre, les mesures et le suivi s'appuient sur plusieurs approches, communes à toute catégorie d'achat, et adaptées à ce domaine moins structuré en termes de données :

- les montants d'économies ;
- l'indice des prix permettant de suivre leur évolution ;
- l'analyse de la variation des dépenses, mettant en évidence la contribution de chacun des paramètres influant sur celles-ci.

Calculer les montants d'économies

On distinguera ici deux types de mesures ne se confondant pas toujours : l'impact comptable et la performance achat.

Mesurer l'impact comptable théorique et constaté

L'impact comptable est la mesure attendue par nos clients internes qui ont à établir puis à suivre leur budget.

- L'impact comptable théorique est le potentiel d'économie calculé à l'issue de la négociation, et permettant les prévisions budgétaires. Il résulte de l'application du résultat de celle-ci sur une estimation des autres paramètres affectant la dépense totale :

- le volume ;
- le mix-produit ;
- la variation de prix, si l'on est dans le cas d'un contrat à prix indexé.

À défaut d'autres informations, on considère que ces variables sont égales aux valeurs de l'année précédente.

- L'impact comptable constaté est calculé au fur et à mesure des dépenses, à l'instar des achats de production. Compte tenu des difficultés spécifiques liées à l'absence de données détaillées dans les systèmes informatiques de l'entreprise, cet exercice a ses limites. Lorsqu'il peut être réalisé ses caractéristiques sont les suivantes :
  - l'utilisation d'une source de données souvent extérieures, obtenues auprès des fournisseurs ;
  - la détermination d'un calcul :
    - fondé sur un « panier » de produits/services considéré comme représentatif et non de manière exhaustive sur l'ensemble des achats ;
    - réalisé selon une périodicité adaptée à la difficulté de l'approche ;
    - et donc limité à des domaines présentant un intérêt de par leur poids financier.

S'agissant ici d'impact comptable on séparera, dans les tableaux de bord, les résultats affectant les dépenses de fonctionnement (*Operating* Expenses – OPEX) et ceux affectant les dépenses d'investissement (*Capital Expenditure* – CAPEX). De même, on distinguera les dépenses récurrentes des dépenses non récurrentes, sachant que l'on peut avoir ces deux types d'impact aussi bien en OPEX qu'en CAPEX.

Mesurer la performance achat par rapport à un prix de référence

La performance achat mesure le résultat sous l'angle de la négociation. Cette mesure est par défaut égale à l'impact comptable théorique. Mais dans le cas de négociations dans un contexte de hausse de prix de marché significative, l'impact comptable par rapport au prix précédent est le plus souvent négatif. Dans un tel cas, la performance achat a consisté à contenir cette hausse. Si l'on vise à la mesurer, il faut donc le faire par rapport au prix de marché, et non pas par rapport au prix précédent comme dans le calcul de l'impact comptable. Il doit, bien sûr, être défini à partir d'une analyse de ce dernier et de sources neutres. Il n'est pas automatiquement le premier prix demandé par les fournisseurs.

Définir les références en accord avec la direction financière

Le choix de la base de référence pour le calcul des économies dépend du caractère récurrent ou non de la dépense, ainsi que du type d'activité et de la logique comptable de l'entreprise. Sa définition doit être faite en commun accord avec la direction financière.

Pour les dépenses récurrentes il peut être, par exemple, le dernier prix payé, dans un contexte de faible variation des prix, ou la moyenne des prix des 12 derniers mois dans un contexte de forte variation.

Dans le cas de dépenses non récurrentes, plusieurs modèles sont aussi possibles. Dans le cas idéal, on se référera à un prix de marché si celui-ci est facilement définissable. En seconde approche, on pourra considérer le budget initialement prévu, en s'assurant qu'il est réaliste, ou encore on se fondera sur les offres reçues. Dans ce dernier cas, la direction Achats préfère souvent considérer la moyenne des offres, arguant qu'elle permet de traduire le prix de marché, tandis que la direction financière préférera plutôt l'offre la plus basse, considérant, qu'à défaut de négociation, toutes choses étant égales par ailleurs, c'est celle qu'elle choisirait.

L'important est donc de convenir des règles de manière commune avec la direction financière. À titre d'exemple, le tableau en figure 10.1 récapitule les définitions dans les différents cas, dans un groupe industriel.

Présenter les résultats selon les besoins des utilisateurs

Concernant la présentation des résultats, ici aussi tout est une question de convention avec la direction financière. D'une manière générale le choix le plus fréquent pour les économies sur des dépenses récurrentes est de les calculer sur douze mois, même si l'impact va au-delà comme dans le cadre de contrats pluriannuels. Pour les économies sur dépenses non récurrentes, la question ne se pose pas.

Dans une telle convention les tableaux de bord présenteront, séparément pour les OPEX et les CAPEX :

* les résultats « annualisés », en distinguant le récurrent du non-récurrent ;
* leur impact sur douze mois à partir de la date d'application du résultat. C'est une information plus pertinente pour les financiers et leur suivi budgétaire. Dans un tel cas on a bien sûr un impact sur l'année suivante, pour les actions récurrentes conclues en cours d'année.

Un exemple d'un tel tableau de bord est présenté en figure 10.2.

| | SITUATION | | | | Définition RÉFÉRENCE, pour calcul d'économies | | |
| | TYPE D'ACTION | PARAMÈTRE | | | | | |
		Prix unitaire	Mix-produit	Volume	EXEMPLE	BASE DE CALCUL	PRIX AVANT	PRIX APRÈS
RÉCURRENT 11	Contrat de service à montant total fixe	fixe	fixe	fixe	Contrat de nettoyage	Montant total contrat	Montant total contrat avant	Montant total contrat après
12	Contrat avec prix unitaire fixe et volume variable	fixe	fixe	variable	Contrat d'énergie à prix fixe	Panier du mix-produit avec quantité estimée	Prix moyen pondéré du panier avec prix unitaires du contrat précédent	Prix moyen pondéré du panier avec prix unitaires du nouveau contrat
13	Contrat avec prix unitaire indexé et volume variable	variable et indexé	fixe	variable	Contrat d'énergie à prix indexé	Panier du mix-produit avec quantité estimée	Prix moyen pondéré du panier avec prix unitaires du contrat précédent, valeur jour de la négociation	Prix moyen pondéré du panier avec prix unitaires du nouveau contrat, valeur jour de la négociation
14	Accord cadre avec prix unitaire fixe	fixe	variable	variable	Fournitures de bureau	Panier des principaux produits avec quantité estimée à partir des consommations de l'année précédente	Prix moyen pondéré du panier avec prix unitaires du contrat précédent	Prix moyen pondéré du panier avec prix unitaires du nouveau contrat

	TYPE D'ACTION	SITUATION — PARAMÈTRE — Prix unitaire	Mix-produit	Volume	EXEMPLE	Définition RÉFÉRENCE, pour calcul d'économies — BASE DE CALCUL	PRIX AVANT	PRIX APRÈS
15	Accord cadre fondé sur une remise sur catalogue, avec prix catalogue variable selon le marché	variable	variable	variable	Composants électriques	Panier des principaux produits avec quantité estimée à partir des consommations de l'année précédente	Prix moyen pondéré du panier avec prix unitaires du contrat précédent, valeur jour de la négociation	Prix moyen pondéré du panier avec prix unitaires du nouveau contrat, valeur jour de la négociation
16	Accord cadre fondé sur une remise sur catalogue, avec prix catalogue variable selon le mode d'utilisation	variable	variable	variable	Voyages aériens	Panier des principaux produits avec quantité estimée à partir des consommations de l'année précédente	Prix moyen pondéré du panier avec prix unitaire égal à moyenne année précédente	Prix moyen pondéré du panier avec prix unitaires du nouveau contrat, valeur jour de la négociation
17	Situation de hausse de prix dans un contexte de changement significatif du marché	Toutes situations ci-dessus			Énergie Changement de lois impactant le coût du travail (ex. : impact sur travail temporaire)	Panier des principaux produits avec quantité estimée à partir des consommations de l'année précédente	Pour hausse (ou économie) : comme ci-dessus Pour la performance achat : panier évalué au prix du marché, défini à partir de sources neutres	Prix moyen pondéré du panier avec prix unitaires du nouveau contrat, au jour de la négociation

RÉCURRENT

		Actions meilleures pratiques (actions au-delà du prix)				Réduction des consommations (ex. : énergie, changement de spécifications)	Coût total à iso-activité	Coût total à iso-activité avant	Coût total à iso-activité après
RÉCURRENT	18		variable	variable	variable				
NON RÉCURRENT	21	Projet	fixe	fixe	fixe	Équipement Construction bâtiment	Coût total	Coût total évalué à partir de : • **prix de référence du marché,** comme pour les achats récurrents : solution préférée quand c'est possible OU • **budget,** si défini individuellement, et de manière consistante OU • **première offre la plus basse,** techniquement acceptable et après égalisation technique des offres	Coût total

Figure 10.1 – Exemple de définitions de prix de référence

		ANNÉE N−1												IMPACT CONSIDÉRÉ sur ANNÉE N												
	ÉCONOMIE ANNUALISÉE	N−1 M1	N−1 M2	N−1 M3	N−1 M4	N−1 M5	N−1 M6	N−1 M7	N−1 M8	N−1 M9	N−1 M10	N−1 M11	N−1 M12	N M1	N M2	N M3	N M4	N M5	N M6	N M7	N M8	N M9	N M10	N M11	N M12	TOTAL
MOIS	ÉCONOMIE																									
ANNÉE N−1																										
M1	321	17	25	26	25	26	26	25	26	25	26	25	25	25												
M2	142		4	12	11	12	12	11	12	11	12	11	11	11	11											
M3	612			216	34	34	32	33	33	32	33	32	33	33	33	33										
M4	808				35	28	27	30	30	29	30	29	30	30	30	448	30									
M5	525					182	25	27	7	7	7	7	7	7	7	7	29	29								
M6	135						55	4	7	7	7	7	7	7	7	7	7	7	7							
M7	774							209	43	46	47	45	49	48	48	48	48	48	48	48						
M8	379								0	0	0	21	22	42	42	42	42	42	42	42	42					
M9	354									99	22	21	22	21	21	21	21	21	21	21	21	21				
M10	202											62	10	10	10	10	10	10	10	10	10	10	10			
M11	544											164	32	26	25	26	26	26	26	26	26	26	26	26		
M12	457												108	28	18	18	18	18	18	18	18	18	18	18	18	
Projets Année N−1	**5 354**												**254**	448	275	683	231	202	172	166	118	75	55	44	18	**2 487**
ANNÉE N																										
M1	426													262												**426**
M2	261														35	110											**248**
M3	175															89	46										**167**
M4	247																173	35	28	27	25						**227**
M5	359																		182	30	30	30	30	29	30	29	**240**
M6	497																			182	27	30	30	29	30	29	**350**
M7																											
M8																											
M9																											
M10																											
M11																											
M12																											
Projets Année N−1	**1 965**													262	145	116	246	72	246	90	95	97	96	97	96	**1 657**
														710	**420**	**798**	**477**	**274**	**418**	**255**	**213**	**172**	**151**	**141**	**114**	**4 143**

Figure 10.2 – Exemple de présentation des économies

Calculer l'indice des prix pour mesurer leur évolution

Comme dans les achats de production, l'indice des prix permet de visualiser les évolutions par rapport au prix de l'année précédente et de recalculer les impacts en montant quand les volumes varient. Ici aussi le prix de référence pour le calcul de l'index est à convenir avec la direction financière selon le contexte de l'entreprise : prix de décembre de l'année précédente, moyenne des prix des années précédentes, etc.

On peut se retrouver devant les mêmes difficultés déjà évoquées liées à l'absence de données détaillées dans les systèmes informatiques. On fonctionnera alors dans le même cadre simplificateur défini pour le calcul de l'impact comptable réel :

- l'utilisation de source de données souvent extérieures, obtenues auprès des fournisseurs ;
- le calcul sur la base d'un « panier » considéré représentatif ;
- la périodicité adaptée à la difficulté de l'approche ;
- les seuls domaines présentant un intérêt de par leur poids financier.

L'information donnée par l'indice des prix payés par l'entreprise sera efficacement complétée par les indices de prix de marché correspondants. Ceux-ci sont établis à partir de sources officielles correspondant au domaine analysé : indice du coût de la main-d'œuvre, indice des matières premières, etc.

Analyser les variations de dépenses pour mettre en évidence les différents facteurs

Les analyses de variations de dépenses, souvent appelées « bridge », sont d'autant plus pertinentes que l'on est dans un contexte où le lien n'est pas facile entre les résultats annoncés par les Achats hors production et les résultats comptables très macroscopiques.

Elles visent à décomposer la variation de dépense totale, constatée entre deux périodes, selon les paramètres : prix, taux de change, mix-produit, volume… On met ainsi en évidence la contribution de chaque facteur.

La figure 10.3 illustre un exemple dans le domaine de l'aérien, où le nombre de paramètres étudié a été limité aux trois suivants : prix, mix-produit, et volume. On a considéré que le comportement des voyageurs en termes d'anticipation de réservation, influant également sur le prix, est équivalent d'une année sur l'autre. La démarche a été simplifiée comme suit :

- Définition d'un panier constitué par les routes les plus fréquentées en année N–1, couvrant une part significative de la dépense totale. Il sera la base des calculs d'indices, extrapolés ensuite aux dépenses totales.

- Définition du prix payé par route. On choisit le prix moyen annuel par route dans la mesure où le prix est très variable compte tenu du *yield management* (gestion de l'occupation des avions pratiquée par les compagnies aériennes : le prix proposé variant en fonction de celle-ci). Cela permet de calculer l'indice des prix payés, ainsi que la variation entre les deux périodes.

- Identification de la référence de prix IATA des compagnies aériennes, pour les routes de ce panier de référence, les contrats négociés étant le plus souvent une remise sur le prix IATA du moment. Cela permet de calculer l'indice de prix « marché » pour ce même panier.

- Définition du panier constitué par les routes les plus fréquentées en année N, selon les mêmes critères que pour le panier de référence N–1. Cela permet de calculer la contribution de la variation du mix-produit.

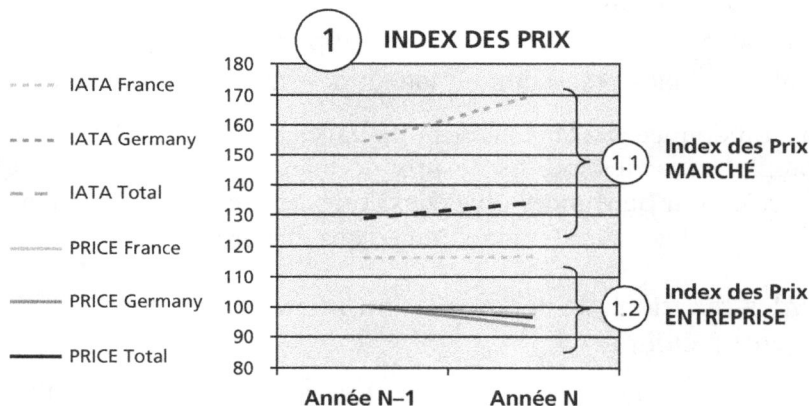

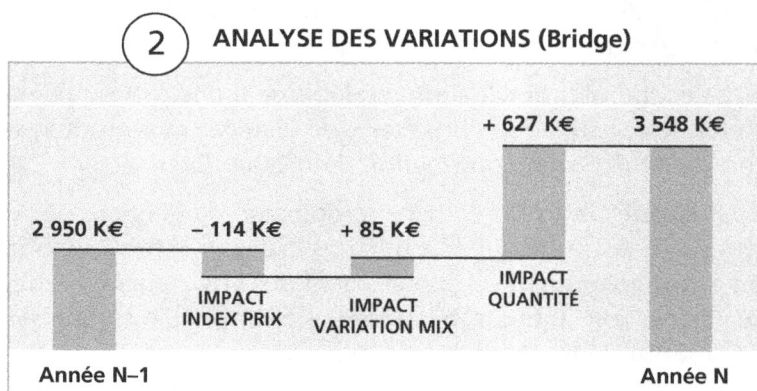

Figure 10.3 – Exemple : index des prix et analyse des variations

LE SUIVI DE LA COUVERTURE DU DOMAINE

La couverture des familles de dépenses par des actions achats, telles que l'homologation de panel de fournisseurs et la mise en place d'accords cadres, est l'un des objectifs internes de l'organisation. Le suivi se fait aux différents stades du processus achat qui permettent d'évaluer le niveau de maturité dans la prise en charge du domaine :

- définition des panels et accords cadres ;
- utilisation effective des panels et accords cadres ;
- contrôle des créations des nouveaux fournisseurs dans les systèmes de gestion informatique ;
- élimination dans les systèmes des fournisseurs anciens non homologués ;
- taux de régularisation des « factures sans fournisseur existant ».

Panels et accords cadres appréciés sous l'angle fonctionnel et financier

Le taux de couverture est à apprécier sous deux angles :

- Fonctionnel, *via* le nombre de panels établis par rapport au nombre objectif. Il peut être aussi visualisé par une « cartographie » à deux dimensions, catégories d'achat et géographie (figure 10.4).
- Financier, exprimé par le pourcentage du montant de dépenses que le panel défini peut couvrir. Il peut être aussi visualisé selon les différentes catégories d'achats, en prenant en compte leur poids respectif, comme le présente le graphique en figure 10.5. Les mesures sont déclinées par région, et leur progression suivie dans le temps. Il s'agit ici de couverture potentielle qui ne reflète pas forcément la réalité de la passation des commandes par les utilisateurs et donc de son utilisation effective.

L'utilisation effective des panels et accords cadres

Selon les familles d'achats, la mise en place d'un nouvel accord cadre peut être rapide ou nécessiter un plan de déploiement laborieux, site par site. L'exemple type de la mise en place rapide est le remplacement d'un catalogue électronique de fournitures de bureau par celui du nouveau fournisseur ou le changement d'un fournisseur d'énergie. Un cas plus complexe sera la mise en place d'un nouveau fournisseur de fournitures industrielles gérées en stock, et approvisionnées sur la base de commandes « ouvertes ». Un travail de mise en place site par site sera nécessaire. Un exemple de tableau de bord de suivi de mise en place a été présenté au chapitre III en figure 3.5.

Le tableau de bord général synthétisant l'utilisation effective du panel sera fondé sur les extractions des systèmes de gestion informatique, et du suivi de

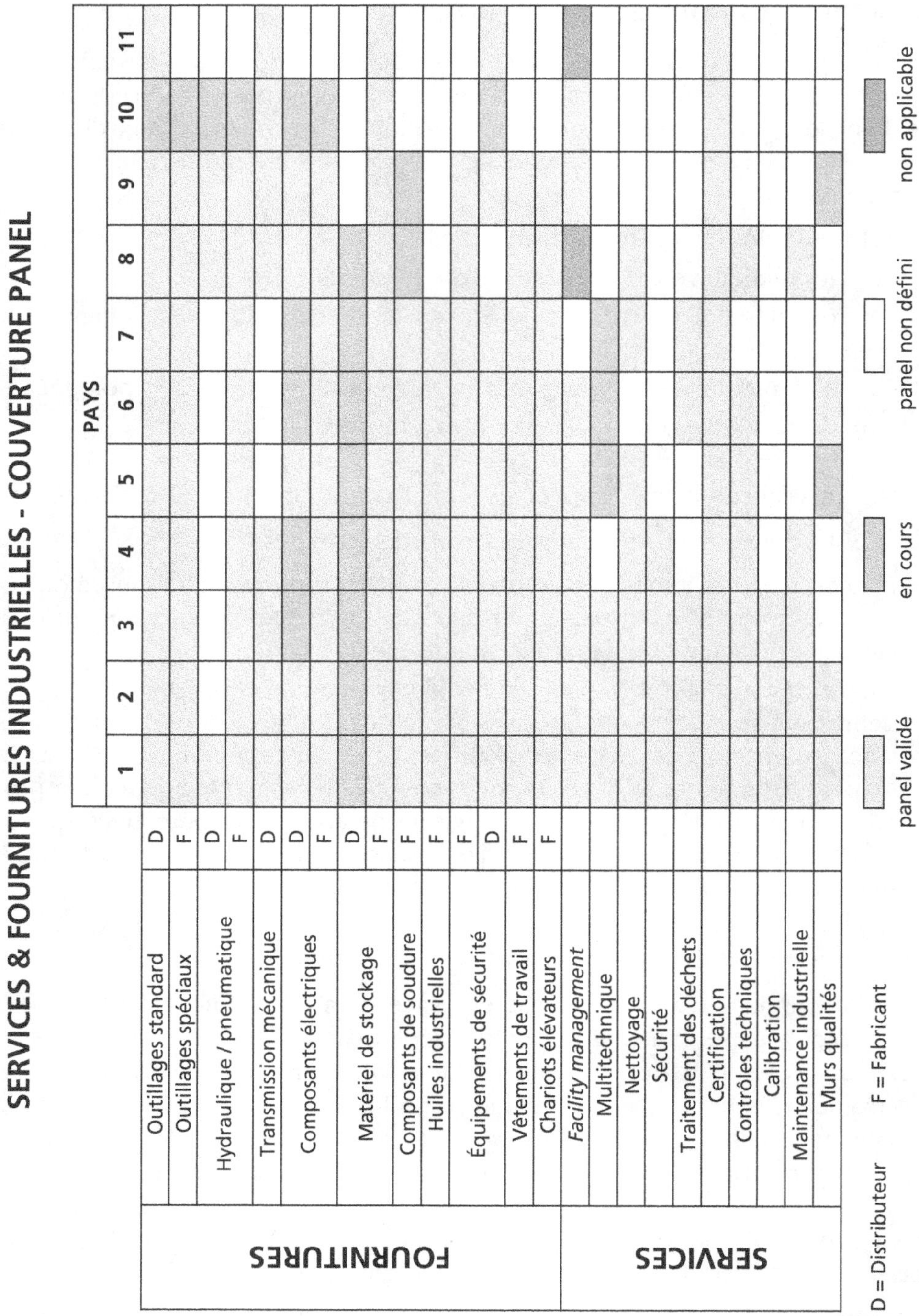

Figure 10.4 – Exemple : taux de couverture fonctionnelle du panel de fournisseurs

la part de chiffre d'affaires effectivement passée sur les fournisseurs du panel. Cette couverture effective peut être présentée selon le même formalisme que la couverture potentielle, en figure 10.5.

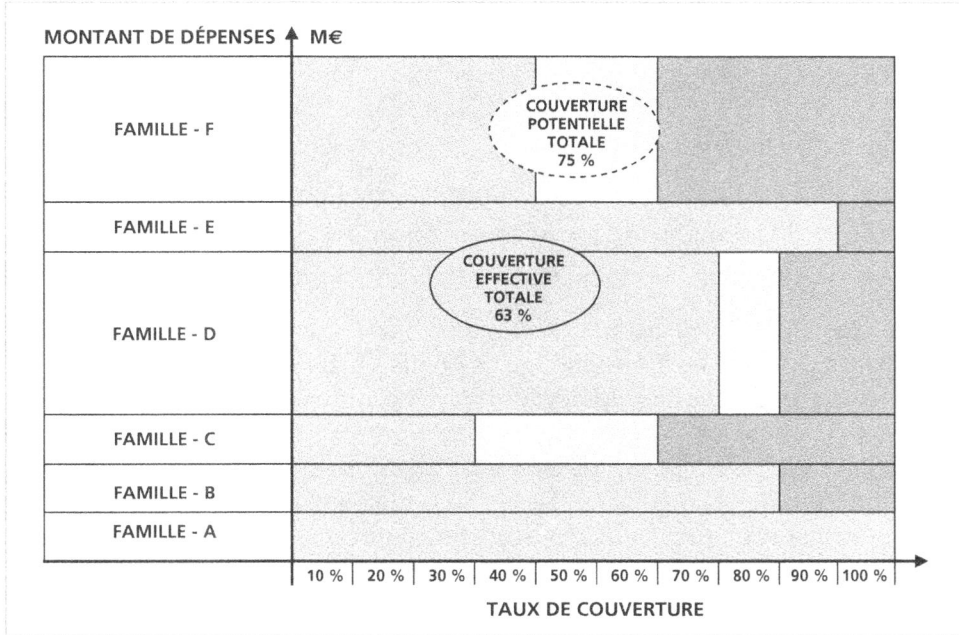

Figure 10.5 – Exemple : taux de couverture du panel
en valeur potentielle et effective

D'une manière plus générale, ce point dépend du niveau de contrôle que l'organisation Achats a sur le processus achat et les systèmes informatiques. Au début d'une mise en place ce niveau de contrôle peut être assez faible. Son amélioration passe par la prise en charge de la validation des commandes, et surtout de la gestion du fichier fournisseurs dans les systèmes. Le contrôle du fichier fournisseurs, qui permet de piloter la mise en place effective du panel, intervient à deux niveaux :

- contrôle de la création des nouveaux fournisseurs dans les systèmes informatiques ;
- mise à jour des fichiers fournisseurs pour éliminer les anciens fournisseurs remplacés par le panel.

Le contrôle de la création des nouveaux fournisseurs dans les systèmes informatiques

C'est une condition *sine qua non* pour le contrôle de la mise en application de la stratégie achat et des panels. La difficulté dépend bien sûr du contexte de l'entreprise. Une situation avec un seul système informatique sera plus rapidement mise sous contrôle qu'un groupe international ayant différents systèmes dans différents pays.

Les tableaux de bord de cette phase visent tous les aspects évoqués :

- le suivi de la prise en charge de la gestion des fichiers fournisseurs ;
- le nombre de créations de fournisseurs approuvées et traitées ;
- le nombre de demandes de création de fournisseurs non approuvées.

Par ailleurs, malgré les actions volontaristes de l'organisation Achats pour rationaliser le panel des fournisseurs, la diversité des familles d'achats se traduit parfois par des demandes de création de nouveaux fournisseurs. Nous avons évoqué ce point au chapitre VII dans le cadre du *sourcing* des besoins non satisfaits par le panel. Après examen de la demande, la décision peut être soit de la réorienter vers un fournisseur du panel, soit d'homologuer effectivement ce fournisseur car il répond à un besoin non couvert. Dans ce dernier cas, nous avons vu que le recours à un *Procurement Service Provider* (PSP) peut être une solution si le besoin n'est pas récurrent. Le tableau de bord intégrera alors cet indicateur :

- le nombre/montant des demandes transférées au PSP ;
- le suivi de la récurrence des fournisseurs traités par le PSP.

L'élimination dans les systèmes des fournisseurs anciens non homologués

Une fois la prise en charge du contrôle de la création des nouveaux fournisseurs, il s'agit d'éliminer des systèmes de gestion informatique ceux qui ne sont pas retenus dans les panels définis, plus précisément de les bloquer, pour interdire toute nouvelle commande.

Ce travail est fastidieux du fait du nombre statistiquement élevé de fournisseurs, et délicat car il faut s'assurer que les fournisseurs à éliminer pour l'activité rationalisée ne sont pas utilisés par ailleurs dans d'autres activités non encore abordées.

Le tableau de bord s'intéressera aux indicateurs suivants :

- le nombre de fournisseurs bloqués dans les systèmes, pour suivre la démarche de « nettoyage » des fichiers ;

- le pourcentage du nombre de fournisseurs homologués par rapport au nombre actif total.

Le taux de régularisation de « factures sans fournisseur existant »

Les « factures sans commandes » sont un grand classique dans le domaine des achats hors production. Dans quelques rares cas elles peuvent être justifiées pour des raisons de confidentialité ou d'usage avec certains types de partenaires comme les avocats. Dans la plupart des cas, elles relèvent d'un non-respect des procédures achat. Les indicateurs relatifs à ce dysfonctionnement sont disponibles dans les services de comptabilité fournisseurs qui en assurent l'enregistrement, et parfois exigent l'enregistrement rétroactif d'une demande d'achat et d'une commande pour régulariser le processus.

Les factures sans commandes peuvent être relatives :

- Soit à un fournisseur existant : le dysfonctionnement traqué est alors « seulement » le manque de commande qui met en évidence le risque d'une dépense non approuvée.
- Soit à un fournisseur non existant et donc à créer : la situation est alors plus critique puisqu'un choix de fournisseur a été fait sans consultation des Achats, mis devant le fait accompli. C'est l'indicateur qui nous intéresse ici.

Il y a toujours en comptabilité la possibilité de traiter une telle facture en l'affectant à un fournisseur fictif « Divers » créé dans le fichier fournisseurs. Mais cette démarche, parfois employée, est risquée sur le plan des règles de contrôle interne. Il est préférable de passer par la création de ce fournisseur, ce qui rend par ailleurs plus faciles l'identification et le suivi de ce type de problème.

Dans le cas d'une collaboration avec un PSP, la régularisation de ce type de facture peut aussi lui être confiée. On suit alors le même raisonnement que pour une nouvelle demande :

- soit il est justifié de créer ce nouveau fournisseur car il répond à un besoin non couvert et qui deviendra récurrent ;
- soit on transfère le traitement de la facture au PSP.

Le tableau de bord suivra les indicateurs suivants :

- le nombre/montant de factures sans fournisseur existant, avec service d'origine ;
- le nombre de fournisseurs finalement créé ;
- le nombre/montant de factures transférées au PSP pour régularisation, lorsque ce type de partenariat existe.

LA GESTION DU PANEL ET DES CONTRATS

La gestion du panel et des contrats en place est une activité régulière majeure. Comme nous l'avons déjà évoqué, le métier évolue d'une activité à dominante négociation vers une activité à dominante gestion de contrat.

Cette activité doit donc faire également l'objet de procédures de suivi et de tableaux de bord, à plusieurs niveaux :

- revue de contrat ;
- part des contrats mise sous reporting standard ;
- suivi de l'activité du panel.

Planifier des revues de contrat

En fonction des catégories d'achat, des enjeux et des types de contrat, des fréquences de revues de contrat sont définies. Les indicateurs de suivi seront ici :

- la fréquence cible de revues de contrat par famille d'achat ;
- le nombre de contrats par famille d'achat ;
- le pourcentage de revues de contrat réalisées par rapport au nombre objectif.

Suivre la part mise sous reporting standard

La gestion de contrat, au-delà du suivi « classique » des performances du fournisseur par rapport à la définition de service contractuelle, a pour objectif, comme nous l'avons vu au chapitre III, de collecter des informations sous format standardisé, à des fins de *benchmark.* La mise sous reporting standard est donc un point important en soi. Les indicateurs de suivi seront ici :

- les familles d'achat ciblées pour la mise sous reporting standard ;
- le nombre de contrats et le pourcentage mis sous reporting standard ;
- le montant total de la famille d'achat et le pourcentage mis sous reporting standard.

Suivre l'activité du panel

Le suivi de l'activité du panel peut prendre de nombreuses formes selon la famille d'achat considérée. Dans la lignée des exemples cités au chapitre III sur la gestion des contrats, l'extrait présenté en figure 10.6 illustre un tableau de bord de suivi de panel.

TABLEAU DE BORD : 3 - CONSOLIDATION SOUS-FAMILLE

Sous-famille : | Sous-Famille 4 | | Graph |

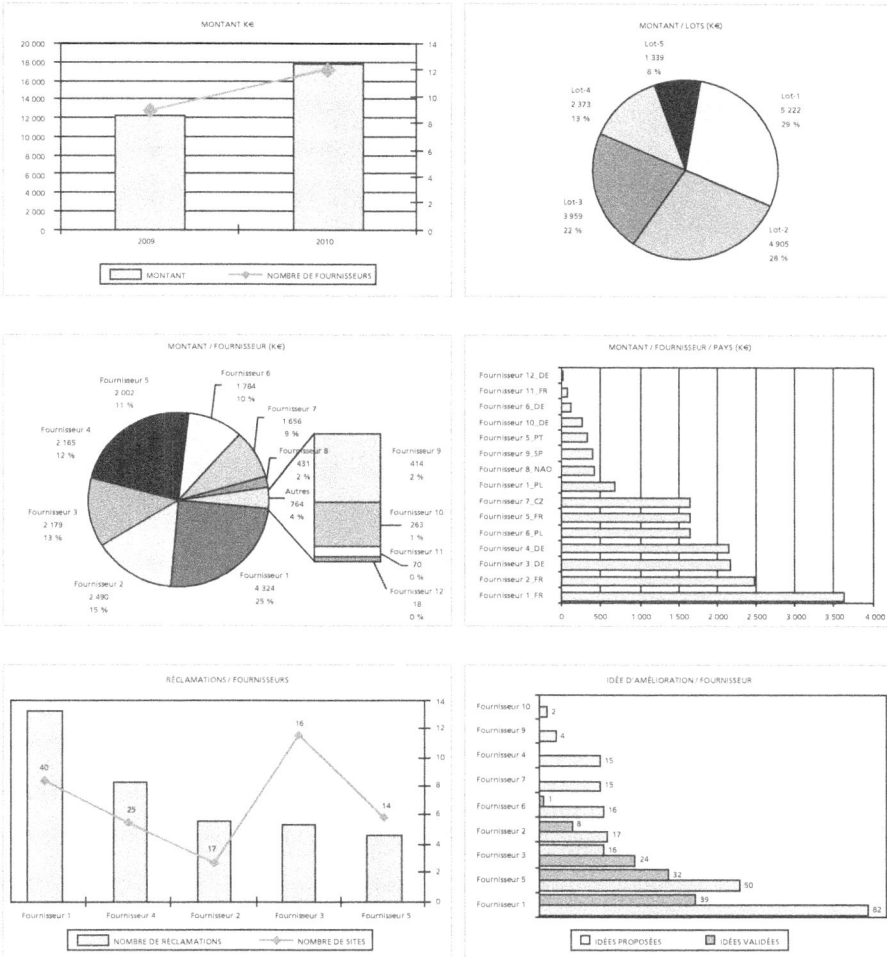

Figure 10.6 – Exemple : suivi activité panel, par sous-familles

LE SUIVI DE L'ACTIVITÉ ET LE PILOTAGE DES RESSOURCES

On distingue ici deux catégories d'activités :

* celles tirées par un plan d'action préalablement défini ;
* celles poussées par le quotidien, tel que le traitement des commandes au fil de l'eau.

Les activités tirées par un plan d'action préalablement défini

Les plans d'action préalablement définis résultent des analyses achat, des opérations de consolidation et d'appel d'offres, ou sont convenus avec les clients internes. Ils s'appuient sur une démarche projet : la définition des priorités, la répartition des actions au sein de l'équipe, la planification et le suivi. Les indicateurs sont suivis globalement et par acheteur. Ils sont évalués différemment selon les catégories d'achat qui n'ont pas forcément toutes les mêmes profils d'activité. Certaines se caractérisent par un petit nombre de projets de montant important, donc avec des potentiels d'économie élevés. D'autres sont une collection d'un grand nombre de petits projets.

Rappelons pour mémoire que tous les projets n'ont pas des objectifs d'économies directs et immédiats tels que les études de marché et la définition de panels de fournisseurs.

Les activités poussées par le quotidien

Les activités liées à la gestion des commandes au fil de l'eau, très consommatrice de ressources, sont un élément essentiel dans le pilotage des ressources. Elles couvrent aussi bien le traitement des demandes d'achat et leur négociation éventuelle, que la gestion des litiges fournisseurs dans certains cas.

Le tableau de bord « Négociations » suivra les indicateurs suivants :

* négociations, projets ou commandes au fil de l'eau : nombre, montant, économie ;
* pourcentage de couverture par rapport :
  – au montant total de la catégorie d'achat correspondante ;
  – aux dépenses du périmètre considéré (sites, département).
* pourcentage d'économies obtenu par rapport :
  – aux montants traités ;
  – aux dépenses du périmètre considéré (productivité).

La synthèse de ces indicateurs permet des analyses selon les dimensions suivantes :

* l'optimisation des ressources achat ;
* le taux de couverture des sites et clients internes.

Optimiser les ressources Achats

Le suivi de l'utilisation des ressources permet de réorienter les efforts en fonction des enjeux du moment. Une analyse ABC des négociations traitées permet de mieux appréhender l'utilisation et la productivité des ressources.

Suivre le taux de couverture des sites

Ce suivi est plus orienté client interne et vise à identifier les sites moins
« travaillés » afin de réorienter les ressources en conséquence. On se réfère ici
au montant total de dépenses du site, par rapport auquel on mesure, d'une
part, le pourcentage traité (pourcentage travaillé), d'autre part, le pourcentage
d'économie apportée (productivité). Voir en exemple les graphiques présentés figure 10.7 :

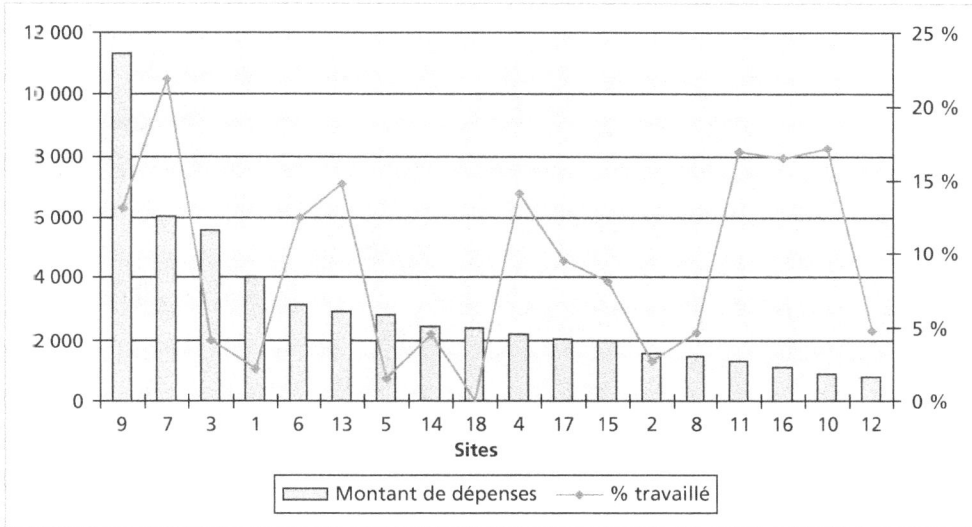

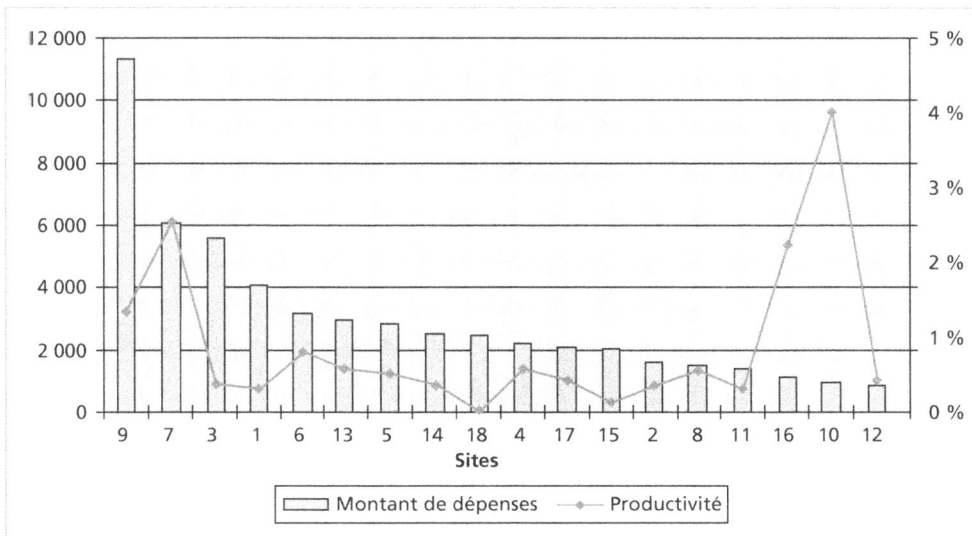

Figure 10.7 – Exemple d'analyse des sites : pourcentage traité et productivité

Chapitre XI

Vue d'ensemble des outils

CARTOGRAPHIE GÉNÉRALE

Nous aborderons cette partie consacrée aux outils sous l'angle uniquement fonctionnel sans référence aux logiciels existants sur le marché. Ceux-ci sont en effet nombreux et leur choix dépend tout aussi bien des besoins fonctionnels des organisations Achats que de l'intégration technique dans l'architecture informatique de l'entreprise qui est de la responsabilité de la direction informatique.

La plupart de ces outils sont communs à toutes les familles d'achat. Certains cependant sont relatifs à des maillons du processus achat-approvisionnement plus « lourds », comparativement, dans le cas des achats hors production. Nous les aborderons de manière plus approfondie.

Une vue macroscopique des différentes « briques logicielles » utiles aux diverses étapes du processus achat-approvisionnement est présentée en figure 11.1. Cette présentation ne présuppose en aucune manière de la solution technique qui peut être fondée sur un logiciel offrant tous les modules répondant à ces fonctions ou constituée d'un ensemble de logiciels différents.

Nous brosserons d'abord un résumé des principaux objectifs de chacune de ces « briques », puis développerons plus en détail certaines d'entre elles du fait de leur poids important dans notre domaine.

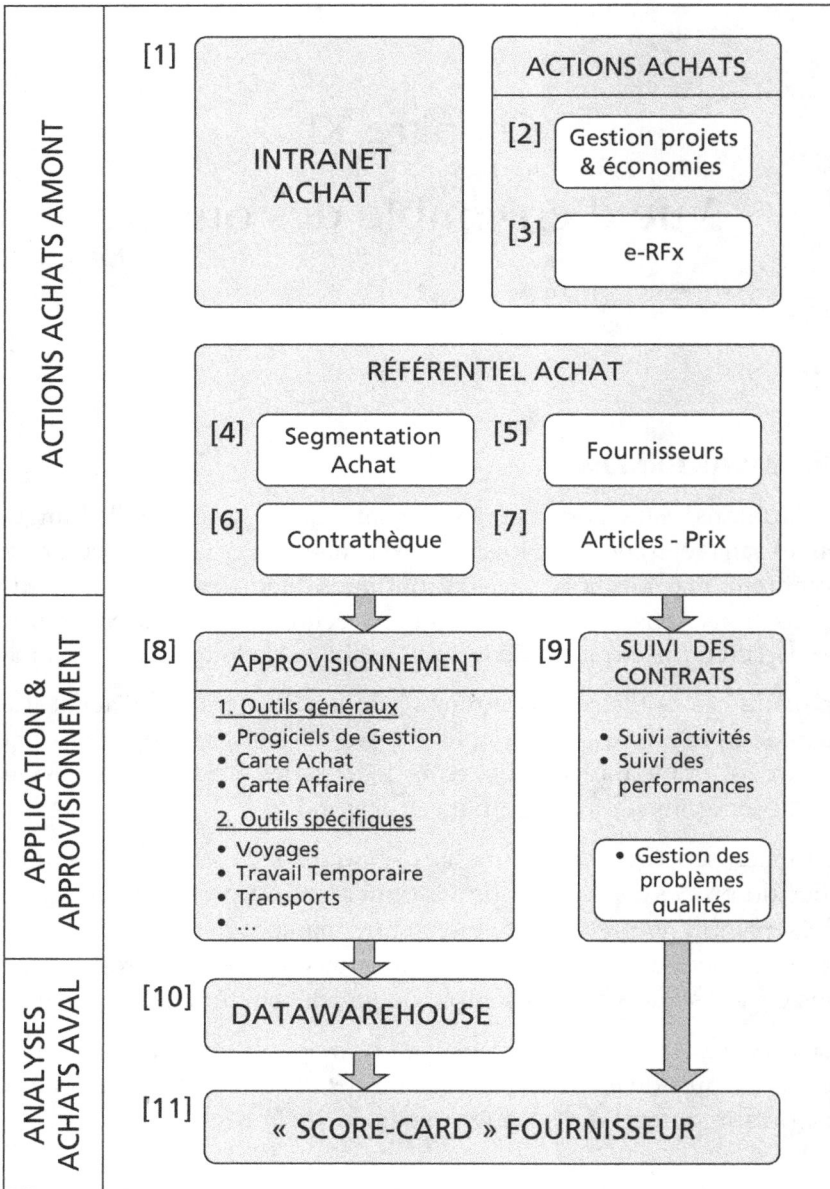

Figure 11.1 – « Briques logicielles » supportant
le processus achat-approvisionnement

Les briques relatives aux actions amont

Intranet achat [1]

C'est un outil devenu incontournable. Il permet de constituer des espaces collaboratifs, en accès restreint aux équipes de travail qui partagent des informations et travaillent sur les mêmes documents. Il autorise aussi la publication de documents avec un accès grand public ouvert à toute l'entreprise, et présente un très bon support de communication.

Gestion de projet et suivi des économies [2]

Logiciel de suivi des projets achat. Les actions achat sont enregistrées dès leur identification, avec les prévisions d'économies, et planifiées dans le cadre du processus budgétaire. Au fur et à mesure de leur réalisation, les économies générées confirment ou ajustent les prévisions. Les tableaux de bord d'économies résultent de cette application.

e-RFx [3]

Certaines des actions achat étant des appels d'offres, des logiciels existent sur le marché couvrant les différentes phases du processus :

* RFI, *Request For Information* ;
* RFQ, *Request For Quotation* ;
* e-auction, enchères inversées.

et permettant un fonctionnement collaboratif avec les fournisseurs.

La gestion des référentiels achat

Segmentation achats [4]

Nomenclature des catégories d'achats définies dans l'entreprise.

Gestion du panel [5]

Gestion d'un fichier fournisseurs central, avec leurs données générales :

* données entreprises ;
* familles d'achats ;
* certifications ;
* liens juridiques entre sociétés ;
* …

ainsi que leur statut panel résultant du processus d'homologation et du suivi des performances.

Contrathèque [6]

Stockage de tous les contrats scannés, avec les informations nécessaires à leur gestion :

- acheteur responsable ;
- gestion des dates : expiration, renégociation, fonctions d'alerte par e-mail ;
- gestion des avenants ;
- liens avec les appels d'offres ;
- …

Certains outils permettent également la gestion d'une bibliothèque de clauses standard aidant à la rédaction des contrats.

Gestion des articles et prix [7]

Lorsque les contrats sont relatifs à des produits, cette brique est nécessaire à la gestion des prix par articles, que ce soit des articles codifiés au sein de l'entreprise ou des articles codifiés chez le fournisseur (gestion des catalogues électroniques).

Les briques relatives à l'approvisionnement et à l'application des contrats

Approvisionnement [8]

Nous considérons ici l'ensemble du processus *procure-to-pay* incluant le maillon facture/paiement. Selon le domaine des achats hors production concerné, différents types d'offres logicielles existent.

Outils généraux [8.1]

Progiciels de gestion intégrés

Ils couvrent toutes les étapes du processus achats (Fichiers Fournisseurs/ Demandes d'achat/Commandes/Réceptions/Factures/Paiements), ainsi que d'autres processus de l'entreprise (finance, gestion des stocks, maintenance…) qui partagent certaines données de base.

Carte d'Achat et carte Affaire

Ce sont des systèmes proposés par des établissements bancaires pour des achats facturés directement sur le compte de l'entreprise (carte Achat), ou dont le paiement transite par le compte personnel de l'employé (carte Affaire).

Outils spécialisés [8.2]

Ils sont spécifiques à certaines catégories d'achat, par exemple :

* les outils de réservation en ligne pour les voyages ;
* la gestion des contrats individuels de travail temporaire ;
* les logiciels spécialisés dans l'organisation des transports, dont les éléments de commandes-factures sont générés en sous-produits des actions logistiques.

Suivi des contrats/gestion des problèmes qualité [9]

Les suivis des contrats sont très spécifiques selon le sujet. Ils nécessitent tous une démarche structurée et des documents standardisés, comme nous l'avons vu au chapitre III, mais propres à l'objet du contrat. Les outils seront donc plus de nature « bureautique », à définir et mettre en place par soi-même (Excel, Intranet collaboratif…). Néanmoins, un point commun à tous les types de contrats est la gestion des non-conformités ou « problèmes qualité ». Ce module peut faire l'objet d'une brique logicielle qui permet l'enregistrement du problème, le suivi de sa résolution, et offre souvent un fonctionnement collaboratif entre l'entreprise et les fournisseurs qui se connectent pour poster leur plan d'action. Elle facilite la mesure et la synthèse de la performance fournisseur.

Les briques relatives à l'analyse de l'activité approvisionnement

Datawarehouse *achat [10]*

C'est une base de données consolidant les informations transactionnelles d'approvisionnement, Commandes/Réceptions/Factures, remontant des différents systèmes de gestion informatique. Elle permet des analyses de dépenses selon les axes : catégories d'achat, fournisseurs, régions, sites, articles, prix. Elle s'appuie sur les référentiels achats.

Synthèse d'activité ou **Score Card** *fournisseur [11]*

Il s'agit d'une synthèse des différentes sources d'information :

* des données de chiffre d'affaires, résultant des analyses de dépenses fondées sur la *Datawarehouse* ;
* des mesures de performance fournisseurs effectuées à partir de la *Datawarehouse* (ex. : respect des délais de livraison) ou résultant du système de gestion des problèmes qualité ;
* des évaluations plus déclaratives par enquêtes auprès des utilisateurs et/ou gestionnaires des contrats
* …

FOCUS SUR LES ACHATS HORS PRODUCTION

Nous développerons uniquement les éléments qui impactent plus spécifiquement de notre domaine.

Nous commencerons par les briques relatives à l'activité transactionnelle d'approvisionnement qui représente un poids important dans l'activité des achats hors production. Un des objectifs est donc de l'optimiser afin d'en réduire la charge. Cette optimisation passe par une bonne compréhension des processus d'approvisionnement et des outils logiciels correspondants qui orienteront les actions en amont telles que la mise en place de contrats cadres, ou la négociation de processus administratifs spécifiques avec les fournisseurs. Dans ce cadre, nous nous focaliserons sur les outils généraux :

* [8] – Outils généraux d'approvisionnement :
  - [8.1] - progiciels de gestion intégrés ;
  - [8.2] - carte achat et carte affaire.

Nous aborderons ensuite les briques relatives à la gestion des référentiels suivants :

* [7] – Gestion des articles-prix, et plus particulièrement des catalogues électroniques ;
* [5] – Gestion du panel et des fichiers fournisseurs : cette brique n'est pas spécifique aux achats hors production mais, étant un des fondements de tout système d'information achat, il est utile de l'aborder ici.

Chapitre XII

Optimiser les processus d'approvisionnement pour améliorer la productivité des Achats hors production

L'objectif est d'assurer un processus d'approvisionnement visant une efficacité administrative tout en étant conforme aux règles de contrôle interne. La contribution des Achats à cette optimisation doit couvrir l'ensemble du processus *procure-to-pay*, de la demande d'achat à la facturation et au paiement, car des idées d'optimisation concernant l'aval du processus peuvent impacter les maillons amont sous gestion des Achats.

Deux axes d'intervention sont à étudier en fonction des possibilités offertes par les logiciels utilisés :

- optimiser chaque étape du processus et éliminer les interventions inutiles, pour réduire la charge administrative et la durée du cycle ;
- viser le « zéro papier ».

Le premier levier d'action s'appuie sur le principe de base du processus d'approvisionnement décrit dans la figure 12.1, et qui traduit les circuits et règles d'approbation présentés au chapitre V (figure 5.3).

Ce schéma met en évidence la simplification du processus transactionnel au quotidien, lorsque les Achats ont anticipé les besoins et mis en place des contrats cadres pour les achats récurrents. Les Achats ne sont alors plus impliqués dans le processus transactionnel d'approvisionnement. Le délai entre l'expression de besoin et l'arrivée de la commande chez le fournisseur est réduit. La charge de travail des Achats est allégée.

Le second levier d'action est de tendre vers le « zéro papier ». Cela est souvent possible avec les logiciels actuels qui intègrent des fonctionnalités d'approbation

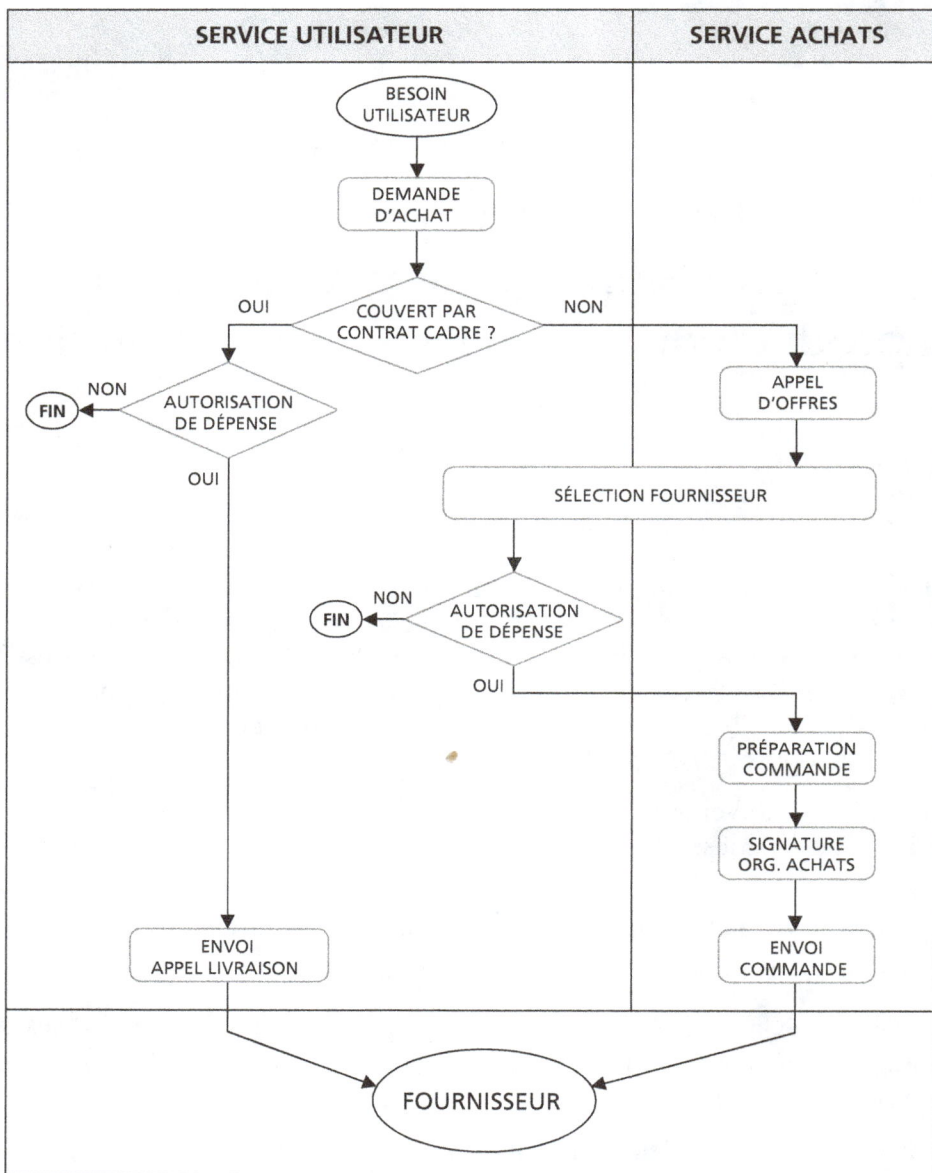

Figure 12.1 – Principe de traitement d'une demande d'achat

électronique évitant l'impression des documents, ainsi que l'envoi de documents aux fournisseurs par voie électronique. À l'autre bout du processus, la gestion de factures sous format électronique contribue également à l'efficacité administrative.

LES OUTILS D'APPROVISIONNEMENT GÉNÉRAUX

Les progiciels de gestion intégrés ou ERP (*Entreprise Ressource Planning*) sont des applications informatiques qui couvrent une grande partie des fonctions de l'entreprise : finance, achat, production… Nous aborderons ici certains points relatifs aux achats.

Le processus d'approvisionnement de produits récurrents passe par la gestion de listes de prix

Les modules achat de ces progiciels offrent des fonctionnalités bien adaptées à l'achat de produits récurrents, permettant de gérer les listes d'articles avec leur prix associé. Le schéma de principe de la figure 12.1, présenté précédemment, est alors parfaitement pris en charge par le logiciel.

On distingue les deux cas de gestion informatique suivants : gestion par l'entreprise uniquement ou gestion impliquant le fournisseur.

La gestion de ces listes par l'entreprise

Dans ce mode de gestion la solution la plus fréquente s'appuie sur les composants suivants :

- Un fichier article dans le progiciel de gestion intégré limité aux articles les plus fréquents. Ils ont un code article propre à l'entreprise, ou parfois au service utilisateur s'il n'y a pas de coordination centrale pour la gestion de ce fichier. Ces articles font le plus souvent l'objet d'une gestion de stock.
- Une liste de prix pour ces articles, chez un fournisseur donné, gérée par les Achats. Selon les éditeurs de logiciels on parlera de commande « ouverte », « fiche article-fournisseur », ou de « contrat ». Dans la suite, nous utiliserons le terme de commande « ouverte ».

> Dans certains logiciels, il peut y avoir plusieurs solutions techniques possibles selon que l'on gère une simple liste de prix ou que l'on gère des dates de validité de ces prix. Le choix dépend du mode de gestion que les Achats souhaitent mettre en place, plutôt que de la recherche de la solution informatique la plus simple.

- À chaque besoin d'approvisionnement, le service utilisateur exploitera cette liste de prix ou commande « ouverte ». Selon les logiciels on parlera d'« appel de livraison sur commande ouverte », de « demande d'achat ». Cet « appel de livraison » sera ensuite soumis au responsable budgétaire pour approbation de dépense, puis la commande d'approvisionnement sera générée automatiquement à destination du fournisseur, sans intervention du service Achats.

La gestion impliquant les fournisseurs

Ici les composants mis en jeu sont des catalogues électroniques préparés par les fournisseurs et mis à disposition du progiciel de gestion intégré. Cela suppose que celui-ci soit techniquement capable de les gérer. Outre le fait que le travail est, dans ce cas, réalisé par le fournisseur, cette solution technique présente plusieurs avantages par rapport à la précédente :

- Ces catalogues sont plus riches en informations : articles, prix, mais aussi photos et documentation technique. Ils peuvent couvrir la totalité du catalogue du fournisseur et ne se limitent pas forcément aux seuls articles listés par les services utilisateurs.

- L'utilisateur sélectionnera les produits dans ce catalogue. Selon les logiciels, on parlera de « panier », par analogie au vocabulaire utilisé sur les sites marchands Internet, ou de « demande d'achat ». Après approbation par le responsable budgétaire, une « commande sur catalogue » sera générée automatiquement à destination du fournisseur, sans intervention du service Achats.

- Certains des progiciels offrent aussi des fonctionnalités très orientées « utilisateur » telles que la recherche par mot-clé, la comparaison de prix entre plusieurs articles sélectionnés dans le résultat de la recherche…

Compte tenu des avantages présentés par les e-catalogues, cette option technique est intéressante. Elle minimise la charge de travail du service Achats, car le catalogue est préparé par le fournisseur, et offre à l'utilisateur une information et un service plus riches.

ERP et e-procurement : une fusion pas encore totalement aboutie sur le plan technologique

Pour mémoire, dans le vocabulaire informatique, pour le premier cas, on entendra parler de fonctionnalités propres aux systèmes ERP, dans le second cas, d'application d'e-procurement (historiquement, ces deux types de fonctionnalités faisaient l'objet de logiciels différents). Chez les grands éditeurs de progiciels, toutes ces fonctionnalités ont été intégrées dans le même système, du moins si l'on parle de la partie visible de l'iceberg informatique. Vu sous l'angle fonctionnel, ce distinguo de vocabulaire n'est donc plus d'actualité.

On abordera plus loin le cas où l'ERP utilisé par l'entreprise n'a pas la capacité technique ou le niveau de version nécessaire à la gestion des e-catalogues et pour laquelle la cohabitation des deux applications interfacées, ERP et e-procurement, reste nécessaire.

Cette fusion technologique entre ces deux familles historiques de logiciels n'est cependant pas encore totalement aboutie. Il reste un point non encore totalement intégré qui a un impact sur l'organisation des Achats hors production : la gestion des stocks.

La gestion des stocks impose de synchroniser ERP et e-procurement

Les logiciels de gestion des stocks fonctionnent à partir d'articles gérés dans le fichier article, et non pas sur les catalogues électroniques. Lorsque les articles en question font partie d'un catalogue électronique élaboré par le fournisseur, comme dans le cas d'un catalogue de fournitures industrielles, se pose alors le problème du choix entre les deux solutions techniques au sein du même logiciel : e-catalogue, d'une part, fichier article et commande « ouverte » d'autre part.

La solution la plus optimisée est d'exploiter au maximum les fonctionnalités du logiciel de gestion des stocks, c'est-à-dire :

- L'utilisation du calcul de besoins, ou MRP (*Material Requirement Planning*), pour générer automatiquement des propositions de commande, dès l'atteinte du seuil de réapprovisionnement. Ce seuil est défini à partir de données utilisateurs (consommations moyennes) et de données achats (délais de livraison et quantité minimale de réapprovisionnement).

- L'utilisation des commandes « ouvertes » pour générer les « appels de livraison » à destination du fournisseur, à partir de ces propositions automatiques, dès leur validation par le gestionnaire du magasin.

Cependant, l'e-catalogue constitue le fichier de référence des prix résultant de la négociation des Achats. Il faut donc s'appuyer sur les deux solutions et gérer la redondance des prix entre l'e-catalogue et les commandes « ouvertes ».

Ces fonctionnalités de synchronisation entre e-catalogues, d'une part, et fichiers article et commandes « ouvertes », d'autre part, n'existent pas encore en standard dans les progiciels de gestion intégrés. Elles devront donc être réalisées en interne. Ce point sera développé au chapitre XIII sur la gestion des référentiels.

La gestion des e-catalogues demande une architecture en mode collaboratif

Trois solutions sont possibles pour la gestion des e-catalogues lorsque les logiciels de gestion intégrés offrent cette possibilité technique. Elles sont représentées en figure 12.2.

ENTREPRISE	HÉBERGEUR	FOURNISSEURS

[1] – E-catalogues logés dans le progiciel intégré utilisé par l'entreprise. Ce progiciel pouvant d'ailleurs être interne à l'entreprise, tel que présenté dans la figure, ou externe, utilisé en mode SaaS. Ce point est neutre ici.

[2] – E-catalogues logés dans le système informatique de chaque fournisseur des produits en question.

[3] – E-catalogues logés dans le système informatique d'une société tierce, dans lequel sont chargés tous les catalogues des différents fournisseurs avec lesquels on travaille.

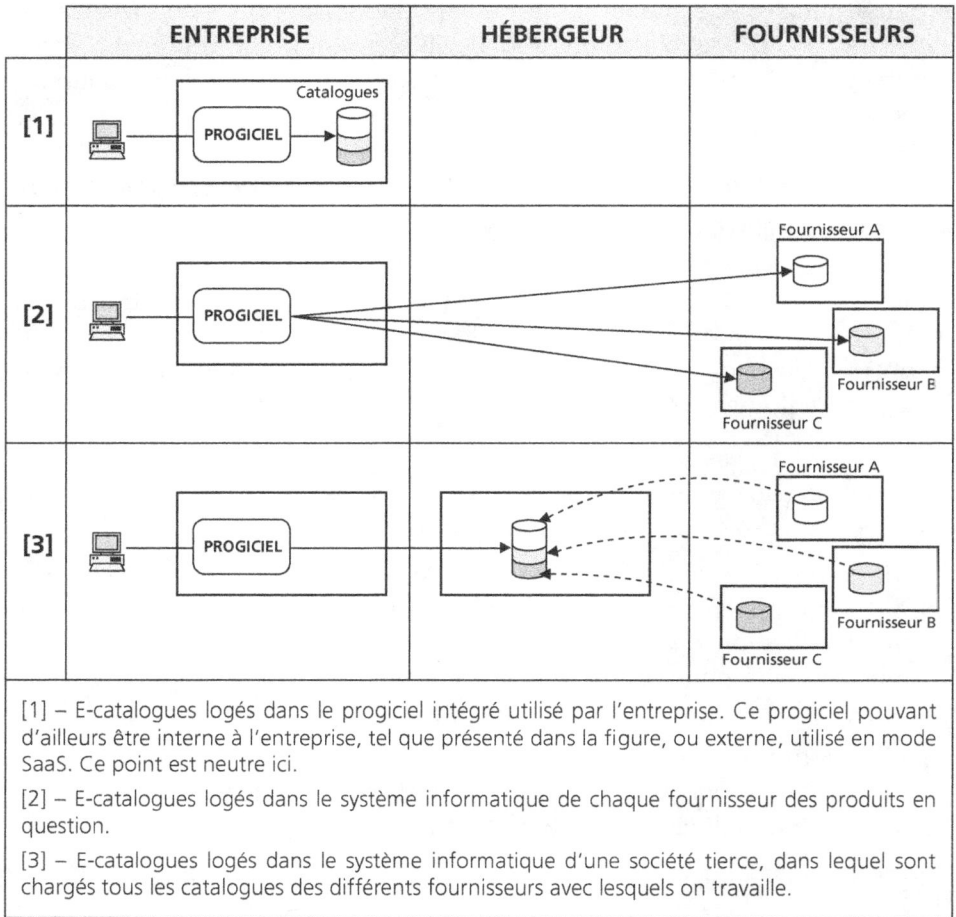

Figure 12.2 – Architectures possibles pour la gestion des e-catalogues

Dans les deux derniers cas, l'accès aux catalogues se fait pendant la transaction de préparation de la demande d'achat. Lorsque l'utilisateur active l'accès aux catalogues, il se trouve automatiquement dans l'ordinateur dans lequel ces derniers sont logés. Il fait sa recherche de produit, valide sa sélection, puis retourne, tout aussi automatiquement, dans l'ordinateur d'origine. Le produit rapatrié viendra s'ajouter à sa demande d'achat. Ce processus, d'aller-retour entre les deux ordinateurs est appelé « *punch-out* » par les informaticiens.

Ces différentes solutions présentent chacune leurs avantages et inconvénients, listés en figure 12.3.

	Solutions	Avantages	Inconvénients	Commentaires
1	E-catalogues logés dans le progiciel de l'entreprise	• **Achats** : gestion des prix sous contrôle total des achats. • **Utilisateurs** : homogénéité d'environnement quel que soit le produit recherché (écrans/ergonomie du progiciel de l'entreprise). • **Coûts** : apparemment la moins coûteuse des solutions car c'est une solution interne, mais…	• **Achats** : souvent faible en fonctionnalité de gestion des catalogues, telle que la comparaison de versions. • **Coûts** : peut être lourd à gérer sur le plan technique : – infrastructure technique nécessaire ; – serveurs dédiés si beaucoup de catalogues ; – chargement des catalogues ; – problèmes d'exploitation.	• Adapté à un petit nombre de catalogues.
2	E-catalogues logés dans le système de chacun des fournisseurs de produits	• Permet l'utilisation d'e-catalogues aux fonctionnalités sophistiquées telles que des configurateurs (exemple : achats d'ordinateurs individuels, de carte de visite…). Ces fonctionnalités ne peuvent être gérées dans la solution précédente car elles sont spécifiques au fournisseur.	• **Achats** : pas de contrôle des prix car ceux-ci sont gérés par le fournisseur dans son système. • **Utilisateurs** : environnement différent selon le fournisseur du produit recherché (écrans/ergonomie du site du fournisseur).	• À envisager dans le cas de produits complexes nécessitant un configurateur.
3	E-catalogues logés sur la plateforme d'une partie tierce, commune à tous les fournisseurs	• **Achats** : le logiciel de ce type de partenaire hébergeur offre des fonctionnalités de gestion des catalogues très orientées organisation achat, telles que : – la comparaison de versions, la liste d'écarts de prix, les listes des articles ajoutés/supprimés ; – le mode de fonctionnement collaboratif avec les fournisseurs. • **Utilisateurs** : – homogénéité d'environnement quel que soit le produit recherché ; – fonctionnalités de comparaison entre plusieurs articles sélectionnés que parfois le logiciel de l'entreprise n'offre pas. • **Informatique** : prend en charge tous les aspects techniques et opérationnels.	• **Coûts** : – une partie est supportée par le client ; – une partie est supportée par les fournisseurs de produits mettant en ligne leur catalogue… dont le coût se retrouvera dans le prix du produit.	• Indispensable pour la gestion d'un grand nombre d'e-catalogues, de par les fonctionnalités de gestion offertes à l'organisation Achats.

Figure 12.3 – Avantages-inconvénients des différentes solutions d'architecture e-catalogues

La solution [3], s'appuyant sur une partie tierce pour la plateforme technique d'hébergement, présente un avantage pour une organisation Achats de par les fonctionnalités de gestion de catalogues offertes. Celles-ci deviennent très vite indispensables lorsque le nombre de catalogues est important. Le mode de fonctionnement est présenté en figure 12.4.

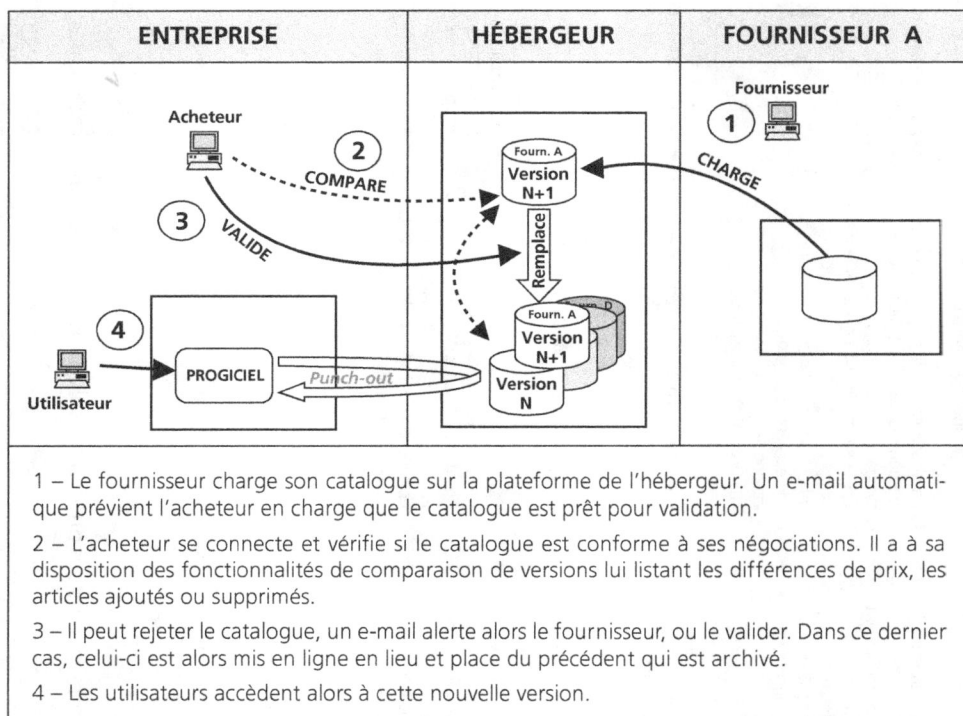

1 – Le fournisseur charge son catalogue sur la plateforme de l'hébergeur. Un e-mail automatique prévient l'acheteur en charge que le catalogue est prêt pour validation.

2 – L'acheteur se connecte et vérifie si le catalogue est conforme à ses négociations. Il a à sa disposition des fonctionnalités de comparaison de versions lui listant les différences de prix, les articles ajoutés ou supprimés.

3 – Il peut rejeter le catalogue, un e-mail alerte alors le fournisseur, ou le valider. Dans ce dernier cas, celui-ci est alors mis en ligne en lieu et place du précédent qui est archivé.

4 – Les utilisateurs accèdent alors à cette nouvelle version.

Figure 12.4 – Fonctionnalités de gestion des e-catalogues en mode collaboratif

Ce modèle d'architecture présente deux autres avantages :

* Il lui est également possible de répondre au cas [2] quand celui-ci est nécessaire, tel que présenté en figure 12.5. Deux situations se présentent :
  – Le passage sur le site fournisseur pour la sélection de l'article, par exemple pour des produits dont la définition nécessite un configurateur. C'est alors l'e-catalogue sur le site fournisseur qui est utilisé pour la constitution de la demande d'achat, avec le prix géré dans le site du fournisseur.
  – Le passage pour simple consultation d'informations complémentaires sur le site du fournisseur.

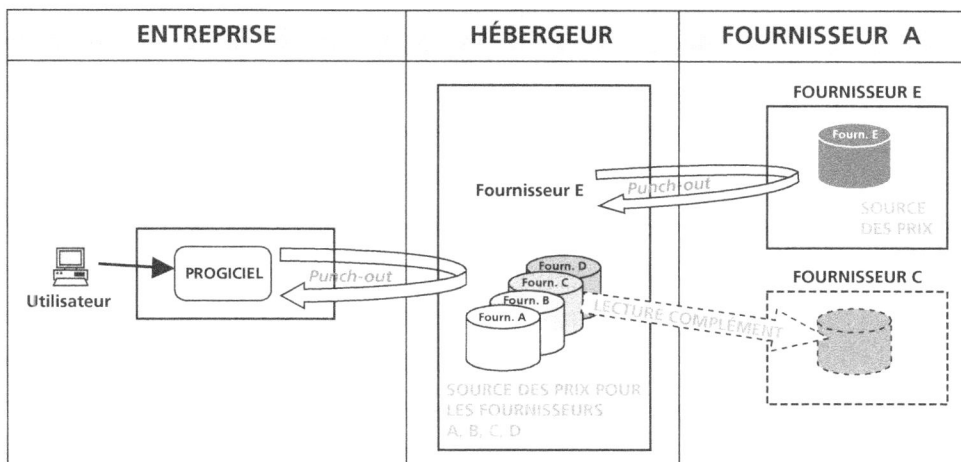

Figure 12.5 – Gestion des e-catalogues – 2nd *punch-out*

- Il permet à plusieurs progiciels de l'entreprise, capables bien sûr de gérer des catalogues, d'accéder à cette même plateforme externe, et donc de partager les mêmes e-catalogues. La figure 12.6 résume ces possibilités.

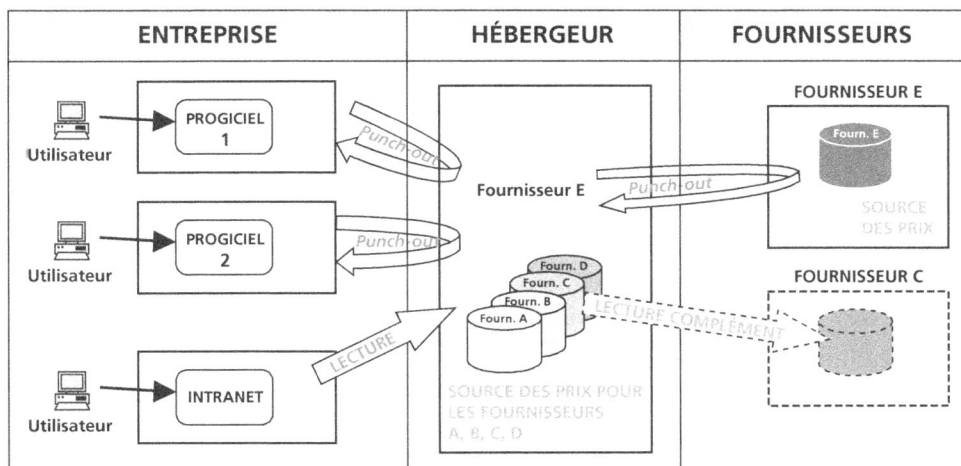

Figure 12.6 – Accès par plusieurs applications à la plateforme e-catalogues

C'est un point essentiel pour les entreprises ayant, du fait de leur histoire, plusieurs logiciels de gestion : les Achats n'ont, dans ce cas, qu'une seule base de catalogues à gérer.

Dans ce cadre on notera par ailleurs qu'une des applications de l'entreprise qui peut accéder ainsi à cette plateforme commune d'e-catalogues est l'intranet de l'entreprise. Cela permet ainsi d'offrir en consultation aux utilisateurs l'ensemble des catalogues sans qu'ils aient besoin de se connecter à leur ERP.

Le processus d'approvisionnement des services récurrents doit tendre à réduire l'intervention des Achats

L'achat de service est une part majeure de l'activité de gestion des commandes. Dans un certain nombre de cas, le modèle de prix négocié nous permettra de nous ramener au cas précédent : quand on a défini des prix unitaires pour des unités d'œuvre, et que l'expression du besoin utilisateur peut se traduire par une quantité de celles-ci. C'est, par exemple, possible dans le domaine des transports si l'on a négocié des prix par route.

On crée alors des articles « fictifs » correspondant à ces différentes unités d'œuvre et des commandes « ouvertes » pour gérer leur prix. Le processus d'approvisionnement se simplifie alors comme précédemment.

Pour des prestations de services ayant, en revanche, un modèle de prix plus complexe, les progiciels de gestion ne sont pas toujours adaptés. Dans ce cas, le processus cible décrit en figure 12.1 ne pourra pas s'implémenter et le traitement des demandes d'achat devra transiter par les Achats pour la réalisation de la commande, malgré les accords de prix déjà établis.

Une analyse particulière doit être faite, en fonction du progiciel de gestion, pour évaluer les possibilités de gestion de ces cas, parfois du ressort de l'astuce, tout en restant cohérent par rapport aux règles de contrôle interne.

Utiliser les commandes « fermées » comme des commandes « ouvertes »

Une première solution simple pour se ramener au processus de commandes « ouvertes » est d'utiliser des commandes normales, dites « fermées », d'une manière détournée. Sur le plan informatique une telle commande se rapporte généralement à un seul achat, et est censée déclencher la livraison par le fournisseur dès sa réception.

Dans le cas présent, on l'utilisera fonctionnellement comme une commande « ouverte », en précisant au fournisseur que sa réception ne doit pas déclencher de livraisons, celles-ci allant être déclenchées ultérieurement selon un processus « d'appels de livraison » spécifique. Celui-ci sera hors système informatique, par fax par exemple.

Une telle procédure présente les caractéristiques suivantes :

- De manière préalable, une fois pour toutes, la direction du service utilisateur approuve un montant de dépenses pour une période donnée, et la commande ainsi émise par les Achats constitue en fait une enveloppe budgétaire.
- Pour le fournisseur, elle sert à lui communiquer un numéro de commande à rappeler dans ses factures, et non pas à déclencher une livraison. Le montant a pour seul objectif de fixer un maximum et ne constitue pas un engagement d'achat. Ces indications devront, bien sûr, être clairement spécifiées sur le document, ainsi que la référence à l'accord cadre auquel ce document informatique se réfère.
- À chaque besoin, les utilisateurs déclencheront un « appel de livraison » par d'autres moyens que le système informatique. Ils auront la responsabilité de s'assurer que le prix correspondant est conforme aux accords de prix.
- Le fournisseur émettra ses factures en se référant à ce numéro de commande.
- Contrairement aux processus de commande « ouverte » standard ou « achat sur catalogue », la demande d'approvisionnement n'est pas soumise ici à approbation budgétaire préalable. Cette approbation a été donnée par avance lors de la réalisation de la commande. Ce processus est donc très adapté aux cas ou l'on peut être en situation d'urgence, comme dans les interventions de maintenance dans une usine.
- Cette procédure peut présenter un risque car le modèle de prix n'est pas géré dans le système informatique, et les Achats ne sont pas inclus dans le processus d'approvisionnement. Le contrôle du prix par rapport aux accords commerciaux repose sur le service utilisateur.

Déléguer aux utilisateurs les commandes de faible montant

Une autre solution pour réduire l'intervention des Achats dans les processus d'approvisionnement est de déléguer aux utilisateurs, pour les commandes de faible montant, les attributions de la fonction Achats, c'est-à-dire la négociation et la sélection de fournisseur. Cette délégation est donnée dans le cadre restreint d'un panel de fournisseurs préalablement homologués.

Cette règle de gestion doit pouvoir être implémentée dans le système informatique, ce qui n'est pas toujours possible selon le progiciel, et nécessite parfois un développement informatique spécifique. Celui-ci doit permettre la définition d'un seuil de montant au-dessous duquel, lorsque la demande d'achat a été approuvée par le responsable budgétaire, une commande est automatiquement émise à destination du fournisseur, sans transiter par les Achats.

La carte d'achat, un outil adapté aux achats de faible montant

La carte d'achat, ou *purchasing card*, est une possibilité intéressante à considérer dans une optique de simplification de processus, en complément du système de gestion principal, pour les achats récurrents de petite valeur. L'utilisation d'une carte d'achat remplace l'utilisation de systèmes informatiques de passation de commande, d'où la simplification du processus sur le plan administratif. Comme tout système, il présente des avantages et des inconvénients ; son usage est donc à considérer en fonction du contexte.

Le principe de fonctionnement

Conceptuellement, ce processus est semblable au cas précédent de commande « fermée » assimilée à une commande « ouverte ». En attribuant une carte d'achat à un employé, on lui donne par avance une autorisation de dépenses sur le compte de l'entreprise, dans un cadre prédéfini :

- les dépenses sont affectées à un centre de coûts de son département ;
- leur montant total mensuel est plafonné par un budget alloué à la carte ;
- le montant de chaque transaction est lui-même limité à une valeur maximale ;
- les fournisseurs qui peuvent être sollicités doivent correspondre à une liste nominative définie par les Achats, dans le cas de contrôle maximal, ou à une liste de catégories d'achat, dans le cas de contrôle minimal.

Tous ces éléments sont mémorisés dans le système de gestion de la carte et contrôlés à chaque transaction. Le processus transactionnel est présenté en figure 12.7.

Avec sa facture l'entreprise reçoit le fichier détaillé des transactions effectuées, qui permettra l'élaboration des rapports de contrôle à destination des différents responsables de département.

Les avantages d'un tel processus sont les suivants :

- Pour l'entreprise, une simplification administrative importante :
  - gain de temps dans le processus qui est direct de l'utilisateur au fournisseur, sans passer ni par un système informatique ni par un circuit d'approbation à chaque transaction ;
  - facture récapitulative mensuelle de tous ces achats, payée en une seule fois à la banque gérant la carte, qui règle les différents fournisseurs ;
  - processus sans papier de la commande à la facture.
- Pour le fournisseur, un paiement très rapide, à quelques jours de la facturation, qui impacte donc sa trésorerie.

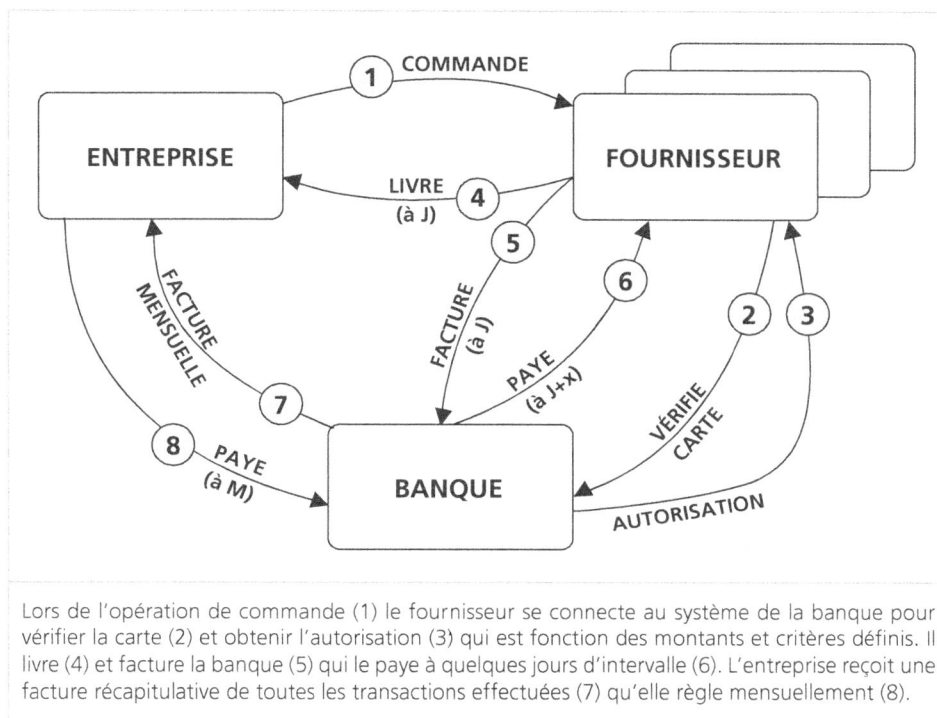

Lors de l'opération de commande (1) le fournisseur se connecte au système de la banque pour vérifier la carte (2) et obtenir l'autorisation (3) qui est fonction des montants et critères définis. Il livre (4) et facture la banque (5) qui le paye à quelques jours d'intervalle (6). L'entreprise reçoit une facture récapitulative de toutes les transactions effectuées (7) qu'elle règle mensuellement (8).

Figure 12.7 – Carte d'achat
Principe de fonctionnement de la transaction d'achat

Un tel système présente néanmoins quelques inconvénients à gérer :

- Un contrôle après-coup : « on paye d'abord, on contrôle après » :
  - les éventuels problèmes constatés lors de la réception des livraisons et les litiges fournisseurs sont à régler après le paiement ;
  - le contrôle des prix par rapport aux conditions commerciales négociées n'est possible que dans certains cas, selon le niveau de détail des informations transmises. Ce point est développé au paragraphe suivant.

- Ces informations d'achat, dans le système d'information de l'entreprise, sont liées au fournisseur « banque émettrice de la carte » et non aux divers fournisseurs effectifs. Elles ne seront pas correctement affectées dans les analyses achat. Une action spécifique pour orienter ces lignes de dépenses vers le bon fournisseur est donc nécessaire si l'on veut les intégrer correctement dans la *datawarehouse* achat.

Les trois niveaux de détail des informations transmises

Dans les processus de carte de paiement, on distingue trois niveaux de détail en ce qui concerne les informations transmises par les fournisseurs à la banque, et que l'on retrouve donc dans les fichiers reçus. Ces trois niveaux sont définis dans la figure 12.8.

Niveau 1	Niveau 2	Niveau 3

Niveau basique de tout terminal de paiement électronique :
• date de transaction ;
• montant ;
• nom fournisseur ;
• catégorie fournisseur.
	Intégration de données relatives aux taxes :
	• données de niveau 1 ;
	• plus :
	  – taux et montant TVA de la transaction.
		Détail au niveau des lignes de facture :
		• données de niveaux 1 et 2 ;
		• plus :
		  – données produits :
		  – référence article fournisseur ;
		  – description article ;
		  – prix unitaire ;
		  – quantité.

Figure 12.8 – Carte d'achat
Niveau d'information

Dans tous les cas ci-dessus, le processus de facturation est géré électroniquement mais, sur le plan fiscal, la facture papier devra toujours être adressée au client. On parlera de niveau 4 lorsque le processus mis en place intègre également la dématérialisation fiscale des factures, qui sont alors stockées sur la plateforme de dématérialisation certifiée d'un tiers « archiveur ».

Les niveaux qui se rapportent à la carte achat sont les niveaux 1 et 3. Le niveau 1, qui ne donne que le montant de dépense total par fournisseur, est le cas le plus répandu car un simple terminal de paiement électronique est nécessaire. Le niveau 3 est moins répandu, car il requiert une interface entre les deux systèmes informatiques, du fournisseur et de la banque (ou la contrainte pour le fournisseur de ressaisir les détails des informations dans le système de la banque). C'est cependant ce niveau 3 qui permettra à l'entreprise d'assurer un certain nombre de contrôles et d'analyses :

• contrôle interne : connaître la teneur des achats effectués par les porteurs d'une carte d'achat ;

• Achats : contrôle de la conformité des prix appliqués par rapport aux accords commerciaux. Contrôle fait éventuellement par sondage s'il ne peut être facilement automatisé.

Seuls les fournisseurs d'une certaine taille et ayant un volume d'affaires significatif *via* ce système investiront dans une interface de niveau 3. Ce point sera
donc un point critique dans la mise en place d'un tel système et dans la sélection des fournisseurs à inclure dans ce programme.

La carte d'achat, avantages et inconvénients

Les avantages et inconvénients, dont certains ont déjà été évoqués plus haut,
sont récapitulés en figure 12.9.

Avantages	Inconvénients
• Fluidisation et rapidité du processus approprié aux cas d'urgence. • Processus d'approvisionnement n'impliquant pas les Achats. • Zéro papier : simplification et gains administratifs. • Une seule facture et un seul paiement remplacent plusieurs factures fournisseurs. • Un « gain » financier : la banque verse à l'entreprise une commission liée au montant d'achat qui transite *via* la carte. • Pour le fournisseur : paiement rapide garanti, ce qui peut favoriser l'adhésion des fournisseurs à ce système.	• Contrôle après-coup. • Qualité du contrôle dépendant du niveau de détail des informations (1 ou 3). • Même en cas de données de niveau 3, le contrôle Achats (prix) n'est pas facilement automatisable, et doit donc être fait par sondage manuel. • L'intégration dans une *datawarehouse* consolidant les dépenses achat nécessitera un traitement particulier. • Pour le fournisseur : des coûts, un pourcentage sur son chiffre d'affaires... que le client peut retrouver dans ses prix.

Figure 12.9 – Carte d'achat
Avantages et inconvénients

Compte tenu de ces avantages et inconvénients, il s'agira d'évaluer les
champs d'application d'un tel système en termes de familles d'achats, de listes
de fournisseurs et de montant maximal.

Ce système est bien adapté :

- aux approvisionnements devant être déclenchés en situation d'urgence ;
- aux approvisionnements de faible montant pour lesquels le risque lié au
  non-contrôle des prix par rapport aux accords commerciaux est faible, ou
  que l'impact financier dans un tel risque est faible devant le gain en termes
  de coûts administratifs.

La carte affaire individuelle et/ou carte « logée »

Le principe de fonctionnement

La carte affaire individuelle et la carte « logée », *corporate card* et *lodge (ou ghost) card*, sont utilisées pour les transactions d'achat généralement liées aux voyages. La carte affaire est de niveau 1, et la carte « logée » de niveau 2.

Ces systèmes sont bien connus.

Pour mémoire, rappelons que la carte affaire est individuelle, les dépenses sur cette carte sont généralement prélevées sur le compte bancaire personnel de l'employé qui se fait rembourser ces dépenses par son entreprise. Les factures relatives à celles-ci arrivent chez l'employé qui les contrôle, et les soumet ensuite avec sa note de frais à l'approbation de sa hiérarchie.

La carte « logée » est une carte débitant directement le compte de l'entreprise. Les factures correspondant à ces dépenses arrivent de manière centralisée au service comptable qui doit ensuite les faire valider par les divers services utilisateurs avant paiement.

L'utilisation exclusive de la carte affaire

On rencontre deux modes de fonctionnement de ce type de cartes :

- utilisation mixte : carte affaire + carte « logée » ;
- utilisation exclusive de la carte affaire.

Dans le mode mixte, la carte « logée » est généralement réservée aux dépenses d'un montant important telles que les billets d'avion, alors que la carte affaire individuelle sert aux petites dépenses telles que les taxis et les hôtels.

Dans le mode exclusif carte affaire, toutes les dépenses passent sur cette carte individuelle, y compris les billets d'avion.

Par rapport à un objectif d'optimisation administrative de processus, qui est le sujet ici, le mode exclusif est bien sûr le plus efficace. Les factures arrivent directement chez l'utilisateur, qui les contrôle, et disparaissent du flux géré par les services comptables. Elles seront jointes aux notes de frais que les comptables traitent déjà. La simplification de processus et le gain administratif sont donc assez significatifs.

En termes de contrôle interne, ce second mode présente également des avantages, puisque l'ensemble des achats individuels se retrouvent sur la note de frais et passent, de manière simple, par la validation de la hiérarchie.

Un problème éventuel de ce mode exclusif carte affaire est le décalage possible entre le remboursement de l'employé et le prélèvement par la banque, si la note de frais, ou son approbation, n'est pas faite dans les délais.

L'élimination de ce risque peut se faire par la mise en place d'un circuit direct avec la banque, s'appuyant sur un logiciel de notes de frais, qui permet d'allier les avantages des deux modes.

Toutes les dépenses enregistrées sur la carte affaire font l'objet d'un fichier transmis par la banque et chargé dans ce logiciel. L'employé contrôle ses factures, complète éventuellement ce fichier par des dépenses réalisées en dehors de sa carte affaire, finalise sa note de frais et la soumet électroniquement à l'approbation de sa hiérarchie. Une fois approuvées, les dépenses réalisées *via* la carte sont directement prélevées sur le compte de l'entreprise. L'employé n'est donc plus dans le flux financier, il n'a plus à obtenir le remboursement de ses dépenses par l'entreprise, d'une part, et à payer à la banque, d'autre part.

La figure 12.10 représente les deux processus :

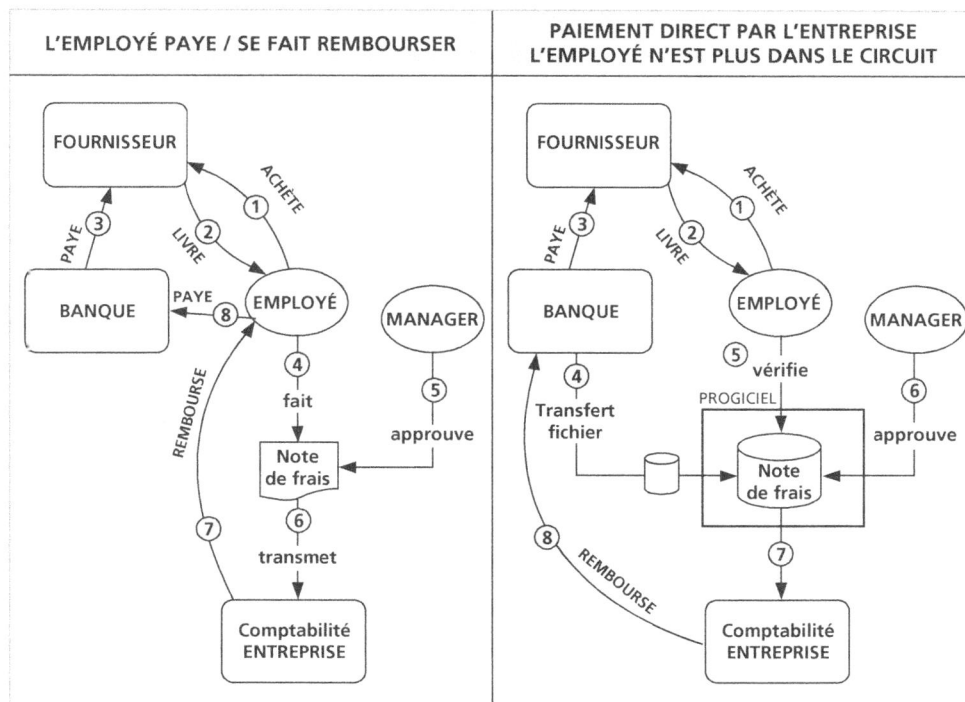

Figure 12.10 – Carte affaire : les deux processus

LES PROGICIELS DE GESTION INTÉGRÉS
POUR TENDRE AU « ZÉRO PAPIER »

L'élimination du papier participe à la fois à la réduction de la charge administrative et à la réduction de la durée du cycle. Elle est à étudier à toutes les étapes du processus *procure-to-pay*, depuis l'expression de besoin, la demande d'achat, jusqu'au paiement. L'évolution des technologies et des offres logicielles permet aujourd'hui un haut niveau d'efficacité en la matière.

Nous avons déjà vu la contribution des cartes à cet objectif, que ce soit la carte d'achat qui est par construction « zéro papier », ou la carte affaire lorsqu'elle est utilisée en mode exclusif.

Nous nous focalisons ici sur les progiciels de gestion intégrés et les principales possibilités offertes.

Développer les approbations électroniques des demandes d'achat et des commandes

Ces fonctionnalités constituent un élément capital dans la fluidisation des processus et le « zéro papier », tant au niveau des demandes d'achat qui doivent suivre un circuit d'approbations internes, que pour les commandes qui ont également leur propre circuit d'approbations. Il n'est plus nécessaire d'imprimer ces documents pour les faire signer.

Les circuits d'approbations doivent être pour cela décrits dans le progiciel de gestion, de manière nominative, avec les seuils de montants d'approbations correspondants. Cela impose une organisation et une discipline de gestion :

- dans l'administration de cette base de données, à chaque changement d'organigramme ;
- dans la gestion, par les signataires potentiels eux-mêmes qui doivent déclarer le changement de circuit en cas d'absence de leur part.

Pour ces raisons la mise en place de tels systèmes de circuits d'approbations électroniques nécessite une bonne « gestion du changement » lorsqu'elle est faite pour la première fois. Dans le meilleur des cas, elle consiste en la mise en place des processus d'administration et de mise à jour de cette base de données des circuits d'approbations, ou *workflows*. Mais parfois, elle est elle-même le déclencheur de la première formalisation structurée de ces circuits.

Gérer l'envoi des commandes par e-mail ou fax

Les progiciels permettent aujourd'hui l'envoi des commandes par voie électronique selon différents mode et format : e-mails, fax, ou format XML permettant une intégration facile dans le système du fournisseur. Des échanges EDI, *Electronic Data Interchange* (échange de fichiers selon des formats standardisés *via* une partie tierce), font également partie des solutions techniques possibles mais requièrent des mises en œuvre plus lourdes.

Dans le domaine des achats hors production, compte tenu de la diversité, du nombre et de la taille des fournisseurs, les solutions les plus fréquemment utilisées sont l'e-mail ou le fax. L'e-mail a l'avantage de permettre l'envoi de documents attachés, mais présente l'inconvénient de ne pas avoir une trace automatique de la réception par le fournisseur ; le fax permet, en revanche, cette traçabilité par l'accusé de réception et son suivi, ce qui peut être utile en cas de litige.

L'envoi de fichier au format XML vient ensuite loin derrière, car cette solution requiert un travail informatique chez le fournisseur pour intégrer ces fichiers dans son système.

L'EDI est rarement pratiqué avec les fournisseurs d'achat hors production.

Dans les solutions e-mail ou fax, le problème de la signature des commandes pourrait être soulevé. D'une manière générale, dans les achats hors production le problème ne se pose pas, les fournisseurs acceptant généralement les commandes reçues par ce canal.

Des pratiques qui optimisent le rapprochement de la facture avec la commande et la réception

Un problème fréquent dans la gestion des factures relatives aux achats hors production est le rapprochement automatique avec la commande et la réception, le *3 way match*, lorsque les réceptions ne sont pas systématiquement faites, quand ce n'est pas la commande elle-même qui manque. Ces problèmes sont du ressort de l'organisation, nous ne les aborderons pas ici. Au-delà de ces problèmes de discipline, que l'informatique ne résoudra pas, quelques pratiques permettent d'optimiser le processus.

L'autofacturation décharge du contrôle de la facture

L'autofacturation, ou *self-billing*, consiste à calculer soi-même la facture que l'on doit recevoir du fournisseur et à lui transmettre ce calcul ; à charge pour lui de vérifier et, éventuellement, de signaler les erreurs. Cette validation faite, il devra émettre une facture à l'identique.

Cette approche, appliquée le plus souvent dans les achats de production, peut s'étendre aux achats hors production dans le cas de fournisseurs ayant un volume d'activité régulier et important, livrant des produits faisant l'objet d'une codification dans l'entreprise, et avec un modèle de prix simple. C'est le cas, par exemple, de gros distributeurs de fournitures industrielles.

À l'autre extrême, dans des cas où le modèle de prix peut être complexe, on rencontre cette fonctionnalité dans les progiciels de gestion spécialisés dans le domaine en question, par exemple dans les systèmes de gestion des transports.

Cette procédure n'élimine pas la facture et la nécessité de l'enregistrer et de la rapprocher des commandes/réception, mais reporte sur le fournisseur la charge de contrôle. Elle n'est cependant applicable qu'à un petit nombre de partenaires importants, compte tenu des processus organisationnels spécifiques à mettre en place de part et d'autre.

> Pour mémoire, dans certains pays comme les États-Unis, une réglementation plus avancée permet de se suffire de cette procédure : l'entreprise cliente calcule elle-même ce qu'elle doit payer sur la base des réceptions enregistrées, et effectue le règlement sans avoir besoin de la facture du fournisseur.

Plus de saisie de facture avec le scan !

La dématérialisation physique des factures (nous ne parlons pas ici de dématérialisation fiscale) passe par des solutions techniques de type scan de documents avec reconnaissance de caractères. Les solutions EDI, envisageables avec un petit nombre de grands partenaires, ne sont pas appropriées au contexte nous concernant, soit une grande variété de fournisseurs de toute taille.

Le scan des factures avec un logiciel de lecture automatique de documents (LAD), fondé sur une reconnaissance optique de caractères, a pour objectif de produire un fichier structuré avec toutes les données de la facture. Celui-ci sera ensuite chargé dans le progiciel de gestion, en substitution d'une saisie manuelle, pour rapprochement automatique avec les commandes et les réceptions.

La dématérialisation physique de la facture peut être sous-traitée

De telles solutions sont plus efficacement mises en place *via* des sociétés spécialisées dans ce type de prestation, car le résultat du scan de la facture n'est pas toujours satisfaisant du premier coup et un complément de saisie manuelle est parfois nécessaire pour capturer toutes les données du document papier. Ce type de prestation couvre par ailleurs l'ensemble des besoins en la matière :

- scan, vérification, complément manuel : fourniture du fichier ainsi généré ;
- fourniture de la version PDF du document ;
- traitement du document papier : indexation et classement en boîtes archives à destination du client ou d'un tiers archiveur.

Le fonctionnement de principe est présenté en figure 12.11.

Nous noterons au passage que le rappel par le fournisseur du numéro de commande auquel se rapporte la facture devient ici une condition *sine qua non* à l'automatisation complète du processus. Ce point est moins critique dans le cas d'une saisie manuelle de facture par le service de comptabilité, car celui-ci peut parfois déduire cette information par rapprochement visuel entre le contenu de la facture et le contenu des commandes en attente de factures chez le fournisseur en question.

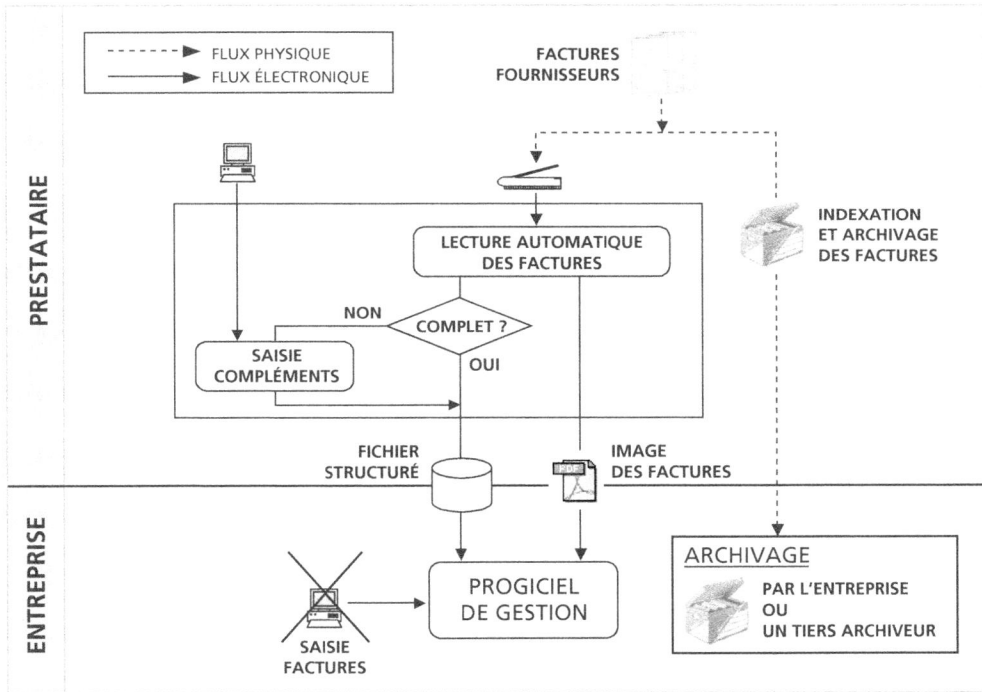

Figure 12.11 – Dématérialisation physique des factures
via un prestataire extérieur

ERP *VERSUS* E-PROCUREMENT ?

Une opposition qui relève de l'argumentaire commercial

Jusqu'à maintenant nous avons pris garde, dans ce chapitre sur les outils, de nous concentrer sur les fonctions et les principes des différentes briques logicielles qui nous intéressent en tant qu'organisation Achats, laissant à chacun le soin de faire le lien avec son environnement technologique et d'utiliser cette vision fonctionnelle dans les discussions avec sa direction informatique.

En particulier, nous avons rejeté la dualité ERP *versus* e-procurement au début de ce chapitre, en nous limitant aux fonctionnalités et en considérant que cette « opposition » n'avait plus lieu d'être dans la mesure où les grands éditeurs proposent maintenant des progiciels incluant toutes ces fonctionnalités de manière intégrée (avec une réserve concernant la gestion des stocks).

Néanmoins dans certains discours commerciaux, ces différences perdurent. Les deux caractéristiques que l'on entend souvent pour distinguer les progiciels dits d'e-procurement des progiciels dits ERP, sont les suivantes :

- la capacité à gérer des e-catalogues ;
- la capacité à gérer des circuits d'approbations électroniques.

On entend dire aussi que les logiciels d'e-procurement sont dédiés aux achats hors production alors que les ERP seraient dédiés aux achats de production.

Dans la réalité, s'il y a sans doute une différence technologique dans la partie cachée de l'iceberg logiciel, pour ce qui concerne la partie visible fonctionnelle, la seule qui nous intéresse, la situation est tout autre :

- un e-catalogue n'est, sur le plan fonctionnel, qu'un fichier article, comme ceux des ERP, mais avec la possibilité de faire faire le travail de constitution de ce fichier par le fournisseur ;
- certains anciens ERP sont tout aussi capables de gérer des circuits d'approbations électroniques que les logiciels d'e-procurement.

Vu du côté fonctionnel, la vraie différence entre ces deux types d'offres de logiciels, et qui nous pose un vrai problème, est la gestion des stocks que l'on ne trouve que dans les logiciels dits ERP. Celle-ci est nécessaire dans les achats hors production, tout autant que dans les achats de production. Nous avons d'ailleurs vu plus haut que même dans les progiciels qui ont maintenant intégré l'ensemble des fonctionnalités, cette partie de l'intégration n'est pas, à ce jour, encore totalement aboutie sur le plan technologique.

L'argumentaire présentant les logiciels d'e-procurement comme dédiés aux achats hors production, alors que les ERP seraient eux dédiés aux achats de production, est donc davantage un argument commercial pour justifier ou minimiser ces lacunes, qu'une réponse à un besoin fonctionnel. Il est quand même plus simple de n'avoir qu'un seul logiciel à utiliser quel que soit le domaine d'achat, aussi bien pour les Achats que pour les utilisateurs.

La cohabitation ERP et e-procurement est parfois nécessaire

Cela étant dit, il n'en reste pas moins vrai que beaucoup d'entreprises ont un parc informatique installé, fondé sur un ou plusieurs progiciels n'ayant pas le niveau technologique permettant de gérer des e-catalogues ou des circuits d'approbations sophistiqués.

Si le schéma directeur informatique n'envisage pas leur remplacement ou l'*upgrade* de leur version, la seule solution reste l'utilisation d'un progiciel supplémentaire apportant ces fonctionnalités. Ce progiciel qui peut être soit interne à l'entreprise, soit externe et utilisé en mode SaaS, devra alors être interfacé avec les ERP « anciens » existants.

Deux grands scénarios d'intégration sont alors applicables ; ils sont présentés respectivement en figures 12.13 et 12.14.

Rappelons d'abord le schéma de principe « avant » e-procurement, par rapport auquel ils seront positionnés. Ce schéma est présenté en figure 12.12.

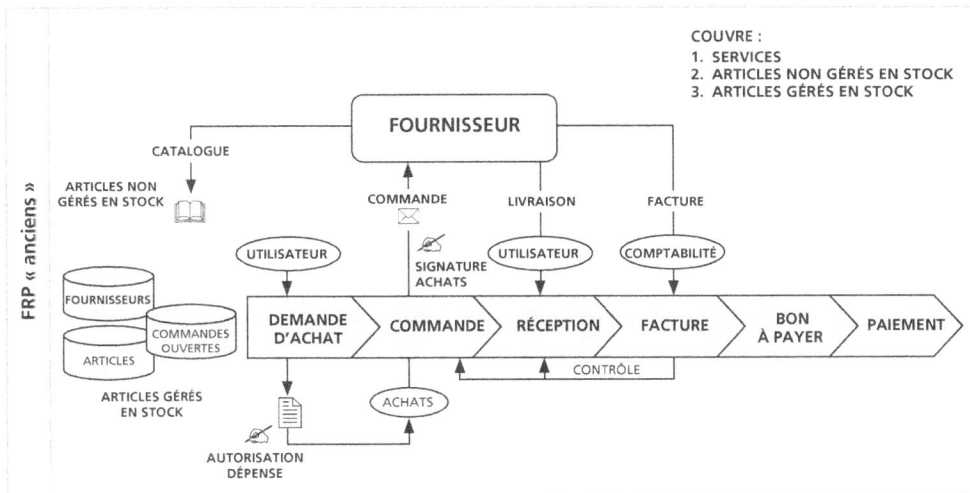

Figure 12.12 – Schéma ERP « ancien », avant e-procurement

Dans le schéma 12.13, le processus d'approvisionnement est réalisé dans le logiciel d'e-procurement de la demande d'achat à la réception. Les commandes et réceptions ainsi réalisées dans ce logiciel sont recopiées dans l'ERP « ancien », afin de servir au rapprochement de la facture qui sera saisie dans l'ERP « ancien » comme dans la situation avant e-procurement présentée en figure 12.12. La mise en place d'une telle architecture impacte seulement l'amont du processus : les services utilisateurs et Achats.

Dans la figure 12.14, la gestion du processus d'approvisionnement est poursuivie dans le logiciel d'e-procurement en incluant l'étape d'enregistrement de la facture. La fonction de rapprochement avec la commande et la réception se

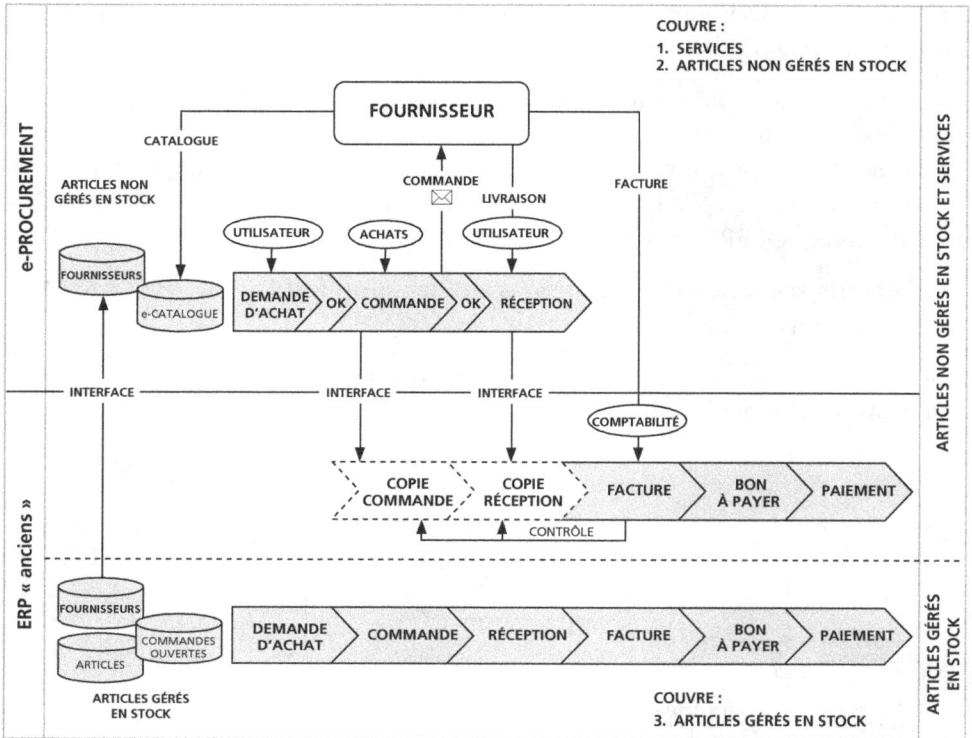

Figure 12.13 – E-procurement interfacé avec un ERP
« ancien » scénario minimal

fait dans ce logiciel ainsi que la gestion et la résolution des litiges. Une inter-face transfère la facture vers l'ERP « ancien » ainsi que l'instruction « bon à payer », immédiatement si le contrôle automatique est positif, ou ultérieure-ment s'il y a un litige à gérer. Dans ce scénario, le service comptable est éga-lement impacté par la mise en place du nouveau logiciel.

Dans ces deux schémas, seule la gestion des approvisionnements des services et d'articles non gérés en stock est couverte. L'approvisionnement des articles gérés en stock reste géré avec l'ERP « ancien » comme initialement. La réplica-tion du fichier fournisseurs, de l'ERP « ancien » vers le logiciel d'e-procurement, ainsi que la réplication d'autres données permanentes telles que les centres de coûts et les budgets sont communes aux deux scénarios.

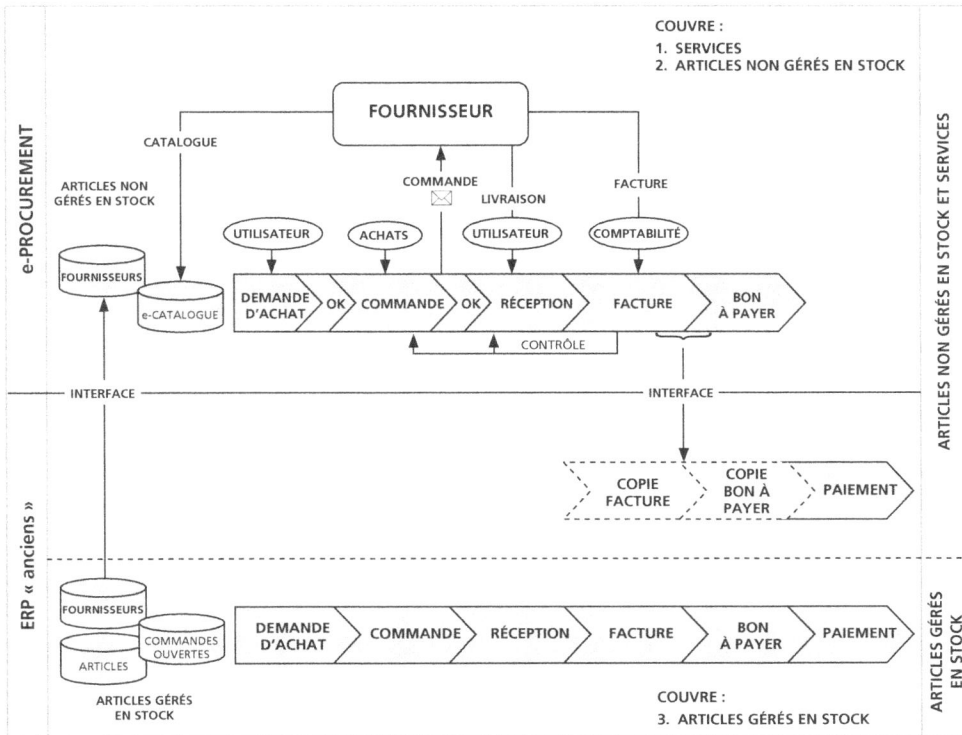

Figure 12.14 – E-procurement interfacé avec un ERP
« ancien » scénario maximal

Les avantages et inconvénients des deux scénarios sont résumés en figure 12.15.

Scénario	Avantages	Inconvénients
Commun aux 2 scénarios	• Gestion d'e-catalogues. • Gestion de circuits d'approbations plus sophistiqués.	• Utilisateurs : utilisation de 2 systèmes différents selon le type d'approvisionnement (produits stockés : ERP « ancien » ; autres : e-procurement). • Achats : utilisation de 2 systèmes différents selon le type d'approvisionnement (produits stockés : ERP « ancien » ; autres : e-procurement). • Interface de synchronisation du fichier fournisseurs et autres données permanentes (centre de coûts, budgets).
Scénario minimal	• Comptabilité fournisseurs : utilisation d'un seul système quelle que soit l'origine de l'approvisionnement, ERP « ancien » ou e-procurement.	• Interfaces de transfert des commandes et des réceptions : – interfaces complexes ; – problèmes d'exploitation : si certaines commandes/réceptions ne « descendent » pas, les factures ne peuvent pas être traitées.
Scénario maximal	• Moins d'interfaces, et interfaces plus simples. • L'ensemble du processus est géré dans le même logiciel, seul le déclenchement du paiement est réalisé dans l'ERP « ancien ».	• Comptabilité fournisseurs : – utilisation de 2 systèmes différents selon le type d'approvisionnement (achats hors production/produits stockés et achats de production : ERP « ancien » ; autres : e-procurement) ; – risque éventuel lors de l'enregistrement des factures : dans quel système faut-il l'enregistrer ? Une convention sur le mode de numérotation des commandes permet de résoudre ce risque… si le fournisseur le rappelle dans sa facture.

Figure 12.15 – Avantages-inconvénients des deux scénarios

Chapitre XIII

La gestion des référentiels, fondations de l'édifice

Nous abordons dans ce chapitre la gestion des référentiels articles et fournisseurs.

Pour le référentiel article, nous développerons le cadre spécifique des achats hors production, ayant une gestion de catalogues électroniques, et devant assurer leur synchronisation avec des fichiers article nécessaires à la gestion des stocks.

En ce qui concerne la gestion d'un référentiel fournisseur, elle ne présente pas de spécificités propres aux achats hors production. Mais étant donné l'importance de ce référentiel qui est un des piliers de tout système d'information achat, nous les traiterons ici et en résumerons les points principaux.

LE RÉFÉRENTIEL ARTICLE DANS LA GESTION DE E-CATALOGUES

Dans le cadre d'une gestion de catalogues électroniques, les deux points à aborder en la matière seront :

- le lien avec la segmentation achat utilisée par l'entreprise ;
- le lien avec les articles codifiés par l'entreprise, le plus souvent dans le cadre d'une gestion de stocks.

Établir le lien avec la segmentation achat utilisée par l'entreprise

Enrichir les e-catalogues au moyen d'une procédure automatisée

Outre son utilisation par les Achats dans les analyses des dépenses, la segmentation achat est nécessaire dans deux autres cas.

- Pour les utilisateurs, comme point d'entrée dans les contenus des catalogues regroupés par segments achat ; l'autre point d'entrée étant de présenter les catalogues par fournisseur.

- Pour la comptabilité, la segmentation achat est un des éléments permettant de déduire les imputations comptables. L'affectation préalable de chaque article à un segment achat contribue à l'automatisation de ces affectations, et évite à l'utilisateur de devoir préciser cette information à chaque fois, lors de la saisie de sa demande d'achat.

Il s'agit donc ici d'enrichir les e-catalogues par cette segmentation achat.

Cette procédure d'enrichissement peut être automatisée en s'appuyant sur une classification internationale des articles que les fournisseurs gèrent dans leurs catalogues électroniques. Deux codifications internationales existent : UNSPSC et Eclass. Eclass est essentiellement pratiquée en Allemagne, dans le secteur industriel. UNSPSC est la classification la plus fréquente.

La classification UNSPSC

UNSPSC (United Nations Standard Products and Services Code) est un système de classification des produits et des services pour une utilisation dans les systèmes de commerce électronique. L'UNSPSC a été mis au point par le programme UNDP (United Nations Development Program) des Nations unies et la société D&B (Dun & Bradstreet Corporation). Elle est gérée par l'association ECCMA (Electronic Commerce Code Management Association).

La classification UNSPSC est définie selon quatre niveaux et se traduit par un code de 8 chiffres, 2 pour chaque niveau. Un exemple est présenté en figure 13.1.

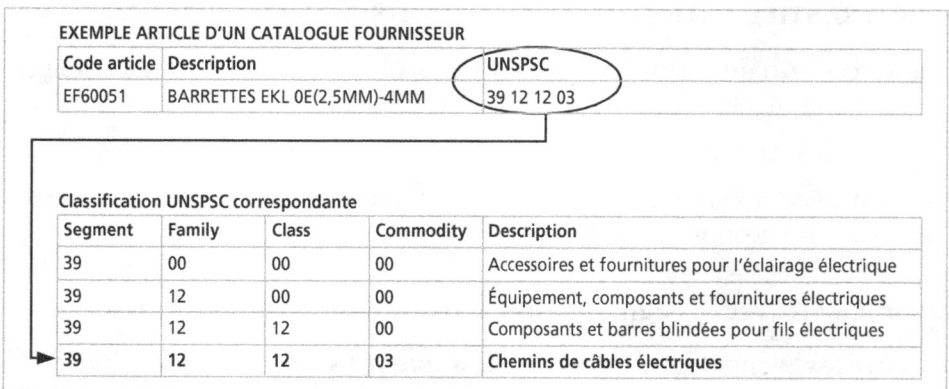

EXEMPLE ARTICLE D'UN CATALOGUE FOURNISSEUR

Code article	Description	UNSPSC
EF60051	BARRETTES EKL 0E(2,5MM)-4MM	39 12 12 03

Classification UNSPSC correspondante

Segment	Family	Class	Commodity	Description
39	00	00	00	Accessoires et fournitures pour l'éclairage électrique
39	12	00	00	Équipement, composants et fournitures électriques
39	12	12	00	Composants et barres blindées pour fils électriques
39	12	12	03	Chemins de câbles électriques

Figure 13.1 – Un exemple de codification UNSPSC

Cette codification est très utile pour générer automatiquement la segmentation achat interne pour chaque article, en s'appuyant sur des tables de correspondances à établir entre cette codification internationale et la segmentation achat de l'entreprise.

Établir les liens avec les articles codifiés en interne

Nous avons vu au chapitre XII que la gestion des stocks s'appuie sur des fichiers articles et que leur approvisionnement passe par des commandes « ouvertes ». Le problème se pose lorsque ces mêmes articles font l'objet d'un catalogue électronique mis à disposition par le fournisseur, et qui constitue la référence des prix.

Il faut gérer dans ce cas la redondance entre les prix dans les e-catalogues et les prix dans les commandes « ouvertes ». Comme nous l'avons déjà évoqué, ces fonctionnalités de synchronisation n'existent pas encore aujourd'hui en standard dans les progiciels de gestion intégrés et doivent être réalisées en interne.

Le processus de réplication de ces prix nécessite l'établissement de tables de correspondances entre la référence article e-catalogue, et le code article interne à l'entreprise. Par ailleurs, un même produit peut être utilisé par différents sites de l'entreprise, sous un code différent, s'il n'y a pas de gestion centrale de codifications des articles.

En outre dans certains domaines, comme la gestion de maintenance industrielle, l'usage est de gérer le nom et la référence du fabricant des articles utilisés, dans le fichier article ; cette information technique étant importante. Cette référence fabricant est aussi mentionnée par les distributeurs dans leur catalogue, pour les mêmes raisons. Dans une telle situation, cette information pourra servir d'intermédiaire pour faciliter la recherche de correspondance entre la référence article e-catalogue, propre au distributeur, et le code article interne à l'entreprise.

Le modèle de données traduisant les différentes correspondances à gérer dans une application informatique simple, en vue de permettre une réplication des mises à jour des prix des e-catalogues vers les commandes « ouvertes », est représenté en figure 13.2.

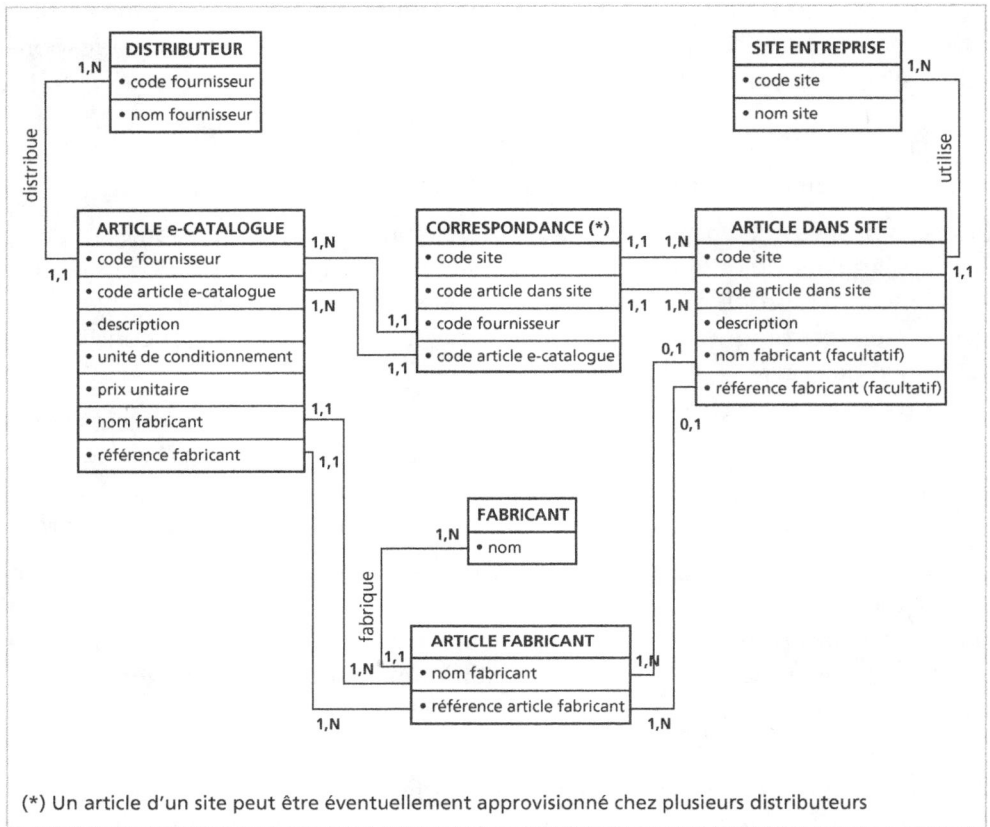

Figure 13.2 – Modèle de données des correspondances articles
Code article e-catalogue/code article entreprise/référence fabricant

LE RÉFÉRENTIEL FOURNISSEUR, ÉLÉMENT CENTRAL DU SYSTÈME D'INFORMATION ACHAT

Le référentiel fournisseur est l'ossature de tout le système d'information achat :

• en amont, pour la gestion du panel et de son contrôle ;

• en aval, pour la consolidation des informations relatives à l'activité : analyses des dépenses, consolidation des performances fournisseurs…

Il s'agit ici :

• de pouvoir regrouper les différents codes qu'un même fournisseur aurait dans les différents systèmes informatiques de l'entreprise, afin de consolider les informations de dépenses ;

- de relier entre elles les différentes entités juridiques fournisseurs, appartenant à un même groupe ;
- de gérer dans un système unique les informations de base relatives à ces fournisseurs :
  - les coordonnées, contacts, certifications qualité, assurances…
  - les évaluations faites dans le cadre de la gestion du panel et le statut donné…
  - …

La gestion de ce référentiel s'appuie sur une application informatique centrale. Au-delà des besoins amont de l'organisation Achats, cette base de données devient aussi la source et la référence de certaines informations nécessaires dans les divers systèmes informatiques de gestion des commandes : raisons sociales, adresses, conditions de paiement.

Exemple de schéma de structuration du référentiel fournisseur

Plusieurs schémas de structuration de ce référentiel fournisseur sont possibles. Le schéma présenté ici, et illustré en figure 13.3, est donné à titre d'exemple. Il est fondé sur une structure hiérarchique à quatre niveaux, et définie comme suit, en commençant par le niveau le plus bas :

- Niveau 4 : fournisseurs tels qu'enregistrés dans les divers systèmes informatiques de gestion des commandes, identifiés par un code fournisseur propre à ceux-ci. On l'appellera dans la suite « code fournisseur systèmes ». Les informations consolidées des différents systèmes de gestion informatique remonteront avec ce code fournisseur.
- Niveau 3 : regroupement des différents « fournisseurs » identifiés au niveau 4, et correspondant au même site géographique défini par l'adresse. On l'appellera dans la suite « site fournisseur ». On gérera à ce niveau les informations légales telles que les raisons sociales, les adresses, les codes TVA, Siren/Siret… ainsi que des informations plus générales, mais spécifiques au site fournisseur.
- Niveau 2 : regroupement des différents « sites fournisseur » d'un même fournisseur en fonction des objectifs de gestion de l'organisation Achats. Dans l'exemple cité, ils sont regroupés par branches d'activité chez ce fournisseur telles qu'on souhaite les suivre. Ce niveau correspond le plus souvent à l'organisation du fournisseur par branches d'activité, dont on peut s'inspirer, mais ce n'est pas une règle. On privilégie ici le mode de gestion achat que l'on souhaite adopter par rapport à ce fournisseur, plutôt que la propre organisation de celui-ci.

Dans la suite on appellera ce niveau « branche d'activité ». On gérera à ce niveau les informations relatives à la gestion du panel :

– segments achat correspondant à l'activité en question ;

– acheteur en charge de la gestion de ce fournisseur, pour cette branche d'activité ;

– statut panel donné à ce fournisseur selon ses divers segments achat. Un exemple de classification en statut panel est présenté plus loin.

• Niveau 1 : groupe auquel appartiennent ces différentes « branches d'activité ». On revient dans ce dernier niveau à une notion traduisant l'organisation du fournisseur et les liens juridiques entre toutes ses entités. Ce dernier niveau permet d'avoir une vue consolidée de l'activité avec un groupe donné, toutes branches et tous sites confondus. On l'appellera « groupe ».

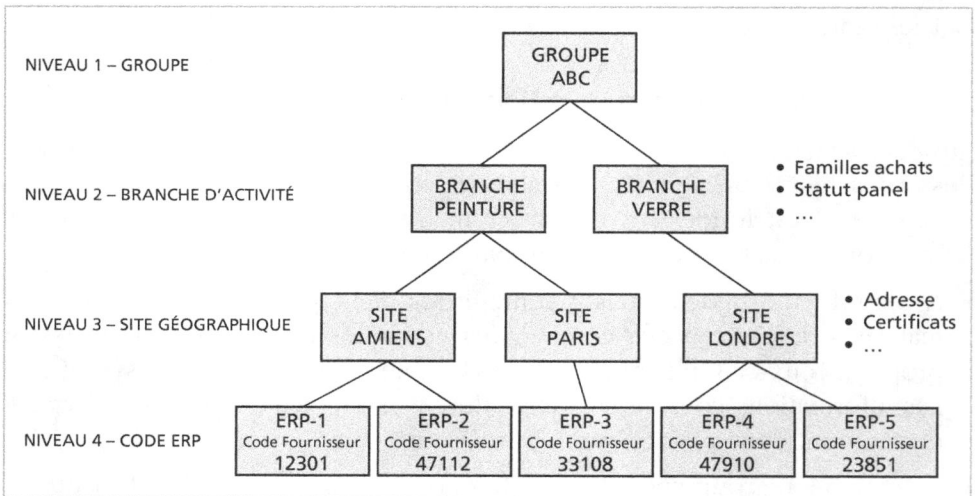

Figure 13.3 – Exemple de structuration du référentiel fournisseur

Le DUNS Number, système de codification internationale

Lorsqu'on se retrouve avec la somme de toutes les extractions des fichiers fournisseurs des différents systèmes de l'entreprise, le travail de structuration de ceux-ci, en vue d'établir les hiérarchies définies plus haut, peut être facilité par l'utilisation d'une codification officielle des entreprises qui permet de les identifier, de détecter les « doublons » et de connaître les liens éventuels entre celles-ci.

Chaque pays a son propre système d'identification des entreprises comme c'est le cas en France avec le Siren/Siret. Certains pays en ont plusieurs. Ces systèmes sont nationaux et ne gèrent pas les liens entre entreprises « cross frontières ».

Une codification internationale existe : le « DUNS Number », *Data Universal Numbering System*. Ce système de codification est un système privé, géré par la société D&B et ses partenaires, et qui a la particularité de constituer un système d'identification unique des entreprises au niveau mondial.

Dans sa base de données, D&B gère également les liens capitalistiques entre les entreprises, dès que la participation est supérieure à 50 %, ainsi que les liens juridiques. Cela permet d'établir l'arborescence du groupe auquel appartient l'entreprise, jusqu'au plus haut niveau.

Une analyse de nos fichiers fournisseurs, par comparaison avec la base de données D&B permettra d'obtenir le DUNS Number des fournisseurs gérés dans nos systèmes. Le taux de rapprochement est variable selon qu'il s'agit de grandes entreprises qui sont sans aucun doute dans la base de données de D&B, ou de petites sociétés non encore enregistrées dans celle-ci. Une fois le rapprochement fait, D&B peut fournir pour chaque enregistrement fournisseur plusieurs catégories d'information, dont deux qui nous intéressent dans cette démarche de structuration :

- les liens avec le groupe auquel le fournisseur appartient : l'arborescence d'entreprises ;
- le type d'activité du fournisseur.

L'arborescence du groupe auquel appartient la société

L'arborescence d'entreprises du groupe auquel appartient la société analysée est fournie par les 4 niveaux suivants, avec leur DUNS Number et leur raison sociale :

- fournisseur analysé ;
- « Immediat Parent » (société mère ou maison mère) : entité détenant plus de 50 % du capital du fournisseur en question ;
- « Domestic Ultimate » : tête de l'arborescence nationale, le plus haut niveau dans le pays où est situé le fournisseur analysé ;
- « Global Ultimate » : tête de l'arborescence mondiale, située au plus haut niveau de la hiérarchie d'entreprises à laquelle appartient ce fournisseur.

Un exemple est illustré en figure 13.4.

L'activité des sociétés

Ici aussi chaque pays a sa propre codification d'activité d'entreprise, comme la codification NAF en France (Nomenclature d'Activités Française, gérée par l'Insee).

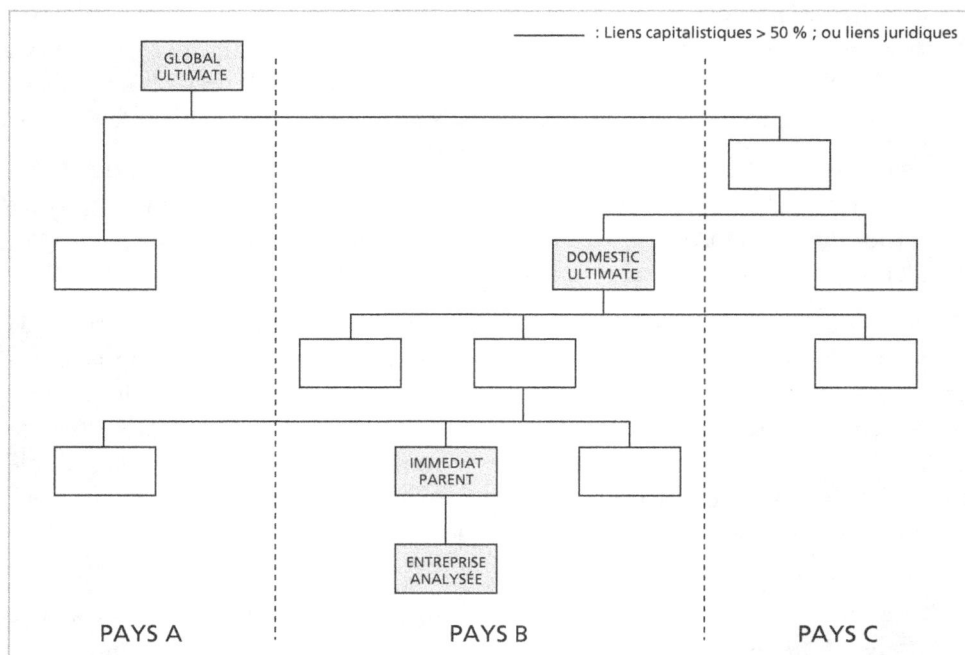

Figure 13.4 – Exemple d'arborescence selon les définitions D&B

Une codification internationale existe, la Standard Industrial Classification ou SIC. Elle a été créée par le gouvernement américain en collaboration avec D&B. Elle catégorise tous les secteurs d'activité et permet ainsi d'uniformiser les différentes classifications de chaque pays, sur lesquelles elle s'appuie *via* des tables de correspondance. Elle est gérée dans la base de données de D&B, et est donc fournie lors de l'analyse de fichier.

Par ailleurs une correspondance entre les codes UNSPSC, que nous avons vue dans le cadre du référentiel article, et les codes SIC est aussi gérée par D&B.

Ces deux catégories d'informations contribuent à la structuration du référentiel

Ces deux catégories d'informations, arborescence d'entreprises et classification d'activités, contribuent au travail de structuration du référentiel fournisseur.

Si l'on illustre cette démarche dans l'exemple de structuration présenté plus haut :

* le « Global Ultimate » pourra être utilisé tel quel, car il correspond en l'occurrence à la définition du niveau « groupe » ;

- le « Domestic Ultimate », en revanche, ne sera pas utile en l'état car il ne correspond pas à la définition du niveau « branche d'activité », ce dernier ne prenant pas en compte la dimension géographique ;
- l'activité SIC pourra, elle, être exploitée pour regrouper plusieurs entités de la même arborescence, et contribuer à la constitution du niveau « branche d'activité », sous réserve que le niveau de définition soit équivalent.

La gestion du panel se traduit par différents statuts attribués aux fournisseurs

Ces statuts sont relatifs à un couple [Branche d'activité fournisseur] × [Segment d'achat], le statut panel pouvant être différent selon ce dernier.

Un exemple de classification de statut panel est présenté ci-dessous.

Statut	Définition
PROSPECT	Société identifiée comme fournisseur potentiel, suite à une analyse de marché par exemple, et qui doit faire l'objet d'un processus d'évaluation complet. On ne peut pas passer commande à cette société.
INVESTIGATION	Fournisseur potentiel mais pour lequel tous les critères n'ont pas encore été évalués, afin d'aboutir à une décision finale d'homologation. Des commandes peuvent être passées, sous contrôle et suivi des achats, si elles rentrent dans le cadre du processus d'évaluation du fournisseur, par exemple pour tester la qualité de sa fourniture, ou plus généralement de sa prestation.
PANEL	Fournisseur répondant à tous les critères, validés et homologués pour collaboration. Des commandes peuvent lui être passées.
SUSPENDU	Fournisseur qui était dans le panel mais a ensuite été suspendu, pour des raisons de qualité, par exemple. Les activités et commandes en cours sont maintenues mais aucune nouvelle commande ne doit lui être passée.
À ÉLIMINER	Fournisseur qui était dans le panel mais dont le niveau de performance n'est plus acceptable ou d'autres critères importants ne sont plus remplis. Une décision d'élimination a été prise et un plan d'action de sortie doit être élaboré pour une sortie dans un délai maximal d'un an.
SUPPRIMÉ	Fournisseur éliminé, ou société sous investigation, ou prospect, pour lequel le processus d'évaluation n'a pas été positif.

Figure 13.5 – Exemple de classification de statut panel

Le contrôle du panel s'effectue *via* les systèmes de gestion des commandes

La garantie d'un contrôle du panel passe par la centralisation de la création et la mise à jour des fournisseurs dans les différents progiciels de gestion des commandes, sous responsabilité de l'organisation Achats.

Cette approche est surtout critique et importante dans le cadre des achats hors production du fait de la grande diversité de sources de demandes de création de fournisseurs.

Une application informatique centrale et unique pour la gestion du panel, permettant de gérer le référentiel fournisseur tel que décrit plus haut, est une base préalable et essentielle à cette centralisation. Le processus de création des fournisseurs dans les différents progiciels de gestion de commandes résulte alors d'une approche *top-down*, commençant par la création du fournisseur dans cette application centrale de gestion du panel et se terminant par sa réplication dans ces différents systèmes. Le processus est présenté en figure 13.6.

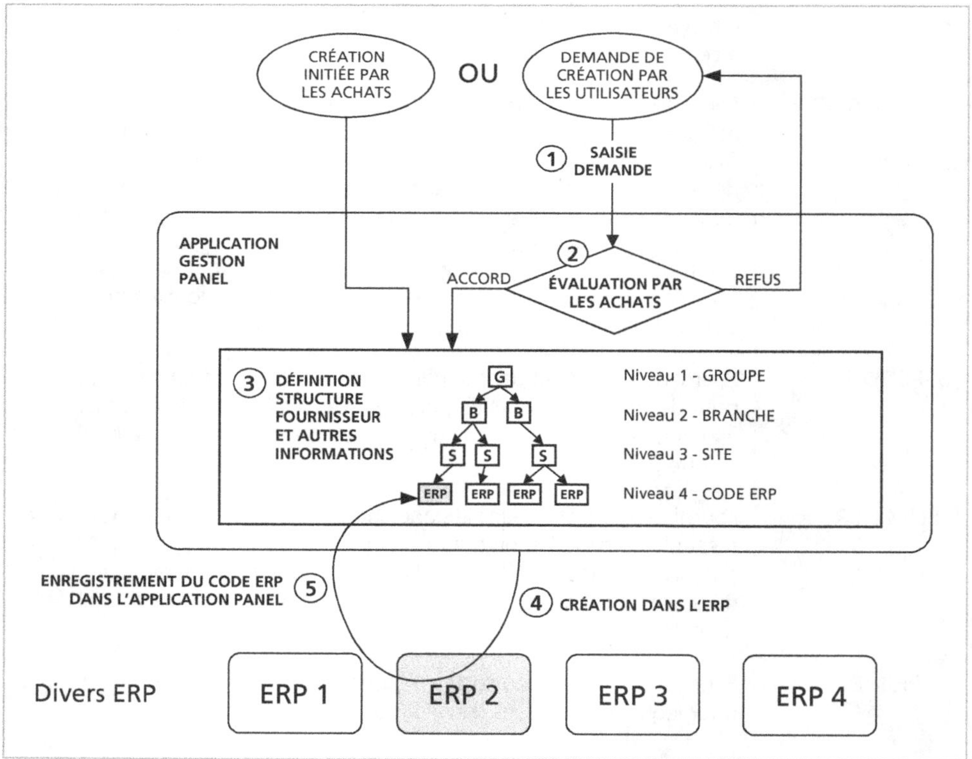

Figure 13.6 – Exemple de processus de création centralisée de fournisseurs

Table des matières

© Groupe Eyrolles

Partie 2

Une organisation transversale et communicante
qui étend son champ d'action

Partie 3

Un pilotage, des outils et des processus au service
de l'efficacité de l'organisation

Table des figures

Bibliographie

BARREIRA Paula, Étude « Opportunités du recours au secteur protégé et adapté », MBA IMA, 2010.

BEARING POINT et ESSEC Business School, Étude « Les achats durables, mythe ou réalité ? », 6e Observatoire des Achats, 2011.

BRUEL Olivier, *Management des Achats*, Economica, 2007.

BRUEL Olivier, MENUET Olivier et THALER Pierre-François, Livre Blanc HEC/ EcoVadis *Sustainable Procurement : back to management !* Baromètre 2011.

BRUEL Olivier, MENUET Olivier et THALER Pierre-François, Livre Blanc HEC/ EcoVadis *Les achats durables : un levier essentiel de la sortie de crise ?* Baromètre 2009.

BRUEL Olivier, MENUET Olivier et THALER Pierre-François, Livre Blanc HEC/ EcoVadis *Sustainable Procurement is growing up*, Baromètre 2007.

CANONNE Stéphane et PETIT Philippe, *La boîte à outils de l'Acheteur*, Dunod, 2010.

CAO My-Lan, *Les vrais enjeux d'un projet de construction durable*, L'Harmattan, 2009.

COMITÉ 21, *Achats et développement durable*, AFNOR, 2005.

DUBIGEON Olivier, *Mettre en pratique le développement durable : quels processus pour l'entreprise responsable ?*, Village Mondial, 2e édition 2005.

ERNST & YOUNG, avec la contribution d'Olivier MENUET, Étude « Stratégies d'achats durables. Entre saupoudrage et transformations profondes : quel rôle pour les directions Achats ? », 2010.

FAUCONNIER Olivier et CANTILLON Guillaume (sous la direction scientifique de), avec la contribution d'Olivier MENUET, *Pratique de l'achat durable*, Éditions Weka, 2010.

FAULTRIER (de) Brigitte et ROUSSEAU Françoise, *Fonction : Acheteur*, Dunod, 2e édition 2009.

FEL Fabienne, Étude « Achats durables : quelles perspectives à l'issue de la crise ? », ESCP Europe, CCIP 2010.

FEL Fabienne, Étude « Les achats socialement responsables en France aujourd'hui : un état des lieux et des pratiques », ESCP Europe, CCIP 2011.

FRECHER Daniel, LOISIER Pierre, SEGOT Jacques, *La Fonction Achats*, AFNOR, 2006.

FUSTEC Alan et MAROIS Bernard, *Valoriser le capital immatériel de l'entreprise*, Éditions d'Organisation, 2006.

GELY Patricia et WALTER Jacques, *Piloter le processus Achat*, AFNOR, 2009.

GRUMBERG Sandrine, *Les achats durables*, AFNOR, 2011.

HUMIERES (d') Patrick, *Le développement durable va-t-il tuer le capitalisme ?*, Éditions Maxima, 2010.

JORAS Michel et LEPAGE Jean, *La responsabilité sociétale des acheteurs*, Éditions d'Organisation, 2005.

LAVINA Yves et LOUBÈRE Jean-Michel, *Maintenance et travaux neufs, les règles de la sous-traitance*, Éditions d'Organisation, 1995.

LE BAIL Claude, *Comment bâtir et négocier un contrat d'achat*, Presses du Management, 1997.

MENUET Olivier et RAMDAUD-PAQUIN Agnès, Étude « Achats responsables », Les Échos Études, 2011. *www.eurostaf.fr*.

NORA Dominique, *Les pionniers de l'or vert*, Grasset, 2009 – Prix du Livre d'Économie 2009.

ORÉE, avec la contribution d'Olivier MENUET, *Guide de la relation clients-fournisseurs dans le domaine de l'environnement*, DPE Éditions, 2005.

ORSE, avec la contribution d'Olivier MENUET, *Achats et Développement Durable : comment intégrer le levier de la responsabilité sociale et environnementale dans la relation fournisseurs*, Répertoire ORSE, 2007.

ORSE, étude benchmark des entreprises du CAC 40 relative aux Achats Responsables, 2010.

PERROTIN Roger et LOUBÈRE Jean-Michel, *Stratégies d'achat, sous-traitance – partenariat – délocalisation*, Éditions d'Organisation, 2001.

PERROTIN Roger et SOULET de BRUGIÈRE François, *Le Manuel des Achats*, Eyrolles, 2007.

PERROTIN Roger, *Le Marketing Achats, Stratégies – Tactiques*, Éditions d'Organisation, 3e édition 2001.

PETIT Philippe, *Toute la fonction Achats*, Dunod, 2008.

PriceWaterhouseCoopers, ECOVADIS et INSEAD Social Innovation Center, Étude « Value of sustainable procurement practises », 2010.

RENARD Isabelle, *Externaliser Pourquoi-Comment ?*, Éditions d'Organisation, 2003.

SCHICK Pierre., VERA Jacques et BOURROUILH-PAREGE Olivier., *Audit interne et référentiels de risques*, Dunod, 2010.

SCHIESSER Philippe et CANTILLON Guillaume, *L'achat public durable*, Éditions Le Moniteur, 2007.

TRIMBACH Thierry, Association CESA Achats, *Fonction Achats, La communication au service de la performance*, Éditions d'Organisation, 1999.

WEILAND Emmanuelle, *Achats et développement durable : le cas du secteur tertiaire*, L'Harmattan, 2009.

Index

Biographies

Robert BOGHOS

Robert BOGHOS est directeur des Achats hors production du groupe Faurecia.

Après une double formation d'ingénieur (Centrale Lille et ENSPM) et de gestion (IAE), il débute sa carrière chez Spie Batignolles-Ingénierie, d'abord dans le génie chimique, puis dans l'organisation et les systèmes d'information. Il devient consultant chez Sema-Group, société de conseil et de services informatiques, avant d'intégrer PPG, un groupe américain, en tant que directeur informatique de la branche Verre Europe puis comme directeur d'une filiale œuvrant dans la transformation et la commercialisation de verre plat. Sa carrière s'oriente alors vers les achats, en prenant la direction des achats hors production pour la branche Peinture Europe. Il rejoint ensuite le groupe Faurecia, équipementier automobile, comme directeur des achats hors production pour mettre en place la fonction qui couvre aujourd'hui un budget de 1 Md€, avec une équipe de 120 personnes, principalement en Europe, en Amérique et en Asie. Il intervient à l'École de Management de Grenoble, et est membre du comité de direction du CDAF-Île-de-France (Compagnie des Dirigeants et Acheteurs de France).

Olivier MENUET

Olivier MENUET est directeur des achats durables et solidaires de la SNCF.

Après une formation d'ingénieur (INSA Toulouse), il entame une carrière dans les achats auprès de grands groupes internationaux, en France et à l'étranger (General Electric, Renault, Rhodia, SKF, Schneider Electric), dont les huit dernières années autour des problématiques d'achats responsables. Il a été chef de projet de la première norme française sur les achats durables (AFNOR FD X50-135) et est l'auteur de plusieurs études, articles, conférences en France et à l'étranger sur le sujet. Il enseigne dans plusieurs écoles (HEC, Centrale, ESCP, EM Lyon, DESMA Grenoble), est directeur de thèse, président de jury de thèse à HEC et membre du comité de pilotage de la première chaire de recherche internationale « Achats Durables et Socialement Responsables » d'Euromed Management Marseille. Il est membre du conseil d'administration de la CDAF (Compagnie des Dirigeants et Acheteurs de France).

Luc MORA

Luc MORA est consultant associé et cofondateur du cabinet Big Fish, cabinet de recrutement, d'évaluation de compétences et de transformation des équipes, spécialisé dans les Achats et la *Supply Chain*.

Après une formation technique (MIAGE Paris IX-Dauphine), il est consultant en informatique, avec un statut indépendant, avant de commencer une carrière commerciale chez un éditeur de logiciels Mainframe et de rejoindre Digital Equipement France comme ingénieur commercial grands comptes. Il s'oriente alors très vite à l'international, intégrant une équipe en charge des pays émergents (Europe de l'Est, Afrique), avec pour mission le suivi de projets internationaux et la qualification de partenaires locaux. Après plusieurs postes de manager pays ou régions, il entame une nouvelle carrière dans les achats au sein d'Axa corporate. Basé à New York, il a d'abord été responsable des achats software et IT services puis responsable de tous les services professionnels de l'ensemble du groupe.

www.ingramcontent.com/pod-product-compliance
Lightning Source LLC
Chambersburg PA
CBHW080529220326
41599CB00032B/6246